跨越世紀的信號

書信裡的臺灣史 17/20世紀

荷蘭東印度公司通訊

鄭經給荷蘭人的一封信

給清帝國的治臺建議書

劉成良給劉永福的一封信

葉榮鐘給妻子的家書

南洋兵的明信片

陳誠與蔣中正的電函

柯旗化的獄中家書

TROPICUS
CANCRI
Hayta
Peh
Wester Eyland
Hooge Eyland
Zuyder Eyland
Brouwershaven
Hoek van Pimada
Sanna sanna
De Betel
Wette Sand baay

20 Duytse Mylen van 15 in een Graad
Pin-ho-hien
Hoeicheufoe
Rondenholm

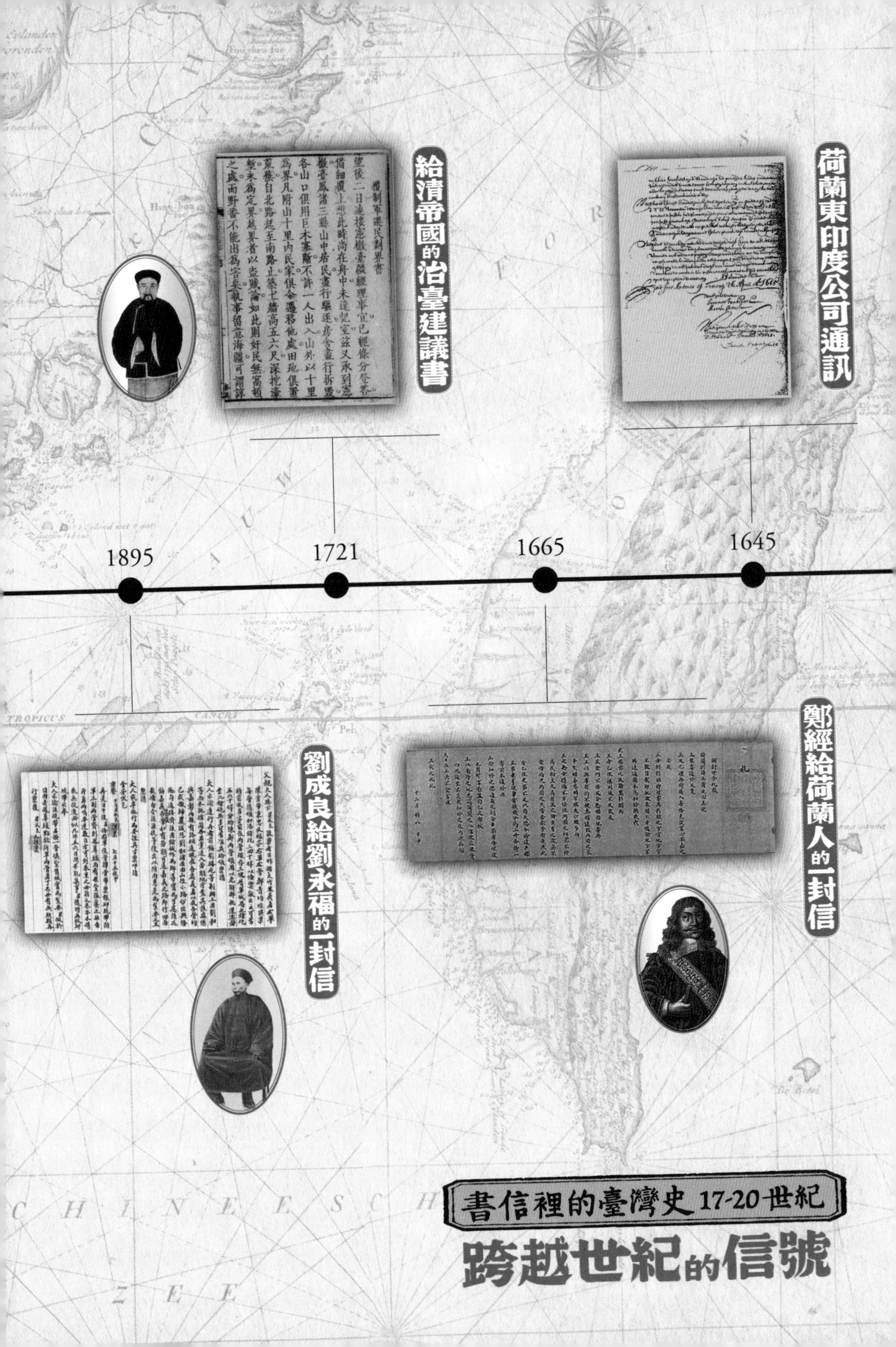

書信裡的臺灣史 17-20世紀

跨越世紀的信號

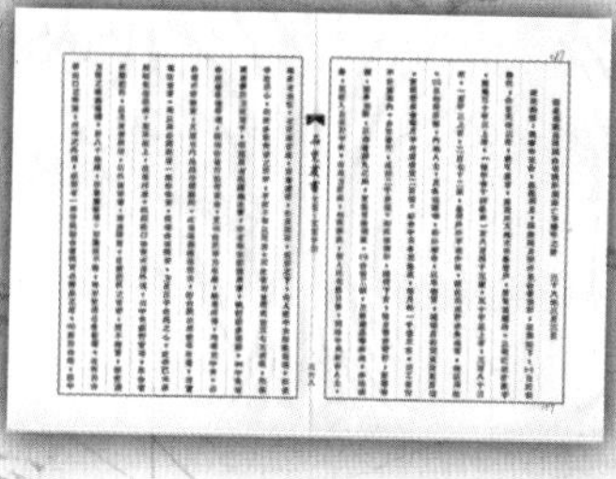

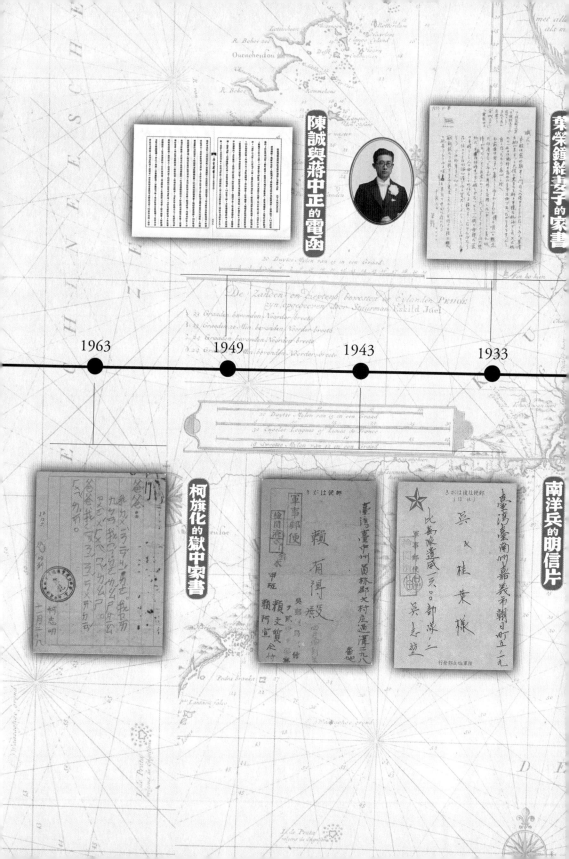

陳誠與蔣中正的電函

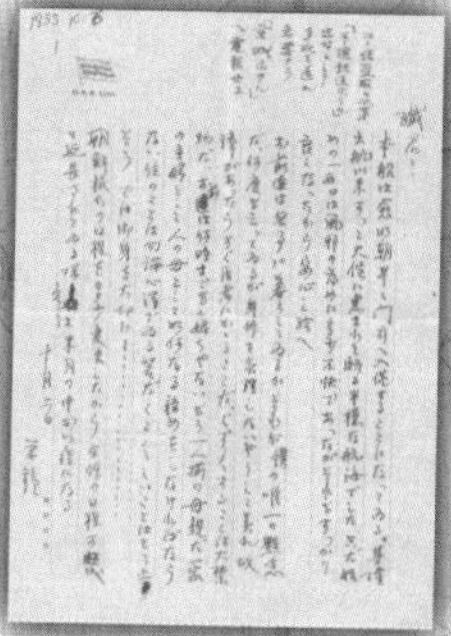

葉榮鐘給妻子的家書

1963

1949

1943

1933

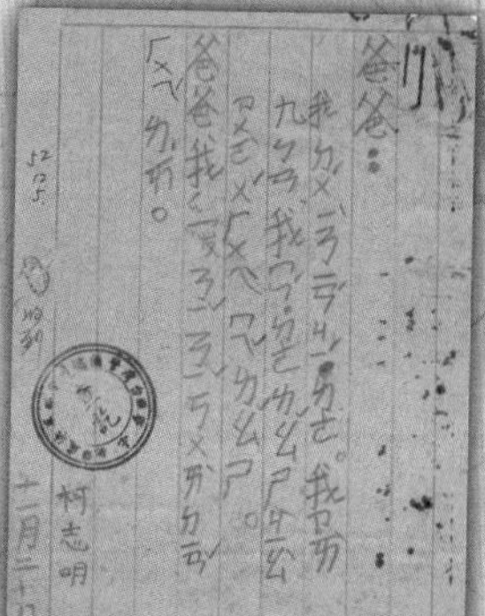

柯旗化的獄中家書

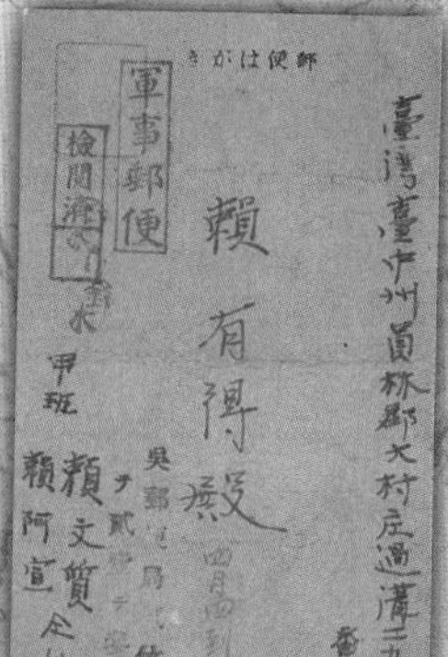

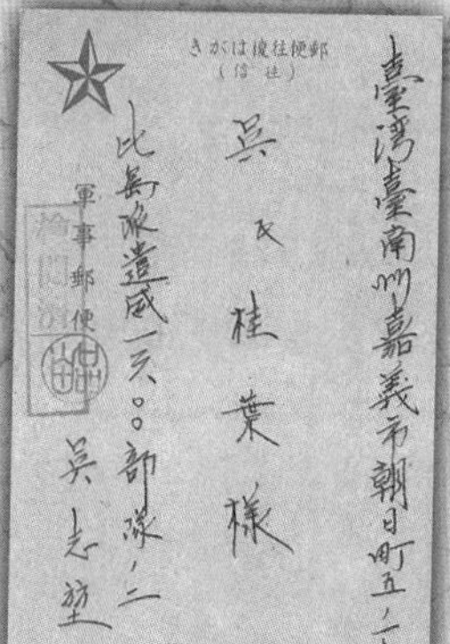

南洋兵的明信片

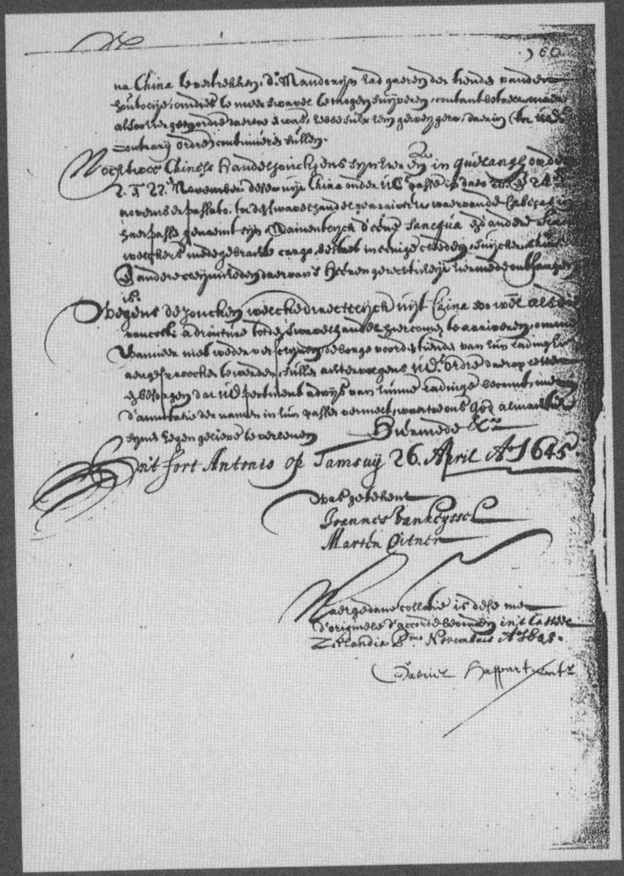

From　淡水長官凱薩爾
To　　臺灣長官卡隆
看荷蘭東印度公司如何經營臺灣

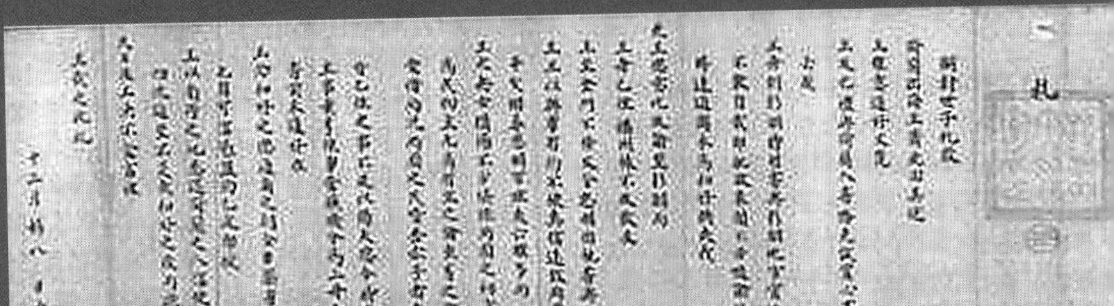

From　鄭經
To　　荷蘭出海王波特
密函中的決心：鄭經如何突破三方僵局

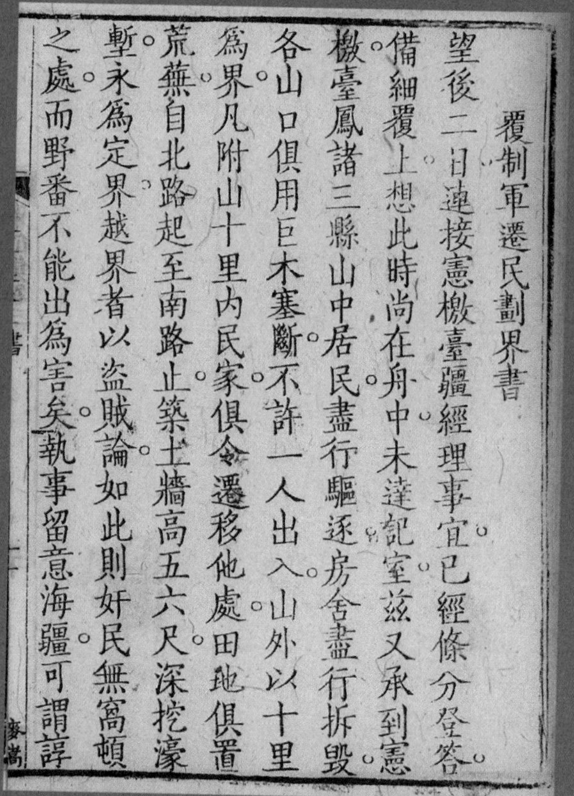

覆制軍遷民劃界書
望後二日連接憲檄臺疆經理事宜已經條分登答
備細覆上想此時尚在舟中未達記室茲又承到憲
檄臺鳳諸三縣山中居民盡行驅逐房舍盡行拆毀
各山口俱用巨木塞斷不許一人出入山外以十里
爲界凡附山十里内民家俱令遷移他處田地俱置
荒蕪自北路起至南路止築土牆高五六尺深挖濠
塹永爲定界越界者以盜賊論如此則奸民無窩頓
之處而野番不能出爲害矣執事留意海疆可謂詳

From　藍鼎元
To　　閩浙總督覺羅滿保
清代臺灣社會的預言書

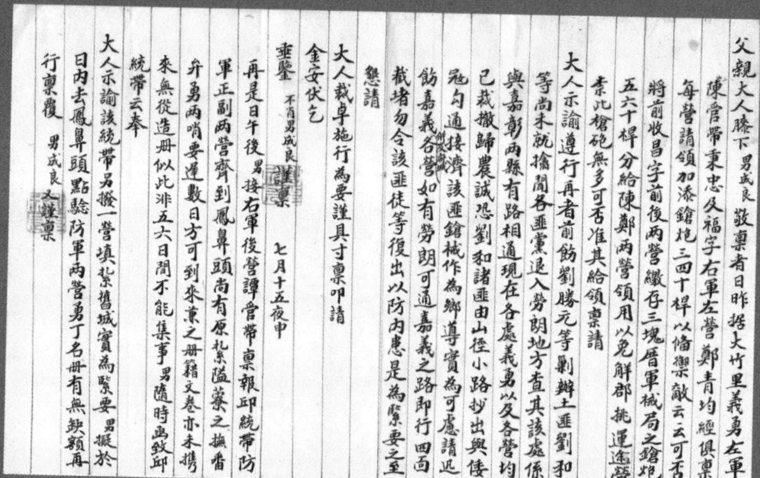

父親大人膝下 男成良 敬稟者日昨據大竹里義勇左軍
陳管帶秉忠及福字右軍左營鄭青均經俱稟
每營請領加添鎗炮三四十桿以備禦敵云云可否
將前收昌字前後兩營繳存三塊厝軍械局之鎗炮
五六十桿分給陳鄭兩營領用以免鮮郡挑運途勞
奈此槍砲無多可否准其給領稟請
大人示諭遵行再者前飭劉勝元等剿辦土匪劉和
等尚未就擒聞各匪黨退入勞朗地方查其該處係
與嘉彰兩縣有路相通現在各處義勇以及各營均
已裁撤歸農誠恐劉和諸匪由山徑小路抄出與倭
寇勾通接濟該匪鎗械作為鄉導實為可慮請迅
飭嘉義各營如有勞朗可通嘉義之路即行四面
截堵勿令該匪徒等復出以防內患是為緊要之至
懇請
大人裁卓施行為要謹具寸稟叩請
金安伏乞
垂鑒 不肖男成良謹稟 七月十五夜中
再是日午後男接右軍後營譚管帶稟報邱統帶防
軍正副兩營齊到鳳鼻頭尚有原紮隘寮之撫番
弁勇兩哨要遲數日方可到來兼之冊籍文卷亦未攜
來無從造冊似此非五六日間不能集事男隨時函致邱
統帶云奉
大人示諭該統帶另撥一營填紮舊城實為緊要男擬於
日內去鳳鼻頭點驗防軍兩營勇丁名冊有無缺額再
行稟覆 男成良又謹稟

From　劉成良
To　　義父劉永福
暴風雨前的黑旗軍工作報告

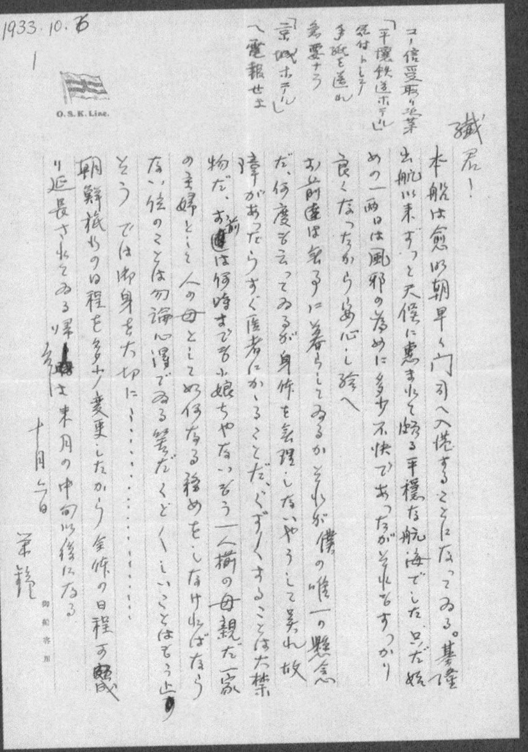
1933.10.6
1
O.S.K. Line.

識君！
本船は愈々明早く門司へ入港することになってゐる。基隆出帆以来ずっと天候に恵まれて頗る平穏な航海でした。只だ始めの一両日は風邪の為めに多少不快であったがそれもすっかり良くなったから安心し給へ
お前達は元気に暮らしてゐるか　それが僕の唯一の懸念だ。何度も云ってゐるが身体を無理しないやうにして呉れ。故障があったらすぐ医者にかかることだ。ぐずぐずすることは大禁物だ。お前達は何時までも小娘ぢゃない。もう一人前の母親だ。一家の主婦として人の母として如何なる務めもしなければならない位のことは勿論心得てゐる筈だ。くどくどしいことはもう止めそう。では御身を大切に……
朝鮮旅行の日程を多少変更したから全体の日程も引延長されてゐる。帰郷は来月の中旬以後になる。
十月六日
栄鐘
識
コノ信受取リ次第「平壌鉄道ホテル」気付トシテ手紙を送れ
急要ナラ「京城ホテル」へ電報せよ

From　葉榮鐘
To　　妻子施纖纖
記錄臺灣民主運動的漫漫長路

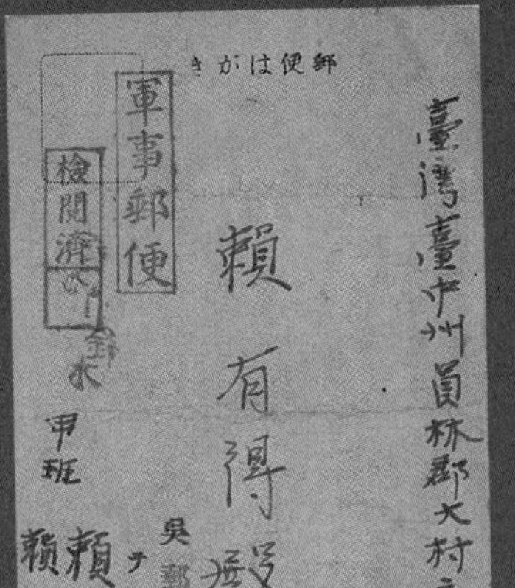
郵便はがき
軍事郵便
検閲済
臺灣臺中州員林郡大村庄過溝二九八番地
賴有得殿
呉郵便局気付
甲班
賴文質
賴阿宣

From　賴文質、賴阿宣兄弟
To　　父親賴有得
來自南洋日本兵的訊息

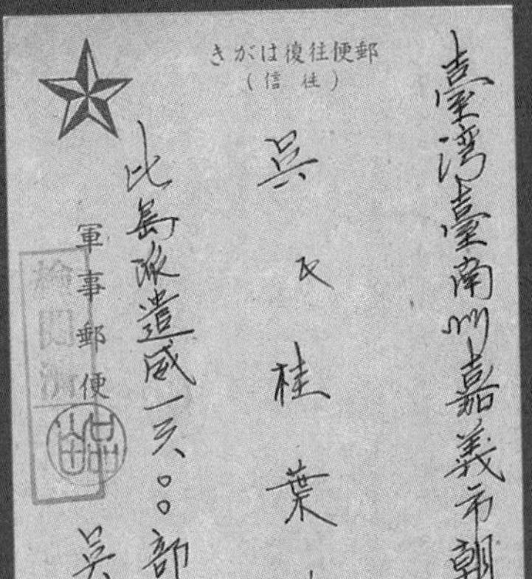
郵便往復はがき（往信）
臺灣臺南州嘉義市朝日町五ノ一九
呉桂葉様
比島派遣威一〇五〇〇部隊ノ二
呉志堃
軍事郵便
検閲済
陸軍恤兵部發行

From　吳志堃
To　　妻子吳桂葉

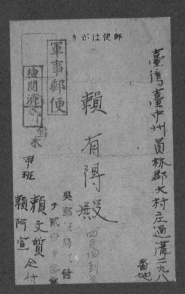

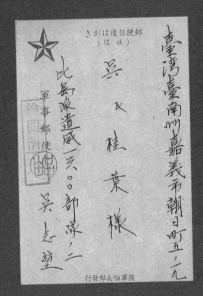

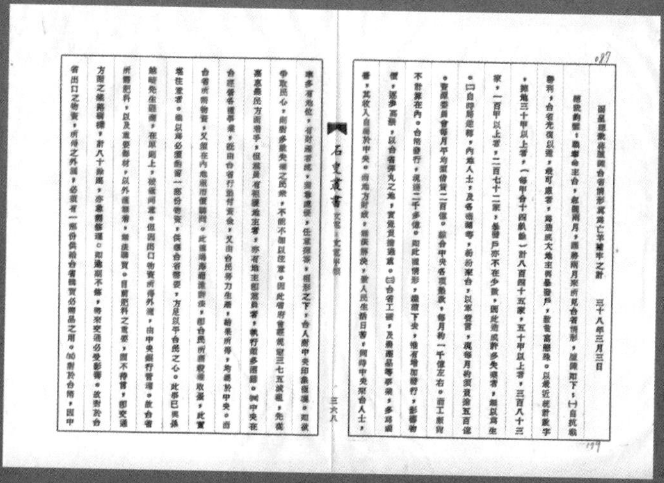

From　陳誠
To　　蔣中正
戰後臺灣的經濟與改革

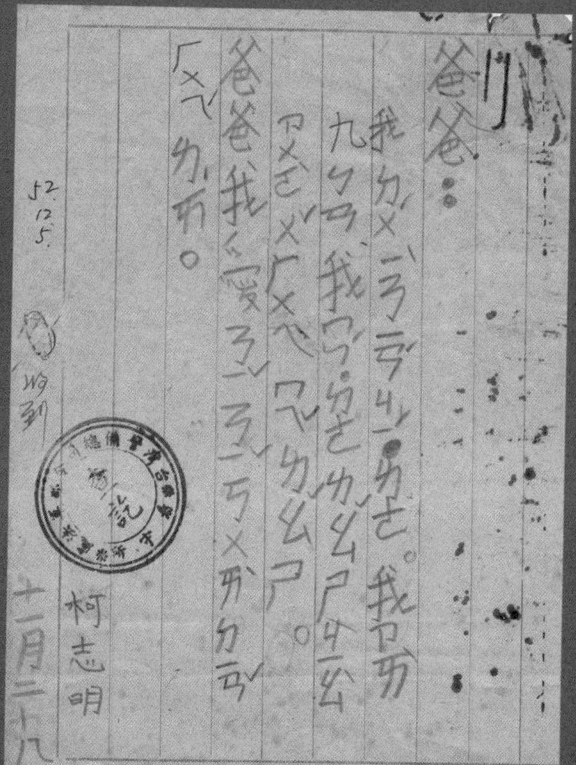

From　柯志明
To　　父親柯旗化
見證白色恐怖與臺灣監獄島

編輯室報告

貓頭鷹自一九九二年創立以來，初次開闢歷史人文書系「島嶼台臺誌」。本系列由中研院臺史所張隆志老師主編，和新生代歷史研究者，以各類新史料為本，重新向讀者定義屬於這個世代的新臺灣史。本書系著重的面向有：

一、從史料出發的新觀點

史料是歷史研究的根本。近年隨政府檔案公開與史料的數位化，日記、書信、地圖、明信片、各類證書、文件等資料更進入空前的「大數據」時代。

讓史料正確說話，並以新史料為底建立新臺灣史觀，是本系列欲達成的目的。系列中每本書會使用一種史料，由多位學者重新詮釋從荷蘭時代到今日臺灣的歷史。

二、青年史家的新史學

現今網路平臺提供許多機會分享個人研究心得與成果。歷史研究不再是閉門造車、孤獨無趣之事，而是可以立即拿出來與他人檢視討論的內容，學術研究已進入與大眾分享的時代。

本書由多位青年歷史學者參與，將以新生代歷史工作者視角，將各自最新研究成果呈現給讀者。

三、給大眾的臺灣民間故事

早年歷史研究與書籍出版以政治史為重，或是帶有民族國家色彩的反思作品，數十年來，則轉向以生活史、文化史等親民、趣味通俗的類型，內容愈來愈與常民生活接軌，也更容易入門。

本系列中每個主題都會以簡單明瞭、深入淺出的文字書寫，搭配珍貴史料、圖片，重說精采的臺灣民間故事。

在這個研究門檻看似降低、史料數量大增、學術與社會互動頻仍，人人似乎都可以變成「專家」而「專業已死」的時代，「歷史學」反而面臨更大的挑戰，更需要重視史料的應用與強大的詮釋智慧與能力。

因此，我們希望在出版精采有趣的新歷史之餘，也能傳遞嚴謹的歷史知識。藉此拋磚引玉，號召更多關心我們腳下這塊土地的歷史同好，一同書寫屬於我們自己的島嶼故事。

《島嶼新台誌》總序

張隆志

經過五年多的發想與討論，和三年來的籌備與努力，《島嶼新台誌》系列專書終於要和讀者們見面了！

《島嶼新台誌》書系有兩項主要特色：一是對於新史料及研究成果的強調；二是對於新通史及敘事觀點的探索。作者們雖有各自的學術專業和關懷，但都認為臺灣史教育應該要跨出教科書式的記憶背誦，不能再是陳舊史實和教條觀點的改裝重述，也不能淪為片段傳聞與零碎掌故的拼貼商品。並進而期待能以植根於新史料的研究，通史脈絡觀點的思考，以及讀者取向的書寫為目標，透過共筆書寫的具體成果，來回應當代臺灣人文社會研究的兩大重要趨勢。

一是學院知識的公共化：以二〇〇九年十一月「芭樂人類學」共筆部落格的開設為契機，各種人文社會學術科網站諸如「巷子口社會學」、「歷史學柑仔店」、「菜市場政治學」、「地理眼」、「白經濟」、「STS多重奏」及「法律白話文運動」等陸續問世，蔚為大觀。在時代脈動及社會變遷的刺激下，青壯世代學者們紛紛走出象牙塔。他們透過網路媒介及公共書寫，將學院知識帶入時代社會脈動及人民日常生活。為讀者開闢了傳統官方媒體與主流商業市場外的嶄新公共論述場域。

二是歷史學的大眾化：二〇一四年由一群年輕歷史工作者分別成立的「故事」與「臺灣吧」等團隊亦廣受矚目。前者結合新媒體的運用，透過有趣創意的方式讓歷史走進日常生活之中，提供適合所有人閱讀且值得信賴的知識。而後者則推出兼具資訊與娛樂性的數位內容，引發網路世代觀眾對於不同知識與議題的興趣。而近年來臺灣學界興起了一股集體共筆寫作的風潮。如戴寶村教授策劃的《小的臺灣史》系列，到蘇碩彬教授師生創作的《終戰的那一天》等文學作品，均頗獲好評。

作為知識公共化與歷史大眾化的史普作品，《島嶼新台誌》書系除了強調民主社會中學院專業知識的轉譯傳播與流通，更希望能作為新媒體時代臺灣公民閱讀素養及文化生活的讀物。本書系將以當代歷史學界對於跨國史與區域史的思考為主軸，從多元和流動的觀點，提供讀者具備時空脈絡和生命溫度的島嶼故事。並以平實生動的敘事書寫搭配簡要清晰的史料解題，分冊陸續介紹臺灣史學界對於書信、日記、圖像、文書、檔案等各類型史料的最新成果及研究發現，作為臺灣史料學與歷史寫作教學的參考教材。

回顧一九八〇年代以來臺灣史學術研究的成果，首推臺灣史料的發掘出土及史料範圍的擴大充實。在官方檔案方面，諸如荷蘭東印度公司檔案、清代故宮及淡新檔案、日本臺灣總督府及專賣局檔案，以及戰後二二八事件及白色恐怖檔案等，均陸續公布及翻譯。在民間資料方面，諸如明清時期臺灣契約古文書、日治時期家族及日記史料、當代回憶錄等，亦分別整理及刊行。而在史料範圍方面，諸如古地圖及圖像史料的重視、口述歷史及影像紀錄的流行、報刊及文學史料的運用，乃至地理資訊系統，數位典藏技術與國家文化記憶庫的重要人文科技計畫，更擴大了臺灣史料研究的學術視野。

在此同時，奠基在新史料研究基礎上所展開的學院臺灣史研究，已經開拓出嶄新的研究課題與視野。在不同時代方面例如十七世紀海洋史、清代臺灣平埔族群史、日治時期臺灣法律史、醫學史、教育史、文學史，以及戰後二二八事件研究與白色恐怖研究等專題。在分析視野方面則從統治官僚和菁英，延伸至婦女史、生活史、區域史、原住民史、人類學史、環境史等多元領域。新生代臺灣史學者更積極與社會科學和文化研究同儕，在文化認同政治、殖民治理性及臺灣民族主義等理論性課題上，進行比較研究及跨領域對話。有鑑於此，如何植根於新史料與新研究的堅實成果，從通史性的整體觀點，以兼具知識性與可讀性的作品來呈現島嶼歷史的新風貌。便成為本團隊同仁的共同願景與挑戰。

總而言之，《島嶼新台誌》系列作品從共同閱讀書寫到設計編排出版的過程，反映了當代公眾史學對於知識權威共享，平臺協作共構，以及人文社會創新的進步理念：青年臺灣史家們努力將其專題研究成果轉化為一篇篇生動的敘事，並在解題中反思其史料運用與書寫策略。而讀者們除了吸收臺灣史的新史實外，更可以鑑賞不同風格的歷史學專業技藝，體驗史料解讀與歷史想像的雙重樂趣。從而建構多元而整體，動態而連結的新史觀，落實「人人都是自己的歷史學家」的口號。

猶記得二〇一四年秋初，我在中研院臺灣史研究所文化史研究群的研討室（821室），和來自臺大，政大及師大的幾位博士生展開定期交流。我們除了閱讀討論相關的臺灣史作品，並在臉書開設「新臺灣通史的想像與實踐」群組，一起進行試寫及互評分享。二〇一六年春末，在臺史所翁佳音先生介紹下，我帶著部分初稿前往拜訪貓頭鷹出版社說明本計畫的構想。在謝宜英總編輯的支持下，由該社得獎編輯張瑞芳小姐負責協助，進行後續出版規劃及各項流程。歷經多次修改討論，如今第一份成果終於能夠呈現在大家眼前。而當初的共筆同仁，也陸續完成學位乃至成家就職，展開學術與人生的新頁。作為本計畫的主要催生及推動者，我除了感到無比欣慰，更有著深深的感謝！衷心期待這份集體成果，可以為新時代的臺灣史讀者們，帶來知識的喜悅與閱讀的樂趣，一起想像並開創屬於二十一世紀的嶄新臺灣島史圖像！

好評推薦

過往今來事情發生之後常只能藉現場遺址、留存物件、文字紀錄、圖像、影音、口傳等來保存歷史，文字紀錄常被認為是最重要的史料，文獻史料有公私文書之別，近年來私文書的日記蔚為新史料的風潮，人與人互通訊息的書信也是重要的史料，甚至會看到比較特別的歷史面貌。

本書所收八封信跨越三個世紀，涵蓋荷蘭時代的商務通信，Formosa king（鄭經）的外交信件，清帝國滿大人間的來往書函，清日政權交替時的劉家書信，有考察旅行中的船中信，以及臺人為聖戰遠赴南洋的平安家書，有「大人物」之間的私函卻決定臺灣大歷史的函電，更有在大監獄島兒子寫給在小監獄島父親的短信，這些書信的時空背景人物情境有別，也都各具特色，透過新一代的年輕臺灣史研究者的解讀闡述，呈現了寬廣的歷史脈絡，又有細緻的歷史內涵。

私文書的意義在於人人皆有歷史，看完這八封信所蘊含的臺灣史，讀者應該試著從身邊去發掘「第九封信」，或許那封信的字裡行間同樣會帶出精采的臺灣史。

——戴寶村（政治大學臺灣史研究所退休教授／吳三連臺灣史料基金會祕書長）

推薦文

八個歷史場景，三百年的臺灣島史

陳建守
「說書 Speaking of Books」創辦人

翻閱本書的當下，我立即想到的是史丹佛大學與牛津大學合作的「描繪文人共和國」（Mapping the Republic of Letters）計畫，這項計畫透過整理歐洲文藝復興以迄啟蒙運動時期歐洲文人之間的魚雁往返，建立起這段時期歐洲文人的社交人際網絡。透過將信件交流地圖化和數量化的研究成果，我們可以得知當時通信情況的範圍和數量，以及各地區中心城市彼此的交流情況。呈現在讀者眼前的這本《跨越世紀的信號：書信裡的臺灣史》，則是透過書信史料的梳理，藉由文字的深描細寫，描繪出一幅跨越三百年的臺灣島文人共和國的歷史圖景，頗有與「描繪文人共和國」計畫對話的況味。

本書先從荷蘭統治臺灣之時的長官卡隆說起，卡隆筆下的臺灣是一幅亟待「標準化」的版圖，卡隆的辦法是要完成番社戶口調查的工作。這項工作在國姓爺進佔北臺灣，東寧王國建立而告終。東寧國的二世主鄭經腹背受敵，面對荷蘭人和清朝的聯手，鄭經苦思突破僵局，因此寫了一封〈嗣封世子札致荷蘭出海王〉函札，意圖離間兩個政權的結盟。不過，鄭經與荷蘭人的議和未果，臺灣三易其主，落入清朝的統治之下。清朝以外族之姿入主臺灣，首先遇到的難題就是民變，清朝面對臺灣的第一場大規模民變朱一貴事件落得死傷慘重，康熙皇帝不得不揮軍南下，派遣親信閩浙總督覺羅滿保來臺平亂。在揮軍平亂之際，覺羅滿保驚覺沿山而居的民眾是治安的一大隱憂，因此意圖制訂防患番害的族群隔離政策。這時有位叫藍鼎元的文人偏不從此道，寫下一封名為〈覆制軍遷民劃界書〉的文件，直陳封山政策的錯謬。然而，藍鼎元的意見不為清帝國所採納，從中央的角度而言，統治臺灣這塊邊地要以最節省資源的方式行之，封山禁地的政策才是最經濟的策略。從歷史的後見之明來看，藍鼎元當年的意見宛若一紙預言書，清廷的隘防制度無法遏抑檯面下人群的流動實情。這是本書前半部三位作者的著墨之處。

一九四五年，第二次世界大戰結束，日本這個殖民主因為戰爭失利，被迫離開臺灣這塊殖民地。日本殖民主並非被臺灣人打敗而離開，這與世界其他國度的（後）殖民情境有所不同。臺灣人還未及當家作主，就因為國共內戰之故，國民黨敗退臺灣，迎來歷史上的第三位殖民主：國民黨政權。國民黨政權一如日本，要求臺灣島民的國族認同必須改變。於此，臺灣人以認同日本殖民主文化，作為抵抗現今殖民主的有力憑藉。臺灣人一方面認同前殖民主文化，另一方面建構自我認同的獨特性，用以區隔中國的文化屬性。這是本書後半部五位作者據以書寫的重點所在。一八九五年，清、日兩國在日本下關會面，簽訂馬關條約，臺灣割讓給日本。馬關條約簽訂一個月後，臺灣民族主義的先行者「臺灣民主國」於斯建立。從劉良成寫給「臺灣民主國」總統劉永福的公務信件中，我們可以知道這個早夭的共和國如何呈現抗日運動的早期面貌。一九三七年，日軍刻意製造盧溝橋事變，四年之後，為突破戰爭僵局，又襲擊停泊於珍珠港基地的美國太平洋艦隊，將戰事往國際戰爭的規模擴大。為了取得戰爭所需的資源，日軍將臺灣作為帝國南進的基地，意欲劍指菲律賓。臺灣本島的健壯男子因此需要從軍南洋，成為日本軍隊的一員。本書所收錄的吳志堃、賴文質和賴阿宣向其家人報平安的家書，便折射出這一段痛苦的臺灣人海外戰爭經驗。在經歷中、日兩國的殖民主以後，臺灣人已認真思索前後殖民主的異同。因此，反殖的第一項文化工程就是區別自我與他者的不同，用以確立臺灣人的特殊性。日治時期，臺灣知識人面對日本殖民主是採取文化的抵抗主義，前有響應臺灣議會請願運動而籌組的「臺灣文化協會」，後有蔣渭水與蔡培火倡議的「臺灣民眾黨」。然而，這條追尋「臺灣人」之路並非坦途，不僅有外部臺灣總督府的言論鎮壓，更有社群內部左、右兩股思潮的競合齟齬，最終仍是一條臺灣人尋求自治的未竟之路。

一九四九年，國民政府遷臺，臺灣人被捲入海峽兩岸長期的軍事對峙情況中，並且在戒嚴與白色恐怖的氛圍下被迫噤聲。一九四九年元旦，陳誠在蔣介石的催促之下，倉皇就任臺灣省主席，陳誠一就任，就面臨著土地、糧食與貨幣這三大難題，開啟一連串的改革工作。陳誠所肩負的改革重擔，可說是國府為了重返政權的準備工作，臺灣便是最後的反共堡壘。除了臺灣省政府主席的頭銜之外，陳誠當時尚兼任臺灣警備總司令部司令，為了鎮壓「共匪叛亂」，陳誠宣布臺灣於一九四九年五月二十日零時起開始「全省戒嚴」。因為這紙命令，臺灣成為一座禁錮人們身體和心靈的無形監獄，柯旗化便是當中的一隻囚鳥。兩度入獄的柯旗化，寫給孩子的獄中家書，就宛若臺灣人追尋言論自由的島嶼懺情書。透過文字的書寫，字字真切卻也字字血淚，柯旗化的人生經驗濃縮那一代臺灣人追尋自由的困頓，只能交付給至真無私的感情進行審判。

相較於其他歷史學領域的發展，臺灣史學界對於史料的解讀和數位化工作猛著先鞭，不僅將難以判讀的毛筆字轉為印刷字體，更在研究者的努力下將許多人名和筆名予以辨認，這是重新構築臺灣島史的絕佳契機。對於大航海時代就加入全球化體系的臺灣來說，臺灣絕對不是地處一隅的東亞小島，而是東亞航線的轉運中心。從本書討論荷蘭東印度公司通訊和菲律賓南洋兵明信片的文章可知，若是以臺灣作為人群輻輳的中心，其擴散之範圍遠達數千公里。我們更加期待未來在數位化工具的協助之下，我們能勾勒出一幅專屬於臺灣島文人共和國的景致。我們能夠知道臺灣島內外城市與城市之間交流的情況，我們能夠瞭解與臺灣最頻繁往來的國度為何，也能夠從為數甚夥的信件之中觀察出一些前此未被注意的現象。我不敢斷言這是否會刷新我們對臺灣史的既有認知，但肯定會有更多的新問題都能夠因此被提出。《跨越世紀的信號：書信裡的臺灣史》是一項初步的嘗試，之後必定會有更多的新成果出現。

推薦文

信件即訊息

涂豐恩
「故事」網站創辦人

我很久沒提筆寫信了。或許你也是，在電子郵件、手機簡訊出現後，我們每天發送的訊息變多了，但拿起筆來、在紙上好好寫一封信給某某人的機會，卻正在快速地降低。我們交換資訊的速度變快了，但對於某一個訊息投注的時間與注意力，卻也愈來愈少了。或許有一天，一封親筆信會變成少數人的偏好、遙遠的記憶……

在閱讀《跨越世紀的信號》書稿的當下，我正一邊在整理兩份歷史檔案。一份是當年廣州嶺南大學創校時期留下的資料。嶺南大學是間教會學校，由美國一群長老會傳教士發起，創辦於十九世紀末，原名格致書院。草創時期的檔案，後來因緣際會，進入哈佛燕京圖書館收藏。總計兩百多盒的資料，其中一半以上，是當時新事業的幾個要角，如牧師哈巴安德（Andrew P. Happer），彼此討論各種創校與辦校事宜而留下的通信。他們為了財務或人事，或學校的制度或空間，來來回回地交換訊息與意見。

另一份檔案性質則大不相同，是關於一位較鮮而人知的人物，法蘭克．卡納迪 (Frank Canaday)。卡納迪一九一四年畢業於哈佛大學，後來到中國待了四年，任職於菸草公司。他的檔案中有大量的剪報，內容依照年代一一整理成冊，但在這些剪報資料夾中，夾雜他個人的書信，其中很多是寫給他的家人，向他們報告近況。

翻閱這些書信，常把我帶進另一個時空中。不只是因為信中所寫的內容，更是因為那些書信的顏色、氣味、觸感，他們有的紙張十分脆弱，有的墨水已然模糊，還有一些是細心地摺好，仍收藏在原來的信封之中，凡此種種，都充滿了歷史的線索。另外有些書信是用打字機寫成，字字清晰，但更多是出自寫信人之手，筆跡龍飛鳳舞，乍看之下難以辨識。

在歷史研究者之間，流傳著很多這樣的故事：初初進到檔案館當中，看到某位歷史人物留存的大量書信，一開始往往滿心歡喜，躍躍欲試，但這樣的欣喜之情很快會消逝，被苦惱與無奈取代。因為光要辨認那些筆跡、解讀書信的內容，便要耗去大量的時間。想要分析書信中的歷史意義，提出甚麼石破天驚的論證？看來只會是個遙遙無期的目標，多麼令人沮喪。

但這似乎也是研究必經的荊棘之路，而且，隨著時間的推進，與書信檔案相處時間漸長，感受又將出現另一種改變。在許多推敲與解謎的過程後，我們對於某某的筆跡愈讀愈多、愈來愈熟悉，對於那寫信之人，也會開始產生一種奇妙的親密感，信件也散發出一種奇特的光芒，彷彿那些信就是為你——這個在檔案室裡孜孜矻矻的研究者而存在，為你而寫。你是那個跨越時空的收信者，開始進入另一個人的生命，進入他的人際網路，看見他與親朋好友之間私密的交流。你逐漸讀懂那些難辨的字跡，彷彿也逐漸讀懂了那個原本面容模糊而陌生的寫信之人，看見她的食衣住行，感受他的喜怒哀樂。

這種在圖書館或檔案室中的情感起伏，通常不會進入學術研究冷冰冰的最終成品當中，卻可能是許多研究者的共同經驗。我也曾親自目睹，檔案館員帶著年輕研究者，一個字一個字的試圖解開信件中的謎團。我猜想，或許《跨越世紀的信號》的作者群當中，也有人是那曾經為了那些書信時而興奮，時而迷惑的一員。

《跨越世紀的信號》一書挑選了歷史上八個不同時間點，內容、性質都大不相同的信件，有家書、明信片、電函和外交書信等等。有些信件很私密，有些信件本就意在公開。作者群以這八封信函為切入點，講了八個臺灣史上的故事，也帶我們了解書信產生的時空環境與歷史脈絡。

但除了這些書信的內容外，我同樣好奇的是這些信件的形制，他們的大小、質地、書寫或印刷的方式等等（讀者可以在最後史料解讀的部分找到相關資訊）。正如我們一開始所說，物質環境總影響著我們的書寫與閱讀，而今我們在電腦上寫信，輕易地刪刪改改，也許也不再像從前那般字斟句酌，小心翼翼。我們對待湧入信箱的電子郵件，或許也不再有過去那種期待與興奮的感受。

我不禁好奇，在那個前數位時代，當年那些收信者，他們有著怎麼樣的身體經驗？在收到信件的當下，他們感受到了甚麼樣的氣味、觸覺，這些又如何影響他們對信件內容的感知與理解？

讓我借用麥克魯漢的名言「媒介即訊息」，並稍微延伸一下。書信裡的訊息，或許從來不只那些明白寫出來的文字，也包含在那些墨水、紙張、信封，各種看似沉默，卻散發著不同聲音的物質之上。信件即訊息。看過「書信裡的臺灣史」，我開始想像，或許也可以有一本「書信的臺灣史」，書中的主角不再是寫信人或收信人，而是那些信件本身，他們也有自己的生命史，自己的故事，等待訴說。

目次

（非導讀）給本書讀者們的一封信

各位親愛的讀者好：

歡迎閱讀《跨越世紀的信號：書信裡的臺灣史》！這是《島嶼新台誌》書系的第一本作品，希望你們能喜歡！

乍看之下，本書似乎又是另一本坊間琳瑯滿目流行的臺灣史作品：有著精心的封面設計，豐富的彩色圖片，引人的文字標題。不過如果你願意抽空細心瀏覽，你將會發現《島嶼新台誌》書系與近年來史普讀物及歷史教科書有著兩點重要差異：首先，它是一本集體共筆的臺灣史故事集；更重要的是：它是一本建立在扎實史料研究，有著嶄新解釋觀點的臺灣通史。

《跨越世紀的信號：書信裡的臺灣史》一書，是八位年輕臺灣史家集體共筆的初步成果。他們都是正在臺灣史的學術道路上奮力向前，並努力地透過公共歷史書寫，向讀者們介紹豐富多元的臺灣史料及研究成果，並和大家一起探索屬於土地和人民的島嶼歷史。

在本書中八位作者們以書信史料為核心，各自重構並述說了從十七世紀到二十世紀的臺灣歷史故事，現在請各位先瀏覽這些書信的簡介：

1. 一六四五年四月，荷蘭東印度公司淡水地方主管凱薩爾（Johannes van Keijssel）寫給臺灣長官卡隆（François Caron）的公務通信。

2. 一六六五年一月，鄭成功之子鄭經寫給荷蘭出海王苗焦沙吾 (Balthasar Bort) 的外交信函。

3. 一七二一年，清初文士藍鼎元為南澳總兵藍廷珍所寫的給閩浙總督覺羅滿保的回覆書信。

4. 一八九五年九月，臺灣民主國將領劉成良寫給義父劉永福的信函。

5. 一九三三年十月，臺灣自治聯盟理事葉榮鐘寫給妻子施纖纖的家書。

6. 一九四三年間，臺灣勞務奉公團員吳志堃及日本海軍工員賴文質和賴阿宣從菲律賓寄給家人的軍郵明信片。

7. 一九四九年三月，臺灣省主席陳誠寫給總統蔣介石的函電。

8. 一九六三年十一月，政治受難者柯旗化的長子柯志明寫給父親的簡短家書。

親愛的讀者們，你覺得從這幾封書信資料中，我們可以讀到怎樣的臺灣史故事？這些真實紀錄，又將帶領我們進入怎樣的歷史場景和人物？以下就讓我為大家做個簡單的導覽：

在第一章〈里族河的冰冷大王〉，林逸帆以荷蘭東印度公司官員的書信為楔子，介紹了十七世紀北部臺灣原住民與不同外來殖民者的長期互動過程。她從荷蘭與清代文獻的紀錄中，重新發掘了活躍於淡水與基隆河地區的里族大社頭目冰冷（Ponap）父子的故事。並且從荷蘭人與原住民的雙重視角，來述說當時大臺北地區住民的生活風貌與臺灣島上南北水陸交通實況。從文中對於山林禁忌、權杖象徵、物品交換、以及勞役爭議等生動案例，我們可以一窺從荷蘭、西班牙、明鄭與滿清的政權爭逐消長過程中，原住民社會的歷史處境與命運變遷。

在第二章〈誰主沉浮〉，石文誠以鄭經給荷蘭艦隊司令的信函為實例，分析當時的國際局勢與歷史潮流：那是一個合縱連橫，爾虞我詐的時代，而臺灣島的命運，和閩南沿海及粵東潮汕地區的歷史發展密切相連。在鄭成功過世後，清荷聯軍攻占金門與廈門，但征臺之役卻無功而返。而鄭氏政權除臺澎二島外，仍控制著南澳與銅山等要衝，並積極勸誘荷蘭人合作抗清。文中也考訂了數則歷史軼事，如鄭成功的稱號、寶劍與金印，以及在臺荷蘭俘虜與女性的遭遇等。提供了讀者們不同於教科書刻板印象與民族主義正統敘事的複雜歷史場景。

在第三章〈藍鼎元的預言書〉，鄭螢憶以康熙年間朱一貴民變後，官員們對於遷民劃界政策辯論為起點，說明清代臺灣番界封禁制度的緣起發展與變遷。他以藍鼎元的殖民開發論主張為代表，凸顯清代邊疆統治對於治安與稅收的雙重考量，並透過清代臺灣的「土牛」界碑與藍紅紫線與綠線地圖等實例，說明不同時期番界政策。他更進而指出在沿山區域活動的人群，並未受到番界政策的限制。這個由高山原住民、平埔原住民及漢人移民所構成的邊區社會，充滿了各種競合衝突及跨界互動，也產生了如「番割」與「土生仔」等中介混種人物。

在第四章〈跨世紀的熾熱〉，蘇峯楠以國立臺灣歷史博物館珍藏的劉成良書信為核心，從宏觀全球史及微觀人物史的雙重脈絡，重新回顧「臺灣民主國」的歷史軌跡。他仔細追溯廣西壯族地區出身的劉成良，如何追隨義父劉永福的黑旗軍至越南北圻、廣東南澳，輾轉來到南臺灣抗日的足跡。並透過書信內容的解讀，重構當時臺灣民間武裝防衛組織，地方社會財政，乃至豪強土匪出沒的歷史實態。進而從劉氏父子的視角，重述一八九五年日軍領臺戰役、臺灣人民抗日及清朝官員內渡的複雜史事。藉此呈現由大時代的潮流與小人物的流動所共同構成的歷史篇章。

在第五章〈飄洋過海爭權利〉，莊勝全從葉榮鐘在朝鮮地方制度考察旅行途中從輪船上寫給愛妻的家書出發，帶領讀者們重返殖民地臺灣的政治社會運動史。那是個風起雲湧，人才輩出的進步時代。葉榮鐘曾接受林獻堂的資助前往日本東京留學，其後並擔任其通譯和祕書。親自見證了臺灣議會設置請願運動的倡議與推動，臺灣文化協會的發展與分裂，以及臺灣民眾黨與臺灣自治聯盟的活動。文中詳細介紹了《臺灣民報》等臺人代表性言論機關的發展歷程，並生動地呈現了葉氏在一九二三年「治警事件」情報傳遞過程中所扮演的重要角色。

在第六章〈菲島來信〉，陳柏棕透過兩張日本軍郵明信片的解讀，重新發掘被長期忽略的臺灣人的戰爭經驗。從菲律賓戰地寄回的簡短家書裡，我們看到來自嘉義的吳志堃，與來自員林的賴文質和賴阿宣兄弟，是如何想念父母妻兒及家人。作者介紹日本帝國南進與臺灣人從軍的歷史背景，並詳述美日在太平洋海戰及菲律賓戰地的攻防過程。隨著戰局的惡化，原本擔任軍夫和工員的他們，被捲入烽火中而在山區叢林間求生、病歿和戰死。總計高達八千餘名臺籍日本兵命喪菲島，而倖存者的創傷記憶則在戰後的政治環境中被逐漸淡忘。

在第七章〈振衰起「幣」改土地〉，曾獻緯以陳誠和蔣介石的函電為例，重新探討了二戰後及國共內戰期間臺灣的三大社會經濟問題：糧荒、通貨膨脹及土地改革。他首先說明陳誠與蔣介石下野前受命接任臺灣省主席的曲折背景，再回顧戰後臺灣糧食短缺與物價飛漲的現象及原因。最後介紹陳誠推動三七五減租政策，以及與蔣介石討論幣制與糧政問題的經過。作者除了分析國共內戰對於臺灣社會經濟的負面影響以及中央政府的相關對策。更利用林獻堂日記與農民口述歷史資料，呈現臺灣地方菁英與民眾對於時事的觀感與評論。為戰後初期的臺灣社會發展提供了多元的歷史視角。

在第八章〈臺灣，一座監獄的身世〉，黃仁姿以國小一年級新生柯志明用注音符號寫給父親柯旗化的短信為引言，刻畫出臺灣政治受難者家庭所面對的生活與心理困境，以及當事人與家屬在獄中家書裡所流露的真摯情感。兩度入獄的柯旗化，獨自撫養子女的蔡阿李，面對父親缺席真相的柯家兄妹，他們在國家暴力迫害的逆境中彼此扶持，奮鬥成長的動人故事。作者進而分析戰後威權統治與白色恐怖的「監獄島」效應，以及臺灣政治民主化及解除戒嚴的轉型歷程。並以李鎮源院士與「刑法一百行動聯盟」的事蹟為例，說明人權發展的重要與轉型正義的艱難。

親愛的讀者，在上述臺灣歷史故事裡，有哪一篇的題材與內容最吸引你的目光？除了故事正文，本書另外值得大家注意的特色是：每位作者都在附錄中針對自己的書寫動機、史料運用和寫作策略提供了進一步的說明。尤其是每篇書信史料的來源典藏與流傳，內容特色與價值，與相關專題史料概況等學術資訊，均可提供有興趣從事臺灣史教學與史料研究的讀者參考利用。請勿輕易錯過！

總而言之，《跨越世紀的信號：書信裡的臺灣史》的作者們以史料研究為基礎，從多重視角為大家開啟了通往歷史現場的窗口。並透過書信主人翁與其背景脈絡的分析，反映出臺灣歷史上海洋經營、邊疆農墾、族群互動、殖民發展與國家建構等重要課題與歷史特徵。本書系未來還會陸續推出日記與圖像史料等不同類型的共筆作品。期待在這個充斥著假新聞的後事實時代裡，立基於史料與研究的臺灣史公共書寫與普及閱讀，能有助於促進不同人群間的理性對話與相互理解！

張隆志　敬上

二〇一九年中秋前夕

跨越世紀的信號
書信裡的臺灣史
17/20世紀

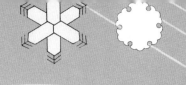

第一章

里族河的冰冷大王

尋覓臺灣早期史的另一面貌

林逸帆

里族河（今基隆河）的冰冷大王是族人奉若神明的大頭目，他們居住在基隆河岸一隅，仍躲不過外界風起雲湧的詭譎局勢。為了生存，也為了守護他們代代賴以維生的土地，只能不斷在更迭的各種外來勢力之間折衝周旋。從西班牙人、尼德蘭人、東寧國到大清國，連同其他番社的命運，就在書信往返中，成為他人拿捏的籌碼。

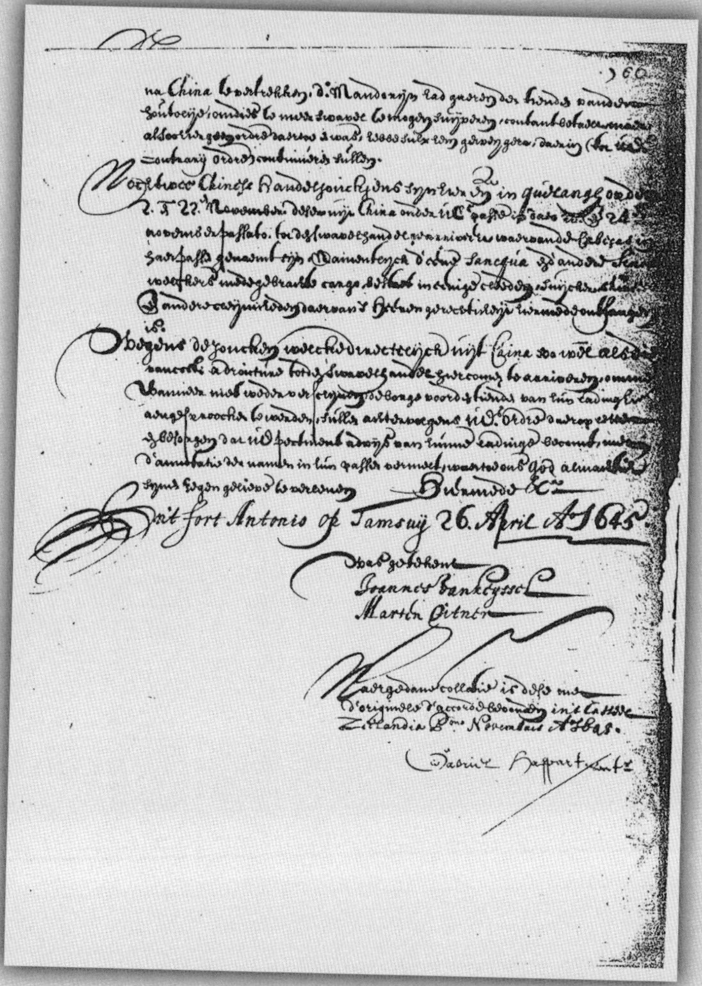
Uit fort Antonio op Tamsuij 26. April Ao 1645.

一六四五年四月二十六日

淡水長官凱薩爾寫給臺灣長官卡隆的信，報告最近北臺灣淡水的重要事務。

注：書信的最後一頁，有簽署地、時間以及書寫者署名，此件為副本，最後為熱蘭遮城的祕書簽名確定無誤。

臺灣長官卡隆

從臺灣城遠眺普羅民遮市街，晴朗的天氣使廣闊的大地一覽無遺，群山層層相連，稍北有座福爾摩沙高山突出於群山之中，沿著群山往南，釉綠的群山與樹木一直連接到瑯嶠（今恆春），往北平原後面的群山，清麗得令人感到畏懼，海邊浪平，船隻點點，大小船隻交錯。站在城堡瞭望臺上眺望的不是別人，正是來到臺灣約九個月的臺灣長官卡隆（François Caron）。

卡隆十七歲就隨船出海來到亞洲，於日本跳船，憑著自己實力，歷經濱田彌兵衛事件，在荷蘭東印度公司的日本商館待了二十餘年，得以升為日本商館長，其後甚至被派任為臺灣長官，這樣的資歷，放眼眾多船員中，應該算是鳳毛麟角吧！

卡隆年入四十，正值壯年，風流倜儻，先有日本妻，後又於荷蘭娶了年輕嬌妻。

一六四三年卡隆回到荷蘭東印度公司亞洲總部巴達維亞（今雅加達），次年八月，從巴達維亞啟航，一如其他往返於巴達維亞與臺灣、日本及其他東南亞商館的船隻一樣，乘風而行，至臺灣展開其新職務，直至一六四六年卸任。

從巴達維亞到臺灣，如果順利的話，航程約略十天。

荷蘭統治臺灣之時的臺灣長官，總攬公司於臺灣的各種事務，並執行巴達維亞總部之命令。由於商業、司法、軍事、市鎮管理與各種人事事務相當複雜，因此尚有臺灣評議會，與臺灣長官共同決定各項事務。評議會做成決議於書面簽字，此稱為決議錄（Resolutiën）。公司職員各司其責，完成交辦任務。臺灣城當日重要事項則由書記官協助，記成日誌。臺灣各地事務往來、消息傳遞，則透過書信送到臺灣長官手中，最後，臺灣長官必須負起責任，彙整相關訊息與決議事項後，以書信將相關文件送往巴達維亞，向總督報告臺灣重要事務。在北風起時，將彙整好的資料，連同書信、文件，隨船送至巴達維亞向總督報告。透過這類文書、書信，層層交疊，撐起荷蘭東印度公司的運作。

帶自北方的書信

微風吹著卡隆，他已經逐漸習慣這裡的氣候。不似日本四季分明，不似巴達維亞天氣炎熱，只要不下雨，臺灣城的冬天便不像祖國那樣寒冷。不久前，卡隆大病了一場，連南部地方會議（Land Day）都無法參與，充分臥床休息後，已能正常執行公務。

時值五月，春天的氣息早已悄悄溜走，溫暖南風吹起，正是船隻北往的季節。公事繁忙之餘，卡隆總會想起新婚妻子牡丹（Constantia Boudaen），年輕的牡丹，恐怕一時半刻還不能來臺相會。

這幾天信件繁多，大都是報告島上各地情況的公務郵件。

午後，牧師兼代理地方官（substituyt）范伯根（Joost van Bergen）也帶回了北方的消息。臺灣北邊早先有日人與漢人貿易通商，一六二六年又被西班牙人占領，直到一六四二年，荷蘭東印度公司趁著西班牙人兵力減弱之際，才攻下淡水、雞籠等地。

在交通上，公司試圖打通臺灣西部，讓南北兩地的陸路交通能夠暢行無阻，然而當地民風強悍，東印度公司的如意算盤落空，歷經三年時間，直到一六四五年，總算勉強將西部兩端連

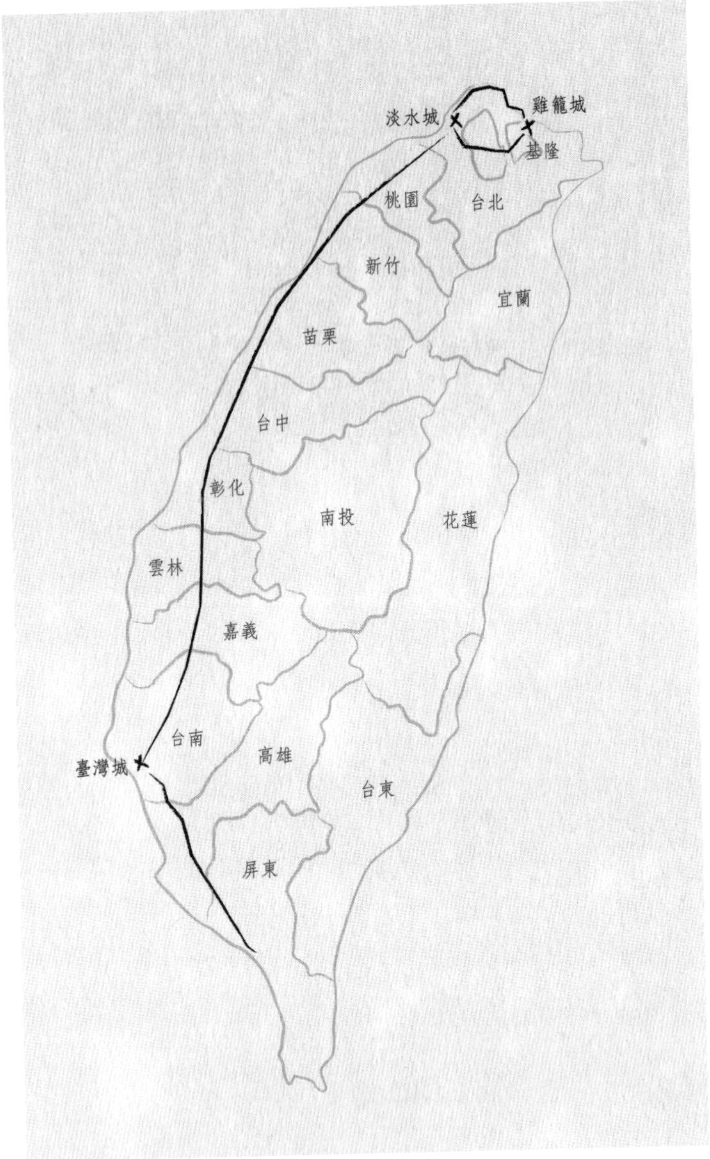

◎ 荷蘭時期，臺灣西部的陸路交通路線圖

公司花了數年打通淡水與臺灣城之間的陸路交通，從淡水出發，經八里坌、南崁、竹塹、中港、通霄、牛罵、大肚南社、他里霧社、諸羅山社、麻豆社、新港社後，抵達臺灣城。再從臺灣城往南，可前往東部地區。（參考「1650 年臺灣至淡水道里記」〈路是人走出來的〉）

結起來。

一六四五年四月八日，長官卡隆遣牧師范伯根送信至淡水，這封信直到四月二十三日才送到派駐淡水城寨的下席商務官凱薩爾（Johannes van Keijssel）手中。由於卡隆急著看到回覆，范伯根在拿到凱薩爾的回信後，馬上帶著書信走陸路，從淡水出發，經過八里坌、南崁、竹塹，至竹塹不走山路，改以沿著海岸線行走，經過中港抵達通霄，再從通霄至牛罵（臺中清水）。過了牛罵就要更小心提防了，畢竟接著就是大肚南社（Darida）了，此為雄霸一方的大肚「番」王所居住之大社。

從大肚「番」王之地至大突社（Torckara，在今彰化二林一帶），過去海盜甚多，要錢不要命的海盜經常在此活動。從大突南下，需要涉水經過一條流勢湍急的河流，夏季雨水多時，不免心驚膽跳，命懸一線；如果是乾旱時期，就可安心前進至肚猫螺社（Dovalj，在今雲林西螺）。

至此，不再沿著海岸地區，而是改走沿山區的路線，經他里霧社（Dalivo，在今雲林斗南）、諸羅山社（在今嘉義市），順利的話，就可放心地進入麻豆社（Mattauw）與新港社（Sinckan，在今臺南新市），再從新港回到臺灣城。

牧師范伯根前後花了大約十四天，終於在五月十日抵達臺灣城。

范伯根一回到臺灣城，卡隆很快就收信展讀。淡水主管凱薩爾在信中報告最近淡水的重要事務，信末還標明是四月二十六日簽署於淡水安東尼堡壘（Fort Antonio）。凱薩爾表示四月八日由卡隆送去的書信已經收到，淡水堡壘尚在興建中，預計十月底可以完工。同時，他還報告了包括淡水、金包里、噶瑪蘭灣（Cabalaen）等地的情況。

凱薩爾持續派人催促還沒交稅的村社，特別是淡水南方以及噶瑪蘭灣的人，並同時探查南崁（Lancam）以及鹿港社（Dorenap）周遭的情況。

值得注意的是淡水諸社的情形，位於里族河畔的里族大社（Lisiouck），其大頭目為冰冷（Ponap），周遭村社都是他的兄弟。因為不服從公司的命令，在三月一日被殺雞儆猴地拘禁起來，最後族人只好帶來六百大里爾的珊瑚作為擔保，保證從今爾後絕對忠誠，不再違背命令。

卡隆的回信，指示完成番社戶口調查

卡隆相當贊成凱薩爾的這個做法。這個島上的居民不如其他島嶼、大陸有統一統治者，福爾摩沙人總是過著自己想過的生活。因此，卡隆認為，根據公司過往經驗，透過威脅、利誘，才會獲得合作。

十天後，淡水堡壘所需的物資已經收集完畢。卡隆寫了封回信給凱薩爾，信中除了嘉獎凱薩爾對里族大社冰冷的處理方式外，為了落實統治，還命令凱薩爾複製南部的經驗，儘量調查淡水附近的村社、戶口，完成淡水番社戶口表，以因應不遠的將來，淡水將舉行的地方會議。

篷破海濤，順浪至北，暮光下一條海上之路連結至城堡。載著卡隆書信與物資的篷船（Jouck）帝門號（Diemen），就在臺灣大灣內等待出航許可。

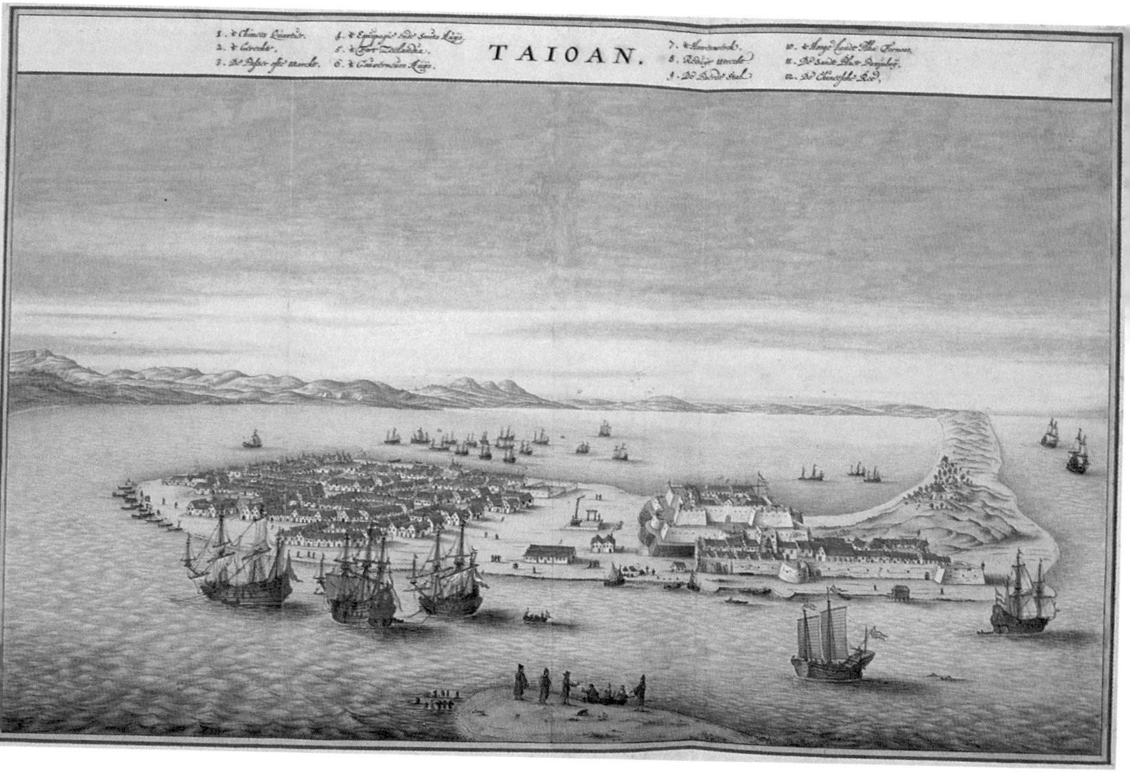

◎ 南眺臺灣城與臺灣街（《臺灣港鳥瞰圖》）

三天後，帝門號獲得了出航許可。然而大灣風雨交加，港道內怒海波濤，外海更是浪高猶如龍王的怒吼。這樣的天氣，為了安全起見，帝門號只能延期出航。為了怕走海路時信件遺失，卡隆也讓人透過陸路傳遞抄本。

到了五月二十四日，風雨稍緩後，帝門號才載著淡水所需物資及卡隆的書信啟程了。

船抵北方的淡水河

夏日將至，和風習習，早已不是開春時細雨綿綿不見天日的天候。大地再次回溫，日光映照在寬廣的淡水河面上，反射波光如璃。

河口南岸聳立著壯闊的淡水山（觀音山），河水拍打南岸沙灘，猶如海浪劈啪作響；北岸則停泊了數艘艋舺與篷船。山丘上的淡水堡壘與淡水山，共同看管著淡水河口。

淡水堡壘後面是往北延伸的林仔社，地形平坦可做水稻耕地。另一方向，則是高聳的磺山群，雲霧繚繞，更顯神祕，自古以來即為此地的地標。許多漢人為了此地的硫磺，多次親往淡水進行交易。

沿著寬廣的河口一路前行，右岸是人煙罕見，村落無幾；左岸有個平地，上有幾處村落，包括沙巴里、外北投、大屯山社，往下順接著紅樹林叢（今關渡）。

從紅樹林叢可以見到三道河川交匯，流入淡水河，分別是里族河（今基隆河）、武勝灣溪

（今新店溪）及海山川。

平日這裡有一處河上沙洲，孤零零地立在河面上，偶有人跡。一旦颱風來襲，狂風暴雨，河水漫過沙洲與河岸，恍如汪洋一片。

順著紅樹林叢向左彎入里族河，可以見到被樹木環繞的村社。從此地起，就進入了里族大王的地界。

在這之前，公司的篷船帝門號經過了六天的航行，已要駛入淡水河。

淡水地區的主管凱薩爾正在堡壘內辦公，他從澳門來到福爾摩沙島已有數年。一六四二年，他隨著軍隊來到島嶼的北邊，原於雞籠城哈祿斯（Hendrick Harrouse）的底下工作，一六四四年改派至淡水，處理淡水事務。

從堡壘遠眺淡水河口，篷船慎重地轉進淡水河，凱薩爾細看了一下，果然掛著公司

◎ 淡水河至此分流為里族河、武勝灣溪、海山川

◎《大臺北古地圖》可見早年北臺灣的河川與聚落。

的旗幟。

凱薩爾回頭大聲喊來其他助手，趕至岸邊接應。

經過一番清點，船隻運來淡水堡壘所需要的建材及物資，同時還有臺灣長官卡隆從臺灣城寄來的信件。

卡隆在信中允諾，臺灣城一定會支援淡水堡壘的建築工程，提供石灰、木材等必須的建築材料。

信中同時提到，卡隆先生及評議會計畫今年九月或最晚十月會按照臺灣附近的南部、北部集會那樣，在淡水舉行地方會議。因此，命令凱薩爾必須在此之前，盡全力調查淡水區範圍內所有村社的資料。南至大肚、北至雞籠，甚至是東邊的噶瑪蘭灣，所有番社的房屋及人口數都必須統計完畢。信中還說，等臺灣評議會確定地方會議的時間後，必須通知在淡水區範圍內的諸番社前來參加。

確認完卡隆的命令，凱薩爾再度回頭檢查帝門號帶來的物資。

凱薩爾監督助手盤點物品的同時，也在思考著關於地方會議的事情。凱薩爾暗忖，從過去經驗來看，要求這些福爾摩沙人乖乖聽話實在不易。調查戶口還算是簡單的任務，但所有村落是否都願意出席會議，宣示效忠，是另外一個問題。

像是哈祿斯先生，於一六四二年來此後，就與中尉拔鬼仔（Thomas Pedel）一起與福爾摩沙人交涉，根據三年下來的經驗，這些福爾摩沙人的態度經常反覆不定，更有里族大王那樣的人，毫不畏憚地挑戰公司的權威。

然而，還沒來得及迎來當年的淡水地方會議，凱薩爾就在兩個月後，八月十三日，於一個炎熱夏日的午夜病逝了。

這個突如其來的噩耗打亂了卡隆的計畫，遲至十月十三日才由淡水繼任的下席商務官諾柏（J. Nolpe）召開第一次的淡水地方會議。會議當時還特地準備了兩百支籐杖作為公司的權力象徵，轉交給各社的長老或掌權者，卻只送出了四十一支籐杖。

現在，東印度公司不僅要面對淡水病員不斷的情形，還要應付淡水的福爾摩沙人對守護土地的堅硬態度，可說陰霾層層染上了淡水堡壘。

里族河與禁忌之山

淡水河上可見數艘艋舺順流而下或逆流而上，水痕畫過河面，隨即消逝。幾艘艋舺逆流划行，划槳的人略顯吃力，艋舺上載著蠔、蛤及海菜等海產，吃水稍深。一行人從淡水河前進，在淡水河紅樹叢一角左拐後，進入友好的河域，他們的神情才略顯輕鬆。

這條河流有各種名字，有時被稱為麻少翁河，有時被稱里族河或雞籠河。對里族人來說，這是上天給予的禮物；對外來者來說，這是里族人的流域。

這幾艘艋舺中有一個領導者姿態的男人，他領著一行人繼續往上游前進。

進入河道後，河左岸有奇里岸社及礦溪，然後河道開始蜿蜒，旁邊有麻少翁大社（今士林、天母及社仔一帶）、大浪泵（今大龍峒），旁有麻少翁溪支流；再轉一個大彎後，河右邊是奎府聚社，左邊是福爾摩沙人的禁忌之山，卻是他們奉若神明的聖山。

禁忌之山林木蓊鬱，青綠疊翠，石老林深，境絕清閟。特別是入夜之後，若從里族出發，搭乘艋舺順流而下，月光下的河面波光粼粼，更顯此山詭譎難測，凡人不可侵犯，難怪此地之人，堅持其神聖性不可侵。

經過禁忌之山後，河道長而筆直，不再曲折。等到河道開始有個小彎的地方就是鄰近里族的搭搭攸（今大直一帶），接著就進入了里族大社。里族（今內湖）對面是麻里即吼（今松山），最後抵達峰子峙（今汐止）。

滿載貨物而歸的艋舺即將進入搭搭攸，遠望可看到里族社河岸站著一位男人，他以棉布裹身，琉璃瑪瑙為飾，威風凜凜，氣勢不凡，歲月痕跡更添威嚴。這個男人就是里族大社的大王，名字為冰冷。

冰冷看著艋舺駛進，領頭者是他的兒子茶尼兒（Teneijl）。在父親的教導下，同樣氣宇不凡。茶尼兒指揮族人卸下糧食，此行，他帶著里族人於淡水河口到海邊辛勤工作，艋舺上滿載的蠔、蛤及海菜，都是里族人所需要的日常糧食。

冰冷檢視了豐碩的成果，讚許了茶尼兒幾句，顯然對日後要繼承他名字的孩子甚是滿意。

族人奉若神明的冰冷大王

冰冷所在的里族大社，屋社都依山面河，在這處豐沃的土地上農耕、狩獵採集並行，他們種植番薯、黍米，也到河對岸去獵野雞、鹿等山禽野獸，除此之外，不可避免地還要應付尼德蘭人不時的要求。

面對時而平和、時而凶猛的命脈之河，久居於此的里族人，早已深諳應對之道。不像前面的部落，一遇到河水暴漲，就得落到房子與土地被淹沒的下場。

冰冷是里族大社的大王，統治了十二個村落，勢力範圍包括峰子峙、麻里即吼、搭搭攸及奎府聚。冰冷能說神語，與神直接溝通、轉達神的旨意，在所轄治的村社有神聖不可違逆、至高無上的權威。凡有做錯事的族人，都會受到他嚴厲的懲罰。他權威的性格也展現於外，不論是對其他的福爾摩沙人或是尼德蘭人同樣不假辭色。

這樣寧折不彎的性格，面對異族統治時自然會紛爭不斷。

里族是這塊土地上的主人，雖然曾經有自稱是大明國及日本的人來到這裡要求他們順服，但行事作風都沒有西班牙人惡劣，既要求服從，又以武力脅迫，毀掉族人的房子、農地與船隻。

因此，里族對西班牙人非常反感。沒想到三年多前，又來了一頭紅毛、自稱為尼德蘭人的外國人，同樣要求里族人歸順。

紅毛的首領是被尼德蘭人稱為征討將軍的拉莫提爾斯（Joannes Lamotius），經常用鼻孔看人，驕傲得不像是基督徒。其後，雞籠城的哈祿斯先生則被里族人認為十分公正，可以接納為他們的「父」（Vader）。哈祿斯先生要求此地及周遭居民的首領前往雞籠那座城堡，領取有三個顏色的旗幟。

前往雞籠島的道路

尼德蘭人來之後，順著西班牙人留下的建築，重新評估所需要的防禦工事，於雞籠島完成尼德蘭城堡，也在淡水建立堡壘。雞籠、淡水作為尼德蘭人的兩個據點，要聯絡兩者，除了沿著海岸線航行外，還可以走陸路。走陸地有兩條路線：其一是沿著海岸走；其二是從淡水河流向上到里族這裡，重新補給後再出發。

沿著里族河（今基隆河）抵達上游段，河床上滿布大大小小的石頭，枯水期無法划行通過，只有在河水充足時才能渡過這段河面。接著，必須經過一個有陡峭山坡的八暖暖（今暖暖區），這對不慣於行走山路的尼德蘭人來說，是一大挑戰，但對當地的馬賽族而言卻輕而易舉。經過這段艱困的河道與陡坡後，很快就能抵達雞籠。

這個來往於雞籠、淡水之間的交通要道，在被尼德蘭人與西班牙人利用之前，早就是馬賽族進出慣走的路線。尼德蘭人要穿越岩石處與八暖暖地區，必須花很多功夫，即便想利用艋舺走水路，也無法從雞籠翻山越嶺到淡水。因此，每當尼德蘭人要從雞籠到淡水或反向從淡水到雞籠，到了里族河上游都必須仰賴里族人的協助，先備好艋舺順流而下到淡水，或是準備補給讓尼德蘭人穿越山坡到達雞籠。

里族人對當地的重要性，由里族河名稱的由來就可知一二。

拔鬼仔的來訪

一六四二年的一個寒冷冬天，冰冷大王的村社來了幾個尼德蘭人。領頭者就是中尉拔鬼仔，他帶著十名士兵及一位通事來到冰冷面前。冰冷慎重地以食物與酒招待，卻一點都不落下風。拔鬼仔透過通事詢問了許多問題，其後才表明來意，要求冰冷把土地獻給尼德蘭人以示歸服，就像對西班牙人那樣。

冰冷表示，他已經去雞籠領取了旗子，至於拔鬼仔既然來到此地，就應該把里族想要的菸草、布匹等物品拿出來交換。

當天，拔鬼仔在里族休息了一晚，打算隔日再前往其他番社。在拔鬼仔離開之前，冰冷邀請拔鬼仔等人一起到對面的麻里即吼，享受狩獵之樂。但此一提議遭到拔鬼仔斷然拒絕，並要求冰冷馬上派人通知其他社的人。冰冷同樣不高興，毫不忌憚地展現身為一地之主的權力，也拒絕了拔鬼仔的要求，表示在自己的領地上，他可以自行決定什麼時候通知。

碰了釘子後，拔鬼仔只好拿出帶來的布匹、菸草、鏡子等物品相贈，冰冷才派人去找麻里即吼的首領過來。

拔鬼仔在了解情況後，想帶兵前往峰子峙去拜訪冰冷的兄弟，但冰冷堅持陪同前往，於是雙方陣營各自帶著人馬過河，前往冰冷兄弟所管轄的峰子峙。

冰冷的宴會與約法三章

在下了一整天的雨之後，拔鬼仔打算離開峰子峙。冰冷為了幫族人爭取最大的利益，再三考慮後決定在拔鬼仔離開前，就在峰子峙好好辦場宴會款待拔鬼仔一行人。在陰雨連綿、寒意入骨的天候下，冰冷及其族人仍然準備了豐盛的食物，除了主食米糰之外，還有在雨中捕獵而來的野雞、野鳥及野鹿，這些都是大地賜予的最好食材。酒酣耳熱之際，拔鬼仔站起身來宣示立場，要求冰冷及其族人獻出土地歸順尼德蘭人。

冰冷為了村社的和平，在宴會上答應拔鬼仔提出的幾個要求，拔鬼仔並堅持在眾人面前將約定一條一條念出來：

一、自願將土地提供給尼德蘭以示忠誠，不攻擊尼德蘭人及其盟軍，彼此和平相處，並且自願提供協助。尤其看到尼德蘭船隻擱淺時，會協助船隻帶往最近的城堡。

二、親王旗出現於村莊時，要立刻前往雞籠島了解並完成所交付的任務。

三、有尼德蘭人迷路要幫忙帶回城堡，遇到黑奴逃跑則要強制帶回給尼德蘭人，可獲得報酬。

四、尼德蘭打仗時必須出兵協助；同樣的，福爾摩沙人發生戰爭時，在合理情況下，尼德蘭人也會派兵協助。

五、每週一次到尼德蘭人市集交易樹苗、新鮮食物，將可獲得相對應的價錢或物品。但偏遠地區可兩週一次。

六、上述條約由巴達維亞總督認可，若有調整，頭目也要接受。所做的調整也會如上述一樣公平。

在眾人面前，冰冷大王同意了這些條款，並要求屬下也遵守。但同時他也聲明，以往去雞籠城領旗子，並不代表他將土地獻給了尼德蘭人，因此將來他會找時間去淡水堡壘獻出土地。身為此地的領袖，冰冷也要求拔鬼仔必須跟族人和平相處。在同等的條件下，不得隨意傷害族人，萬一有尼德蘭人誤闖他們的土地，他們也會展現善意提供協助。

當下雙方都滿意彼此的約定，但冰冷絕對想不到，日後尼德蘭人會得寸進尺，要求愈來愈多。

冰冷大王的恥辱

幾年下來，里族人與尼德蘭人相處還算順利。不過，尼德蘭人常會出其不意地提出其他要求。一開始，在興建淡水山丘上的安東尼堡壘時，需要用到大量竹子圈圍，因此不斷要求里族人以艋舺運送竹子。里族人要到海岸採集食物時必定會經過尼德蘭人的據點，若被發現船中沒有載運竹子，往往會被尼德蘭人大聲叱責。

有一天，里族大王本人帶著七艘艋舺前往海邊。拔鬼仔認為七艘艋舺只載五十根竹子太少了，憤怒地命令冰冷立刻回頭用十艘艋舺運來五百根竹子，否則要扣押艋舺，不准他們前往海邊。為了族人的安全，冰冷只能忍氣吞聲回頭召集所有人去砍伐竹子。

兩天後，當冰冷領著二十八艘艋舺載著五百根竹子，再度於淡水河順流而下來到淡水堡壘時，滿意的拔鬼仔當場賞給冰冷漂亮的棉布及會發出聲音的鈴鐺做為獎勵。

此後，里族大王在能容忍的範圍內都會儘量滿足尼德蘭人的要求，而尼德蘭人一旦感到滿意，也會回贈物品答謝。

尼德蘭人在淡水與雞籠之間往返都

◎ 艋舺示意圖

必須經過里族河，每次都需要里族人備好艋舺協助他們順流而下，在這樣有求於人的情況下，他們也不應該擺高姿態。話雖如此，在拔鬼仔離開淡水後，其他的尼德蘭人似乎不這麼想。雙方是否要繼續合作，將是一場考驗。

對里族人來說，為了應付尼德蘭人的要求，他們幾乎天天都要砍竹子，每年還要繳納很多鹿皮，自然生活得不如以前自在，何況從尼德蘭人近日對他們的態度來看，似乎也忘了先前的友好承諾。

幾經權衡，冰冷大王決定不再理會尼德蘭人繳交竹子的無理要求。

一六四五年，尼德蘭人在三月的第一天，突然假借名目扣押了大頭目冰冷。在冰冷之子茶尼兒及族人的奔走之下，無奈的里族人最後以昂貴的珊瑚做為抵押，並向尼德蘭人再三保證順服之後，冰冷才得以獲釋，重新回到自己的土地。

迫於情勢不得不屈服的里族人，心中或許是這樣想的：土地本來就是我們的，如今卻被箝制失去部分自由，必須俯首聽命於人，孰可忍孰不可忍，將來勢必要奪回我族的權力。

新的冰冷大王——雞籠河之王

數年後，時光流逝，山河美景仍在，原本的里族河因為尼德蘭人頻繁往返雞籠而改稱雞籠河。這裡的勢力版圖也逐漸發生變化。老冰冷大王的兒子茶尼兒繼承其名，成為里族新一代的領袖。對冰冷一族來說，當年老冰冷受到的恥辱永遠都忘不了，冰冷一族的驕傲被尼德蘭人翻臉無情地打碎了。

尼德蘭人來到這塊土地已經有十年了，現在他們稱里族為冰冷族，稱茶尼兒為冰冷族大王！茶尼兒又有一個外號——水手（Bootsman），或許因為他是這條河流的掌船者。在他的帶領下，冰冷族的勢力逐漸擴大。他與麻少翁社的兄弟福貿（Gommou）再次聯手，化干戈為玉帛，不像父執輩那樣爭論不休，甚至一度鬧到尼德蘭人那裡去。這幾年來，看多了尼德蘭人欺壓族人的畫面，讓茶尼兒深有體會，了解到兄弟之間與其為了小事糾紛，讓尼德蘭人看笑話，不如聯合起來不再讓尼德蘭人占盡便宜。

一六五三年是尼德蘭人來到北部地區的第十年，他們再度召集村社頭目到淡水舉行地方會議。在此之前，淡水主管下席商務官西門．給爾得辜（Simon Keerdekoe），在淡水地區的福爾摩沙人中風評不好，公司認為有舞弊之嫌，被召回臺灣城調查。接著十一月六日及七日，雞籠蝗蟲大舉來襲，預告著黑暗的一年即將襲擊北部。

十一月底，新上任的淡水主管商務官范伊佩勤（Thomas van Iperen），仍舊召開淡水地方會議。麻少翁社的福貿在會議上表示，尼德蘭人的要求與回贈物品不成正比，福爾摩沙人無福消受，並當場把象徵尼德蘭的籐杖丟掉。

茶尼兒出聲附議，大聲表達反對尼德蘭人的立場，並威脅此後不讓尼德蘭人行經他的河流。在尼德蘭人眼中，這兩人的行為簡直是無理挑釁，但公司正值多事之秋，在沒有獲得上層允許之前，他們也無法展開報復。

同樣的，冰冷族對尼德蘭人的態度也左右為難，一方面是新仇舊恨不能或忘，一方面合作關係也不能輕易放棄。但他們又必須做出一些適切的反應，不能放任尼德蘭人為所欲為。比如說，尼德蘭人因缺乏木材，派人去禁忌之山砍伐神聖的樹木，這對當地人來說，已是大不韙之舉。山靈似乎有所感應，據說尼德蘭人的伐刀就這樣卡在樹木上，族人都認為這是聖山給尼德蘭人的警告，更增添了他們守護土地的信心與決心。

一六五七年，麻少翁社的福貿去世，茶尼兒大王繼承了他的轄地，成為麻少翁社的首領，也使得里族勢力更加往外擴大，茶尼兒則成為雞籠河沿岸勢力最大的雞籠河之王。

勢力更迭的臺灣北部

接下來的數十年，淡水地區的情勢騷動不安，外來勢力幾經更迭又有了變化。

一六六一年，臺灣全島風聲鶴唳，有消息指出國姓爺要攻打臺灣了。四月二十九日國姓爺攻臺前夕，更傳出異象，臺灣城也有人看見黃色頭髮的海女三次跳出水面，被視為攻臺徵兆。

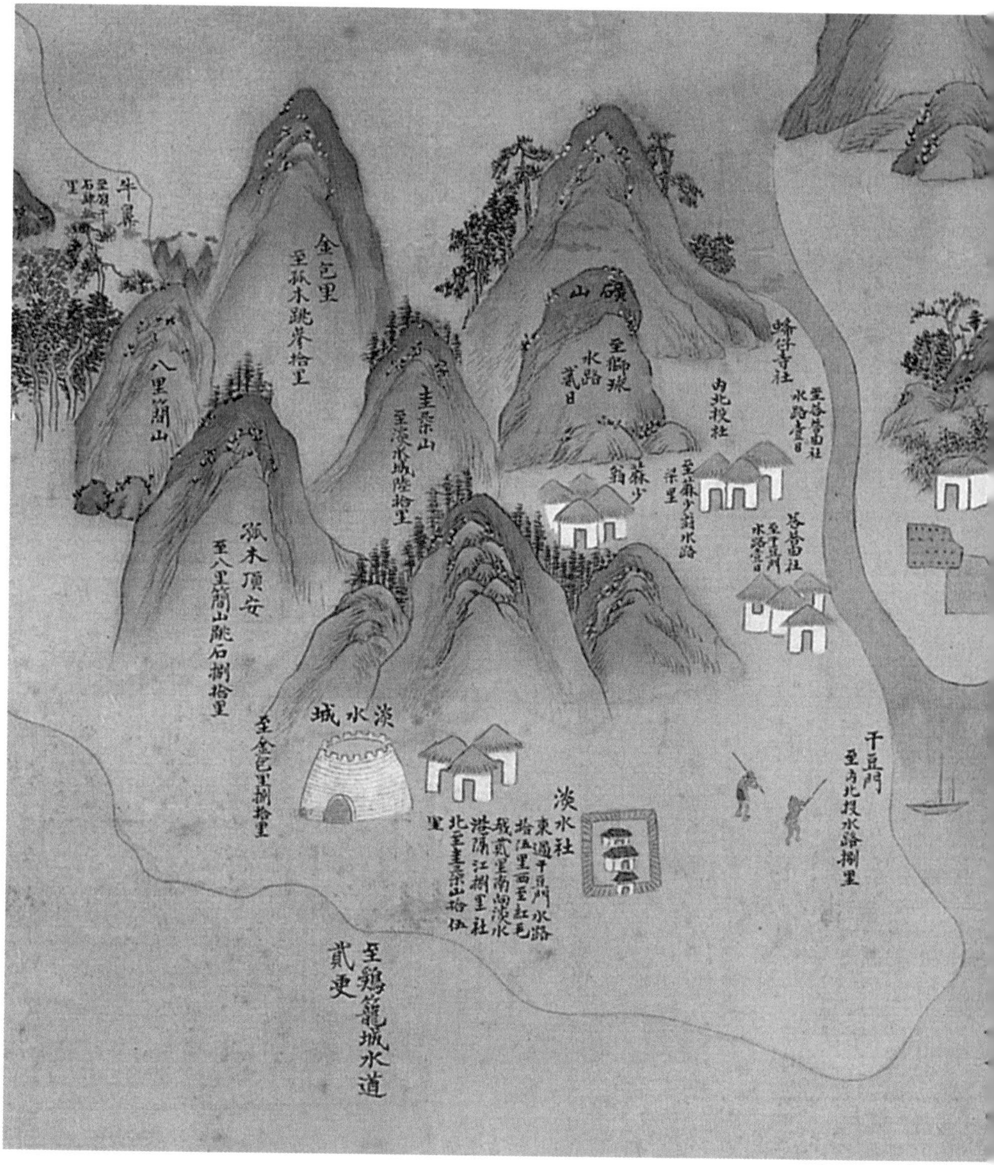

◎《康熙臺灣輿圖》的臺灣北部，空間未變，但人事已非。

淡水、雞籠雖然偏居臺島北部，但也謠言滿天飛，六月淡水福爾摩沙人反抗尼德蘭人跡象已現，甚至淡水居民也開始封閉淡水河道，不讓尼德蘭人進入，然後情勢數變，包括馬賽人的反抗、國姓爺北攻的消息，以及最後尼德蘭人選擇離開臺灣北部。在這期間，漢人也開始進入淡水，特別是國姓爺的人馬。

一六六四年，尼德蘭人再度占領雞籠島，這時的淡水已有鄭氏軍隊，到了年底，鄭軍開始修築淡水紅毛城，並與淡水原住民交易。

過去淡水、雞籠之間的交通要道里族大社，則成為鄭氏軍隊與尼德蘭人的交鋒之處。里族大社是鄭軍從雞籠前往淡水的必經之路，而此地原本就有漢人，所以雞籠河之王茶尼兒要如何在兩強之間自處，既持續保有該族勢力，又能儘量於兩股勢力之間安然生存下來，成為茶尼兒對外交涉的一大課題。

一六六六年二月，里族大社不敢放尼德蘭人進入雞籠河，里族大社的使者告訴尼德蘭人，他們害怕漢人更甚於尼德蘭人，唯恐讓尼德蘭人輕率進入，會引起漢人不悅，但族人仍然歡迎尼德蘭人。

不久後，鄭軍使節與尼德蘭人交涉會談就定在此地。里族大社的交涉能力或許能由此一窺端倪。然而，和平假象只能維持一小段時間，五月鄭氏大軍進攻雞籠，《閩海紀要》：「勇衛黃安督水陸諸軍攻之，親隨營林鳳戰死，紅夷無外援遁還。」

臺灣北部的馬賽人，進入了鄭軍與尼德蘭人的角力之中。兩年後的一六六八年尼德蘭人退出雞籠；在臺灣的東寧國則於一六八三年劃下句點。

大清國下的淡水土官冰冷

時光飛逝，尼德蘭人、鄭軍勢力早已離開這塊土地，新到的統治者大清國重新寫下這同一塊土地上的歷史。空間未變，只是人事已非。里族仍生活在這塊土地上，面對不同的勢力，也面臨了不同的局面。

一六九九年，臺灣島已由大清國統治，老冰冷的後代理所當然被推舉為淡水土官，為人行事凶悍不輸前人。他的兄弟是麻里即吼社的頭目，因為女兒婚姻問題被通事金賢綁在樹上鞭打，而淚告冰冷。冰冷率眾憤而殺害金賢及相關友好者，為兄弟報仇。

大清國水師把總為了逮捕冰冷，重兵埋伏在淡水河，透過其他村社的福爾摩沙人以貨物誘出冰冷進行交易。不久，冰冷果然現身，被擒獲抓上船，只能任人宰割。等到冰冷族人發現時，大清水師已經掛帆離去。一夕之間沒了領袖的冰冷一族受創嚴重。

一百年來，從里族河到雞籠河，從西班牙人、尼德蘭人到漢人，面對各種外來勢力，這塊土地上的福爾摩沙人，為了能活下去，各種身不由己的局勢變化，他們只能不斷磨合、調適及變通。風起雲湧，世代交替，冰冷一族的故事也要暫時劃下句點了，至於後來的故事發展，只能留待各位探索。

第二章

誰主沉浮？

一六六一至一六八三年間的臺灣

石文誠

紅毛荷蘭人撤離後的臺灣依然風雨飄搖，在前有「荷狼」後有「清虎」的環伺下，鄭經想突破這僵持不下的三角關係，聯合荷蘭人一起對抗清廷，於是遣人帶了密函去見了荷蘭艦隊司令官……

鄭經給荷蘭人的一封信

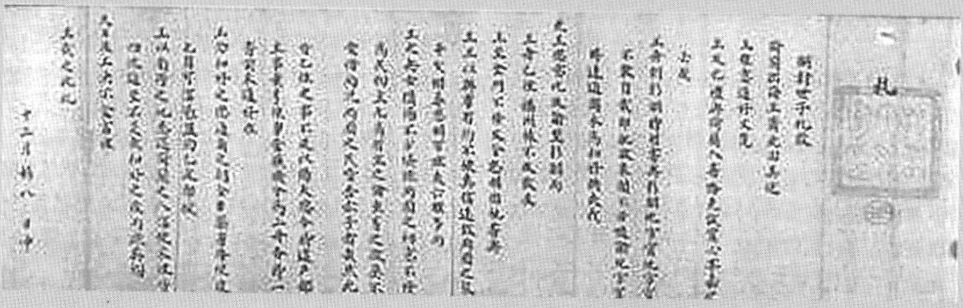

一六六五年一月二十三日

鄭經寫信給荷蘭艦隊司令波特，勸誘荷蘭人與鄭氏合作。

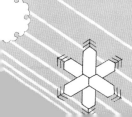

這封題為〈嗣封世子札致荷蘭出海王〉的中文信函，是鄭成功繼位者鄭經在永曆十八年（清康熙三年）十二月初八（一六六五年一月二十三日）所寫，原件現藏於荷蘭萊頓大學（Leiden University）圖書館，收信人是荷蘭艦隊司令波特（Balthasar Bort）。波特司令當時漢人稱為「出海王」，中文文獻寫的是「苗焦沙吾」。若按現代中文譯法，Balthasar Bort 可能會寫為「巴爾塔薩．波特」，不過當時用的是閩南話，記為苗焦沙吾（Ba-ta-sa- ngô），讀起來還是相當貼切的。鄭經寫這封信給波特，為的是破壞荷蘭與清朝的軍事結盟，勸誘荷蘭人改與鄭氏合作。鄭經派出戶部主事葉亨、練勇營蘇璣為特使，分乘二船，帶著他的親筆函前去面見荷蘭出海王。

除了這封密函，葉蘇兩人還帶了豐厚的伴手禮：八絲十端、縐紗十端、紅柑十籠，以及倭菸四箱。八絲及縐紗都是江南地區生產的高級絲綢，十端約合半匹布，所以鄭經送了五匹八絲及五匹縐紗。紅柑應該是臺灣本地所產，顏色與外形恰好符合荷蘭王室的象徵，紅柑能雀

◎ 荷蘭出海王 波特肖像

屏中選，顯示鄭經能迎合荷蘭人的喜好，算是送禮送到心坎裡了。另外，還有四箱來自日本的倭菸。當時臺灣南部一帶已有種植菸草，福建種的菸草品質還不錯，但外國來的日本菸草被認為品質更佳，所以鄭經才拿來送人。

當然，除了遣人帶了貴重的伴手禮，鄭經還有一份大禮：他在信中承諾，若雙方盟約能簽定，就把南澳島送給荷蘭人。南澳是鄭氏在閩粵沿海長期的重要據點，鄭經答應把南澳給荷蘭人，顯示很大的誠意。

鄭經寫這封信的時間點，是選在清荷聯軍打臺灣的軍事行動失利後不久。事情是這樣的：清荷聯軍在一六六四年耶誕夜由料羅灣出發，不料清軍的三百艘船才啟航沒多久就全數掉頭返航，讓波特相當錯愕且氣憤。波特與施琅互槓，施琅還回酸波特說當初把臺灣丟掉的可是荷蘭人。此時清荷軍事同盟可說已名存實亡，趁此機會，鄭經寫信給波特，請求荷蘭人棄清廷，改與鄭氏結盟。那麼，波特收到信後，是否就改變態度跟鄭軍結盟了呢？在說後續發展之前，我們先來了解一下鄭經寫這封信的背景。他當然不是無緣無故就丟出了這封信，先前他已幾次致書荷蘭人請求結盟了。

南澳兩度成了鄭經與荷蘭人合作的談判籌碼

鄭經不是第一次寫信給波特，早在一六六三年十一月，他就曾令鎮守金門、廈門的忠明伯周全斌寫信給波特。當時鄭經開出的條件是讓荷蘭人可以和臺灣自由通商貿易，並且願意讓荷

◎ **1663 年 11 月間荷蘭人攻金門城圖**

本圖收錄在荷人歐弗特・達波（Olfert Dapper）1670 年的著作《第二、三次荷蘭東印度公司使節出使大清帝國記》。當時荷蘭艦隊司令官波特與清軍同盟，出兵攻打鄭氏所占領的金門。在清軍還未抵達金門前，荷軍先行展開攻擊。一開始荷軍取得優勢，但鄭軍退到城牆後，對荷軍展開射擊，即使荷軍爬著梯子上牆也無法攻破。隨後，波特下令退兵。在此役之後，清軍的船艦抵達金門和廈門沿海，並與荷軍會合，最後終於聯手將鄭氏勢力逐出金門和廈門。

蘭人從鄭氏占有的港口銅山、南澳、雞籠中挑選一處做為貿易據點。不過，當時清荷盟約已成，波特對鄭經的提議不為所動。之後清荷聯軍在一六六三年十一月底把鄭軍主力驅逐出金門、廈門，隔年二月波特還親率艦隊配合兩艘清廷船隻出兵臺灣，從清廷只隨意派了兩艘船隨行，誠意可見一斑。

清荷聯軍兵臨安平城外，因為不確定島上兵力虛實，波特不敢發動攻擊；在此同時，荷蘭人也派軍從打狗登陸紮營，打算發動陸戰，然後水陸夾擊鄭軍。兩軍對峙一個多月，雙方互打口水仗，鄭方主動邀戰，還說荷蘭如果沒有小船可登陸，願意主動提供船隻。波特則回說儘管派人來，我們早就吃清飯（tshìn-png）在等了。但雙方也只是口頭上針鋒相對，沒有真的大打出手。期間從金廈退守銅山的鄭經也寫信給波特，提到要把南澳送給荷蘭人，請荷蘭人退兵。由此可見，南澳一直是鄭經用來與荷蘭人結盟的條件之一，但荷蘭人對取得南澳一直沒有太大的興趣。

這裡先說明鄭家三代與南澳島的關係（參考頁六十八地圖）。鄭氏家族除了閩南沿海地區，粵東潮汕地區也是他們活躍的範圍，位於閩粵交界海面的南澳就是一個重要據點。南澳在十六世紀中葉以後，逐漸成為海盜、私商貿易活動的根據地，像是嘉靖年間知名的潮州籍大海盜林道乾就曾以南澳為據點。南澳跟鄭家產生關聯，是在鄭芝龍受清廷招撫後。明崇禎十三年（一六四〇年），鄭芝龍任南澳總兵，在升官離職後，總兵一職則由其部將陳豹（亦寫作陳霸）接任，這位置一坐就長達二十年。儘管鄭芝龍於順治三年（一六四六年）降清，但陳豹管控下的南澳仍然奉晚明正朔。陳豹持續與鄭家往來，兩家還有姻親關係。

在鄭芝龍降清後，他的一些舊部來投靠鄭成功，但力量微小。文獻中說鄭成功去孔廟祭孔燒儒服，接著就帶了從者九十多人搭乘兩艘船前往南澳募兵，後來部眾增加到數千人。鄭成功在南澳時應該也有得到陳豹的支持，才能順利招兵買馬、壯大聲勢。廣東省的米糧一直是鄭氏重要的兵糧來源，米主要從潮汕沿海港口轉運出口，而鄭成功能順利取得廣東省的米糧，應當也與陳豹在背後支持有關。一六六二年陳豹降清，不過在達濠一帶活動、綽號「臭紅肉」的海盜邱輝仍繼續與臺灣的鄭經合作。達濠位於汕頭東南端的半島上，南澳在達濠東北不到五十海里處。南澳一直都在鄭氏的控制之下，鄭經才會提出把南澳讓給荷蘭人的條件。閩粵沿海的金門、廈門、銅山及南澳諸島，一直都是鄭氏的活動根據地，大概到一六八〇年以後，鄭經才陸續放棄在中國的所有據點，全面撤守臺灣。

明清之際的漢人文獻，通常都會像這樣描述臺灣的位置：「近通日本，遠接呂宋，控南澳，阻銅山，以澎湖為外援」，或是說臺灣是南澳、銅山西流之門戶。這也透露出閩粵沿海的南澳、銅山二島，與澎湖、臺灣之間的往來關係。在鄭氏政權治臺時期，臺澎二島與南澳、銅山一直互有往來及支援，可謂生命共同體。這樣的關係也反映在早期航線的往來，還有移民拓墾的關係上。像是晚明潮州籍的兩個大海盜林道乾、林鳳，都曾經據有南澳，然後再轉進澎湖、臺灣。雙林從南澳轉進到澎湖、臺灣，可知臺澎二島與南澳之間原有航線往來。位處漳州的銅山島（又稱東山島）也是鄭氏的重要據點，直至鄭經退守臺灣後，才落入清軍手裡。一六八三年施琅率

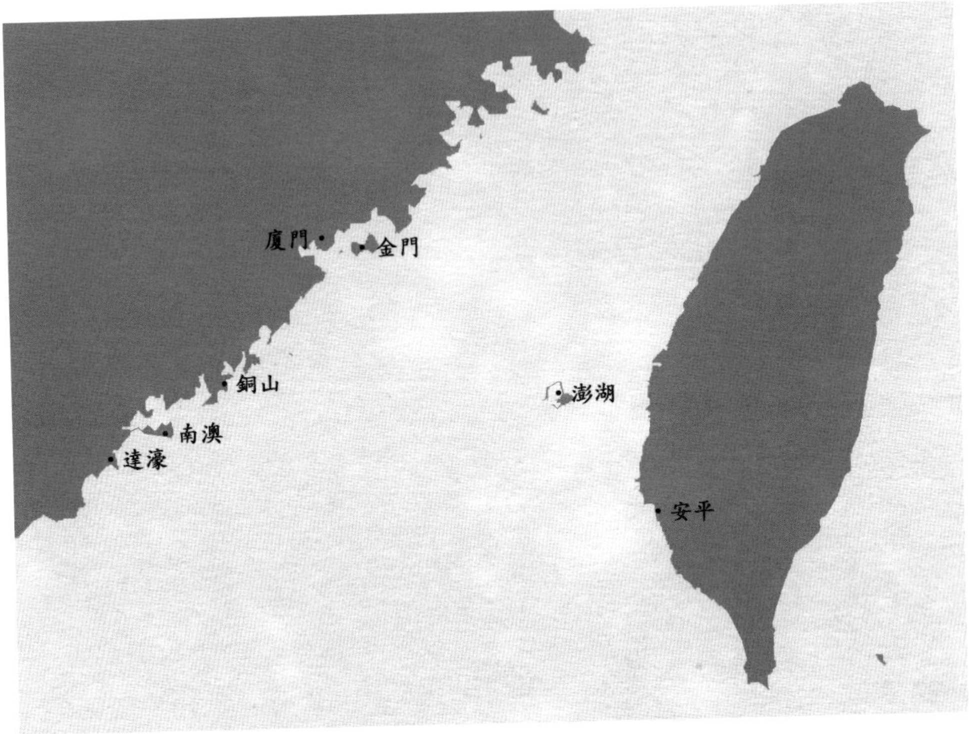

◎ 臺灣鄭氏政權在閩粵二省沿海活動的幾個重要分布地點。一六八〇年以後，鄭經陸續放棄在中國的據點，全面撤守臺灣。

大軍出兵攻打臺灣，即是由銅山出發，一天時間就由銅山直抵澎湖。

從晚明以後，就有不少銅山及南澳人移居臺澎二島。在澎湖馬公市有間主祀關聖帝君的武聖殿，前身即是清代銅山人在澎湖所建的銅山會館；武聖殿的關公信仰應該也跟銅山人分靈過海有關。另外，澎湖還有所謂的銅山派廟宇建築形式，師傅跟建築材料早期都是由漳州銅山而來。近年澎湖也成立了東山同鄉會組織，宗旨是促進澎湖與東山兩地的交流。除銅山館之外，清代澎湖也設有南澳館，是來自南澳的班兵及商旅人士所聚集的會館。臺澎二地的潮州移民中，南澳人其實占了相當多數，特別是與南澳航程近的澎湖及臺南、高雄、屏東幾個縣市。所以在討論閩粵漢人移墾澎湖、臺灣的歷史時，除陸地、沿海我們熟知的金門、廈門二島外，也可以將視線再往南邊移一些，銅山、南澳就是我們可以注意的兩個地方。其實，不只在粵東地區，廣東的澳門、十字門一帶海域，以及浙江的普陀山等地，也是鄭氏船隊活躍聚集之地。就以澳門來說，鄭家在十六世紀中末葉以後，已有不少人前往做生意討生活，鄭芝龍最早的發跡地就在澳門。

劍印不離身，明正朔的最後希望

鄭成功在閩粵沿海招兵買馬、誓師反清時，所用的稱號是由唐王（隆武帝）敕封的幾個名號組合而成，自稱是「忠孝伯招討大將軍罪臣國姓」。鄭成功一生受封的頭銜很多，身上就有七顆不同官名爵位的印章，其中的「招討大將軍」是他最愛用的名號，他的兒子跟孫子雖在臺灣建國開業，還是承襲招討大將軍的稱號。話說回來，「忠孝伯招討大將軍罪臣國姓」這個稱號還不算長，鄭成功在對抗清朝之際，曾寫信派人赴日本求援，他在信中的自稱是「欽命總督南北直省水陸軍兼理糧餉節制勛鎮賜蟒玉尚方劍便宜行事掛招討大將軍印總統使成功」。這個有夠落落長的自我介紹名號，有必要逐一說明。所謂「總督南北直省水陸軍兼理糧餉節制」，指的是鄭成功以反清之名號召天下，統領南北各省水路大軍，並兼理糧餉。通常明代領軍的軍政長官也兼管糧餉，所以鄭成功這樣說沒有錯。之後的蟒玉、尚方劍、招討大將軍印這三物，都是明末隆武帝賜給鄭成功的。以上名號中最後的總統使，指的是隆武帝授鄭成功御營中軍都督一職，總統御營軍務。

鄭成功當年被唐王隆武帝授為招討大將軍，依照慣例皇帝還賜了尚方寶劍給年輕的大將軍。上述名號裡所謂「尚方劍便宜行事」說明了持尚方寶劍者可便宜行事，也就是不用先經皇帝同意，可以先斬後奏。鄭成功拿了這把可先斬後奏的尚方劍是否真的斬過人呢？從現存文獻我們找到一例，他斬了叔父鄭芝莞。一六四八年農曆三月，清軍趁著鄭成功人在粵東襲擊廈門，負責鎮守廈門的鄭芝莞聽到消息，立即「席捲珍寶，棄城下船」，清軍最後沒能成功攻下廈門。等鄭成功返回廈門後，召集了文武官員行賞論罰，鄭芝莞依罪當斬。鄭成功不給他辯解機會，以隆武帝所賜的尚方劍立斬了鄭芝莞，並將其首級示眾三日。鄭成功以此宣示他治軍之嚴，「苟不前進怯敵，本藩自有國法在，雖期服之親，亦難宥之」。

對鄭成功來說，招討大將軍所配金印及尚方寶劍，是他可以用來號召天下的明朝皇室具體象徵物件。這一劍一印後來也成了鄭家傳位時的象徵物，某種程度上也成了塑造鄭成功忠於明室、反清復明最高統領者的具體象徵。所以鄭經臨死時想傳位給太子鄭克𡒉，把就對鄭家最重要的王權象徵物——尚方劍及招討大將軍印——交給了鄭克𡒉。後來的故事大家都知道了，底下的大臣馮錫範、劉國軒等人擁立了鄭克塽，殺了鄭克𡒉，這劍與印就交到了繼位者鄭克塽手上。幾年後鄭克塽向施琅投降時，呈繳了兩個印信，一個是延平王金印，一個是招討大將軍金印。招討大將軍印交到鄭家手上三十幾年，最終也見證奉明正朔時代的正式結束。

臺灣民間信仰中，王侯格的神明駕前通常會配祀有劍、印二將軍，或是劍、印二童子。鄭成功成為民間祀神後，被尊稱為「延平郡王」、「開臺聖王」，自然也配有劍、印二將軍。到臺南的延平郡王祠，會看到持劍的張萬禮以及捧印的甘輝這兩大將軍的神像。劍印二元素與鄭成功的生平很容易結合，甘輝所拿的印可以視為是招討大將軍印，而張萬禮所拿的自然是尚方寶劍。二〇一五年，主祀鄭成功的嘉義溪口鄉開元殿，在新建甘輝、張萬禮二將軍的超大神像時，還打造了一把長達十二公尺的「成功寶劍」，號稱是東南亞第一劍。就像招討大將軍印及尚方寶劍，實際上已成了鄭成功立國傳家的重要象徵物一樣，民間在打造寶劍時，尚方寶劍也變身為「成功寶劍」，明皇室的記憶與象徵看來早已不復存在了。

要走要留？滯臺的荷蘭俘虜及最早的外籍傭兵

以「招討大將軍總統使世子」自稱的鄭經，在

◎ 臺南延平郡王祠：甘輝（左）與張萬禮（右）二將軍的塑像

一六六三年十一月令周全斌寫信給波特後，隔年的年初還派使者與波特會面，除先前允諾要讓給荷蘭人的港口外，再次承諾會釋放約百名生活在赤崁的荷蘭俘虜。先前在一六六二年鄭荷雙方所正式締結的合約中，雙方都同意各自釋放俘虜，當時鄭成功同意釋放所俘虜的荷蘭人中有許多婦女和兒童。但顯然的，鄭成功沒有履行承諾，以至於在鄭經與荷蘭人結盟講和時，還有在臺灣的荷蘭俘虜被當成籌碼。其實，當時不只有荷蘭俘虜，漢人俘虜更多，十七世紀荷蘭人船隻在中國東南洋面也常以海盜船之姿出現，在海上及沿海地區打劫中外船隻，搶錢、搶糧兼搶人，比漢人還凶狠。波特之所以被稱為「出海王」，言下之意就是指海賊王。波特第二次來到臺澎洋面，並於一六六四年三月返航巴達維亞（現今的雅加達）時，船上就載有二四三名漢人俘虜，包括男子五十九人、女子三十六人及男孩一四八人。

事實上，鄭營中的許多俘虜是在鄭荷交戰期間被抓的荷蘭女人。荷蘭末代臺灣長官揆一（F. Coyett）在他一六七五年匿名所寫的書中，提到了荷蘭婦女被鄭軍擄走的情形，他說漂亮的荷蘭女子會先被將領挑走，其餘的分配給部屬。這些被擄的荷蘭女人，際遇如何端看主人而定。揆一還分析說分配給未婚男子的荷蘭女人通常可以得到較好的對待，因為中國男人渴求女人，荷蘭女人顯得新奇有吸引力。至於分配給已婚者則成了二老婆，常被妒火中燒的中國大老婆虐待、折磨。揆一還提到一點，當這些女俘虜被送回荷蘭陣營時，不少人肚中還懷著臺荷混血的寶寶，後來跟著媽媽回到了荷蘭，成了紅毛荷蘭人。

海盜擄走女人已是慣例，「海賊王」鄭成功也不例外，何況是新奇的外國女人。荷蘭發行的文獻記載，鄭成功把從容就義的荷蘭牧師亨布魯克（A. Hambroek）之女納為妾。由此可知，上述沒有獲釋的荷蘭俘虜中，應該有不少是被分配給鄭氏官兵的女人，或許也有人是自願留在初識不久的中國丈夫身邊，沒有跟著撤走的荷蘭駐軍離開。事實上，俘虜中確實有些人是自願留下的，不是全然受迫或受到監禁。在巴達維亞的荷蘭人頗關心滯留在臺灣的同胞，而在臺荷蘭人也會寫信給巴達維亞當局，描述在臺灣生活的艱苦，請求趕快來拯救他們。荷蘭總督還曾回信，以及寄送錢、藥品及衣服請在臺灣設有商館的英國人轉交給荷蘭俘虜。當時英國商館就設在普羅民遮城（今赤崁樓）對面，巴達維亞荷蘭當局與在臺荷蘭人的聯繫主要是透過英國商館。

鄭經與荷蘭人的議和未成，所以釋俘這件事就不了了之。最終是在施琅平臺之後，才釋放了這些人。一六八三年六月清廷在澎湖海戰獲勝，鄭氏王朝確認要投降後，施琅可能受荷蘭人請託，派人搜尋被扣留的荷蘭俘虜。根據其中一名俘虜凡．斯格拉芬布洛克（Alexander vans' Gravenbroek）自述，施琅登陸後不久，特地

◎ 亨布魯克離開女兒返回鄭成功軍營的場景，其後遭鄭成功處死。

找到他，給予禮遇，還致贈里爾銀幣和白米，然後把一間磚房裡的住戶掃地出門，房子轉撥給他居住。凡・斯格拉芬布洛克顯然是在臺荷蘭人中的重要人物，施琅才會這麼禮遇他。施琅還曾與他闢室密談，提議是否有可能將臺灣再交還給荷蘭，請他將此提議傳達給巴達維亞當局。但是荷蘭人此時已對中國貿易市場興趣縮減，把目標移向印度市場，對施琅的提議不感興趣，也沒有太認真考慮。東印度公司總部的董事們在一六八六年十月寫給巴達維亞總督的信中，還囑咐說不可再攻占臺灣，只可考慮取得一個小小的通商據點就好。

至於歸還臺灣的提議自然不是施琅自作主張，在清荷同盟期間，將臺灣歸還給荷蘭的提議，也曾是清方所答應的結盟條件之一。

根據英國商館一六八三年十二月二十日的記載，施琅釋放被監禁已久的荷蘭俘虜，讓他們前往暹羅（今泰國）。隔年二月，這些在臺荷蘭俘虜抵達暹羅。凡・斯格拉芬布洛克在一年後回到巴達維亞，還寫了報告書給荷蘭總督。他因為在臺期間學會了閩南語，還在一六八五到一六八七年間隨同荷蘭使節佩特斯（Vincent Patts）出使中國，擔任通譯。凡・斯格拉芬布洛克在一六五九年十五歲時來到臺灣，到了四十歲才離開，四十六歲過世，等於人生中超過一半的時間都生活在臺灣，人生精華歲月也在臺灣。當船駛離臺灣，回望島嶼時，我想他心裡應該有著相當複雜的感觸吧。

施琅頗為善待荷蘭俘虜，那對於鄭氏王室及其他文武官員，他的態度又是如何呢？清朝官方志書說施琅「仍待克塽及諸偽將如禮」，真是如此嗎？說到底，對施琅來說，鄭克塽等人只是等候發落的亡國俘虜罷了。當時尚在臺灣的英國東印度公司商務員就觀察到，施琅對待鄭克塽猶如孩童，每日授予的膳食不過豬肉一斤，將他以前從中國買來的奴僕全數解散，又讓外籍傭兵的烏鬼護衛隊自行決定去留。明鄭王室還欠了英國人一大筆貨款，英國人怕鄭克塽等人被施琅遣返中國後，會債留臺灣，於是向鄭克塽催討。但鄭克塽等人回答：「施琅視我們為俘虜，催促出境，我們將喪失家園，放棄財物，如何能還債？」這也是英國人何以認為施琅把鄭克塽等人當成俘虜對待的原因。

棄之可惜，食之無味？臺灣在夾擊中的角色

時間回到一六六四年八月，荷蘭出海王第三次來到臺澎海面，波特主動出兵，直接占領北部雞籠（今基隆）。攻取雞籠後，波特轉往福州與靖南王耿繼茂等人商討並催促進攻臺灣的聯合軍事行動。同年年底，波特與施琅一起從金門出兵，不過出航沒多久就遇上風暴，施琅便以海象過於危險為由返航收兵。大概一個月後，波特接到鄭經從臺灣發出的密函，也就是本文的主題信：〈嗣封世子札致荷蘭出海王〉。

波特收到密函後，並沒有立即回覆鄭經，他第三次攻臺無功而返時，就帶著這封信回到巴達維亞，經過商議後，荷蘭人沒有答應鄭經的提議。幾年後的一六七一年，鄭經再次透過一名住在印尼萬丹的漢人港主，向荷蘭人傳達再次講和的意思，但荷蘭人僅口頭要求鄭經先送回荷

蘭俘虜並道歉後，再來談合作。鄭經想拉攏荷蘭人，但雙方的講和一直沒有成功。雖然沒有成功策反荷蘭人，但鄭經或許也不用太擔心，因為清荷聯軍仍各懷鬼胎，雙方結盟在一六六四年底的軍事行動無功而返後，可說已名存實亡。清荷結盟開始於在一六六一年十月底，當時靖南王耿繼茂及福建總督李率泰寫信給受困在熱蘭遮城的揆一，提議與荷蘭人合擊鄭成功。雙方合作到一六六四年底的聯合征臺告終，前後大約就三年的時間。一六六五年初，鄭經寫的〈嗣封世子札致荷蘭出海王〉一信，正是反映了上述這幾年鄭清荷三方之間的關係，彼此打打談談、各懷算計，也標誌了清荷軍事同盟關係的結束。

施琅從一六六四年底與波特出兵臺灣未成，將近二十年後，六十二歲的施琅在一六八三年七月由過去鄭氏的據點銅山出兵。所謂二十年磨一劍，成與不成盡在此一役，出征前施琅甚至寫了與妻訣別書，慎重處分後事。將近十天，鄭清二軍在澎湖海域激烈交鋒，清軍取得最後勝利。施琅與鄭成功父子的恩怨情仇本就糾葛不清，鄭經於他還有殺子之仇，這二代之仇是施琅難以釋懷的。論輩分，施琅比鄭成功年長三歲，鄭經算是他的子侄輩，而鄭克塽在他眼中，根本就是黃酸囡仔（ng-sng gín-á）的年紀。鄭經在一六六五年一月寫信給波特時，是趁著清荷聯合出兵臺灣行動未成而互生嫌隙的時機所寫（主因還是施琅退兵），他萬萬沒有想到，最後終結鄭氏政權的，會是老朋友施琅。當施琅拿到那顆鄭家三代所掌有的招討大將軍印及尚方寶劍時，想必應該是「得意的笑，又得意的笑」吧！

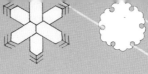

第三章

藍鼎元的預言書

番界內外的流動人群與社會

鄭螢憶

遷界徙民、築牆為界，嚴禁漢人、生番越界，這種「漢番不兩立」的隔離政策延續了數十年，是清廷治臺官員的一貫手段。其源頭，則是因為臺灣第一起大規模的民變……

覆制軍遷民劃界書

望後二日連接憲檄臺疆經理事宜已經條分登答備細覆上想此時尚在舟中未達記室茲又承到憲檄臺鳳諸三縣山中居民盡行驅逐房舍盡行拆毀各山口俱用巨木塞斷不許一人出入山外以十里爲界凡附山十里內民家俱令遷移他處田地俱置荒蕪自北路起至南路止築土牆高五六尺深挖濠塹永爲定界越界者以盜賊論如此則奸民無窩頓之處而野番不能出爲害矣執事留意海疆可謂詳

一七二一年年底

藍鼎元草擬書信給閩浙總督覺羅滿保，回覆臺灣山邊「劃界遷民」之事。

清康熙六十年（一七二一年）年底，時年四十一歲的幕友[1]藍鼎元，正坐在軍營大帳內的案牘前，在昏暗不明的燭光下，苦思良久無從下筆。數月前，他在族兄南澳總兵藍廷珍力邀下，跟隨入臺平亂的綠營兵，踏上了這塊與他家鄉福建漳浦縣一海之隔的異鄉土地。今日他在族兄的委託下，草擬文書回覆閩浙總督覺羅滿保對善後政策的意見。剛寫下「茲又承到憲檄，臺、鳳、諸三縣山中居民，盡行驅逐」字句，腦中又浮現數月前那場讓清帝國官員為之震驚的漢人叛亂。

臺灣第一起大規模的民變：朱一貴事件

清代臺灣的民間社會，傳唱著「頭戴明朝冠，身穿清朝衣；五月稱永和，六月還康熙」的歌謠，描述的正是最具規模的反清事件的結局，主角是生於康熙二十八年（一六八九年）、祖籍福建漳州長泰縣的朱一貴。二十五歲那年，朱一貴隻身渡臺，想在臺灣衙門謀個差役的職務，但未獲錄用。只好輾轉南下，在鳳山縣羅漢門一帶幫傭種田，有了些許積蓄後，他開始養鴨為生。據傳，朱一貴能指揮群鴨布陣，一竿在手，鴨群全部聽命行事，鄉里的人稱他為「鴨母王」。康熙六十年三月（一七二一年）三月，鳳山知縣王珍之子魚肉鄉民，甚至濫徵苛稅，引發南臺灣諸多民怨。平日待人豪氣的朱一貴，在鄉里人的慫恿下，與其他墾首私下結盟，一起對抗這群貪官汙吏。

1——編按：明清時地方官署中協助辦理刑名、錢糧等事務的人員，由長官私聘，以朋友相待，類似俗稱的師爺一職。藍鼎元出身書香世家，喪父後因家貧，於清康熙末年隨堂兄入臺平定朱一貴之亂，事後繼續留在屏東拓墾。後於雍正年間出任官職，有名的《藍公案》寫的就是他的斷案過程。

四月十九日深夜，在羅漢門一座普通簡陋的草寮中，朱一貴與李勇、黃殿等五十二人歃血為盟，結為異姓兄弟，並決定各自招募同仇敵愾的反抗者，這其中有不少農民、傭工等下層人士，也有考取武生等擁有基層功名的壯丁。一千餘人推朱一貴為主，高舉著「激變良民」、「大明重興」、「大元帥朱」字樣的旗旛，開始攻擊鄰近的綠營兵駐紮地岡山塘，然後一路北攻。四月二十一日，鄰近的粵人杜君英也率眾加入。反抗陣營如虎添翼，很快攻陷了鳳山縣城。五月初人數已增加到兩萬餘人，在春牛埔擊敗總兵歐陽凱的軍隊，順利攻破府城。大批府城的官員搭船逃向澎湖。入城後，朱一貴自立為「中興王」，年號永和。

這場清軍死傷慘重的戰役，留下幾則「官方版本」寧死不屈的動人故事。例如，副將許雲在破賊數十人後，因左手被斷，氣力放盡，死前對著叛軍叫罵：「生不能殺盡逆奴，死必來遷滅汝等」。擔任「把總」[2]的武官李茂吉，在被招降時，顯現對清帝國的忠貞，瞠目斥喝叛軍說：「我朝廷命官，豈從汝作賊。」史書中強調清軍英烈的事蹟，看來就像是為了掩飾帝國的治臺策略、軍事部屬等錯誤所編造的謊言。

府城淪陷的訊息，很快就進入了北京康熙皇帝耳裡，決定派遣他的親信來臺，終結這場讓清廷蒙羞的動亂。雀屏中選的官員是愛新覺羅家族中屬滿洲正黃旗的閩浙總督覺羅滿保。六月他與南澳總兵官藍廷珍、福建水師提督施世驃等官員在府城西北邊鹿耳門登陸。清軍很快圍住了府城，朱一貴因與共謀者杜君英內鬥，在府城被清軍擊退，約半個月後敗走溝尾庄（今嘉義太保），最終被村民擒獻。自清軍從鹿耳門登陸到平叛，前後只有半個月左右。

2——把總為武官之末級，又稱百總。

堅壁清野、劃定番界，推翻「普天之下莫非王土」

在揮軍平亂的過程中，覺羅滿保注意到許多游移山邊營生且脫離官治轄區的民眾，這些漢人是朱一貴集團的中堅力量，其中還包括逃竄於中央山地的叛軍，時常讓這位滿人將領感到困擾。因此，面對臺灣中央的那座未知山林，覺羅滿保暗自思量，在財政支出的考量下，帝國力量真能有效控制這片未歸化番人掌控的山地嗎？「普天之下莫非王土」真能實現？

這樣的思緒盤繞心頭，久久不散。覺羅滿保後來在起擬善後事宜的草稿中，決心違背皇帝對天下皆王土的觀念，揮棄帝國部分的版圖，以保全轄內居民的治安。他提出對沿山地區「遷民劃界」的主張，覺羅滿保沒有馬上奏陳康熙，而是詢問最得力的幕僚藍廷珍。

藍廷珍一介武人，只好把這差事交給在福建漳浦地區以滿腹詩書聞名，且被譽為「經世良材」的藍鼎元。今夜，這位總兵的文膽在寫下「盡行驅逐」字句後，半晌無語，就此停筆。他不知道是否要迎合閩浙總督覺羅滿保的善後意見：主張驅逐鳳山、諸羅、臺灣三縣沿山地帶十里內的民家，燒毀屋舍且不許耕種，將入山口以巨木塞斷，任何人都不許出入內山。並且由北至南築起五、六尺高的土牆、壕溝，沿著中央山脈山腳劃定界址。若有人輕易越界，則一律視為盜賊而判罪。

防範番害的族群隔離政策

這種對臺灣中央山地消極保守的「劃界遷民」方針，與藍鼎元所屬的漳浦政治集團長期秉持積極治臺的政治主張簡直南轅北轍。況且藍鼎元身為一代儒士，怎會輕易放棄落實「經世致用」的機會。

只是當時臺灣官場瀰漫著一股「封禁」山區的論調。在一片讚揚聲中，要他力排眾議，提出積極開發山區的意見，著實不易。幾經思量後，藍鼎元決定無愧於心，他直筆寫下對「遷民劃界」的回信——〈覆制軍遷民劃界書〉。

藍鼎元深知只有以帝國最在意的「經費支出」為由來建言，才有可能實現他的政治理想。因此，在代擬回覆覺羅滿保的信函中，他一再表明以當時地方政府的財力，根本無法支應遷界所需要的田產補償，以及隘口堵木、築牆挖壕所花費的龐大金錢與人力。況且，如果只是因為憂慮這些未能歸順朝廷的生番戕殺漢人而被迫遷界，不僅是放棄了山林的資源，也會助長生番氣勢。邊界上龐大的界牆，正是番人獵取漢人首級的良好屏障。

後來我們知道這種獵首的行為，其實是高山原住民部落「傳統儀式」的一部分，不全然是因為仇恨漢人。但是，在藍鼎元的認知中，這種殺人取首的行為，基本上與未開化、野蠻是劃上等號的。

藍鼎元私心認為封山政策，斷不可行。放棄帝國在中央山地的疆土，只是讓其成為盜匪的天然巢穴罷了。為了加深上級官員同意的可能性，藍鼎元在信末又添上「自古以來，有安民無擾民，有治民無移民」等字句，希望藉由儒家的治國之道，讓滿人將軍覺羅滿保回心轉意。

沒有正式官職的藍鼎元，所有的構想有如幻影，並未被上級採納。不過，身為親身經歷臺灣戰事的幕僚，藍鼎元的意見後來仍受到當時在臺官員的看重，這也讓藍鼎元有機會繼續陳述積極治臺的政治理念。雍正二年（一七二四年），藍鼎元給臺廈道[3]吳昌祚的回信中，再次直言積極治臺的建議。

面對新設立的彰化縣，藍鼎元看到的不是設縣之初的百廢待舉，而是縣治下大片肥沃卻荒蕪的墾地。他無視當時番地禁止漢民私墾的禁令，極力建議吳昌祚，應該讓當地的歸順熟番先行開墾土地，若一年內不能墾成，再將土地轉讓給漢人開墾，並以替番社繳納餉稅作為報償。「開疆闢土、化番為民」，儼然是藍鼎元治臺主張的核心概念。

立石為界，全臺有五十多處的禁入番地界石

可惜藍鼎元的治理之道，與中央朝廷的保守主義背道而馳。雖然，在經費支出的考量下，原本規畫的邊牆未能如實興建。不過，在覺羅滿保的主政下，地處中央山脈的王土仍被正式揮棄。清帝國對臺灣中央山地的治理，從莫非王土轉向封山禁地的道路。

康熙六十一年（一七二二年）後離生番處數十里的山口，界石矗然佇立，南從舊址在屏東縣林邊鄉的放索社的大武、力力等開始，北至現今新北市汐止區的峰仔嶼社口為止，共五十餘

3——「臺灣廈門兵備道」的簡稱。

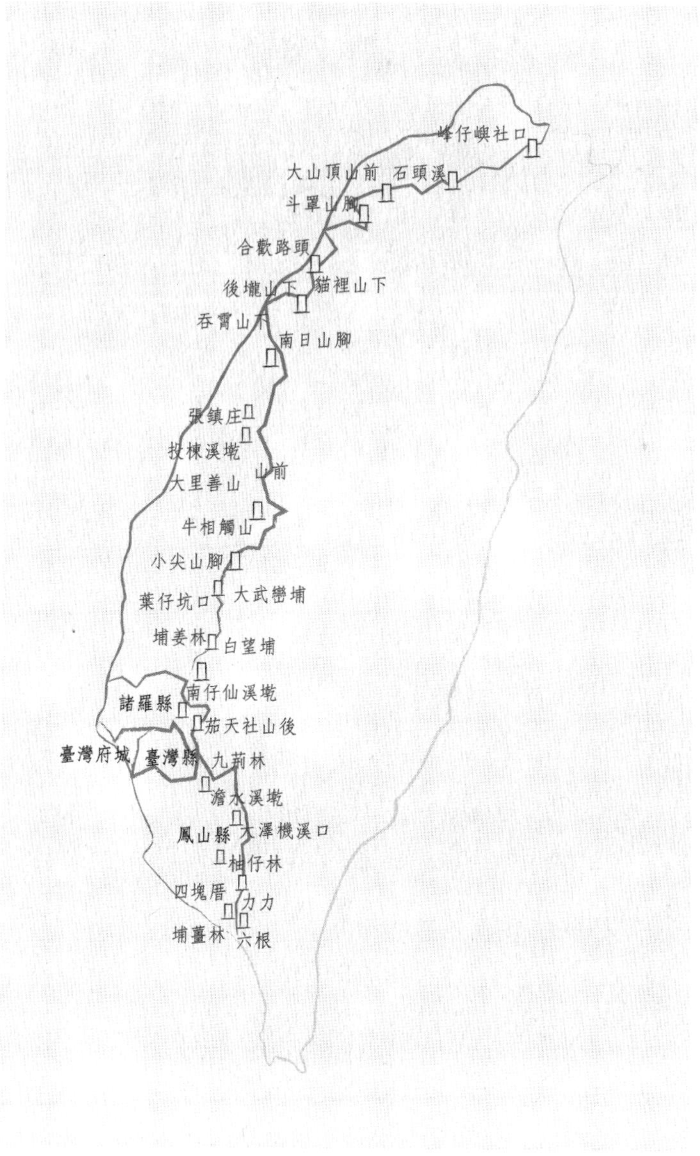

◎ 生番界碑圖

康熙六十一年設立的土牛溝與界石，南從屏東放索社起，北至峰仔嶼止，將中央山地、後山、恒春半島等劃歸界外禁地。

處，將中央山地、後山劃歸界外禁地，這也包含當時的加六堂至瑯嶠一帶，即現今恆春半島。

半島上的村落被勒令燒毀，居民被迫內遷於界內營生。原本深處界外的卑南覓（今卑南族）等番社的賦稅，則在覺羅滿保的大筆一揮下，就此停徵。這種劃地遷民、停徵賦稅的辦法，藍鼎元認為是斷不可行的。因為，不會有人民願意冒著餐風宿露的危險，走向背離家園的道路，所以官方最終只能選擇放棄遷民或耗費龐大的軍費，以優勢兵力強迫民人搬遷。

果然，一如藍鼎元在〈覆制軍遷民劃界書〉的推測，居住在恆春半島的漢人移民，並沒有遵守官方要求搬遷的命令。既然無法以清國子民的姿態在這片土地生活，他們只好剪去象徵帝國符號的髮辮，躲藏在「番人」羽翼的庇護下，繼續安然地在界外生活。後來，在恆春半島上的漢人多娶番人為妻，正式改變自身的族群身分，規避國家法令的制約。番漢結合的下一代，被統稱為「土生仔」。

儘管如此，面對鴨母王的反亂、逃竄山林的漢民，都讓清廷決心圍堵臺灣西部沿山的入口。一座座邊界上的石碑，彰顯著官府禁絕人民越界的用心，彷彿也傳達移墾者對界外山林被遺棄的遺憾。到了雍正元年（一七二三年），未被採納意見的藍鼎元以優貢生的資格獲選入京，開啟了他的官宦之途，前後擔任廣東普寧知縣、潮陽知縣等職位，最後在雍正十一年（一七三三年）病逝於廣州府知府任內，得年五十四歲。

代番納餉，商機下的番漢貿易

藍鼎元曾經把參與朱一貴事件的所見所聞記錄下來，等他回到中國後，族兄藍廷珍將這份資料編輯成《東征集》一書，其中關於治臺言論的信稿彷彿成了日後臺灣沿山邊區社會發展的預言書。在雍正、乾隆年間，臺灣沿山邊區社會山產交易、族群互動的熱絡情景，恐怕是覺羅滿保始料未及的。

雖然帝國放棄中央山地，卻無法滅絕移墾者對山林資源的覬覦。生番與漢人間對物質的渴望，讓人們願意承擔被驅逐回原籍的處罰，穿越禁地，從事山產交易。每年三月，漢人商旅就會浩浩蕩蕩進入山口的寮子。這是擔任生番社翻譯的漢人通事所搭建的房舍，稱為「通事寮或社寮」。漢人商旅攜帶鹽、布疋或槍枝、鐵器，向生番社換取珍貴的獸皮，以及被稱為「卓戈文」的番布。

不過，地方官員對於界石內外的貿易需求，並非不通情理。他們深知如果貿然斷絕雙方族群的交易，很可能會招致地方治理難以預料的災難。因此，在不違背朝廷封禁政策的前提下，只能啟用界外番人歸化為帝國臣民，再以代歸化番人繳納稅貢的名義，讓朝廷同意跨越邊界交易的行為。

◎ 東征集。

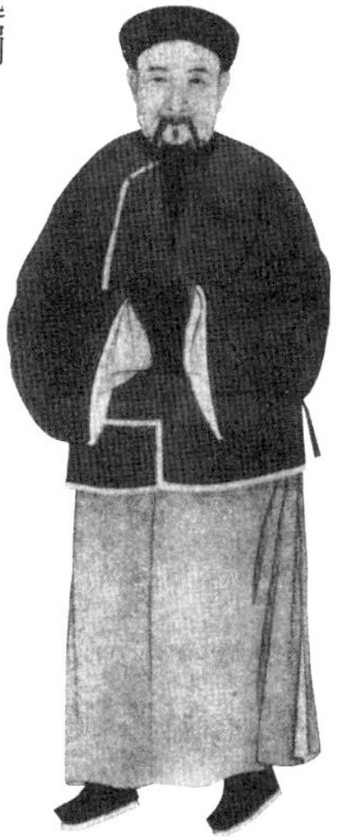
◎ 藍鼎元。

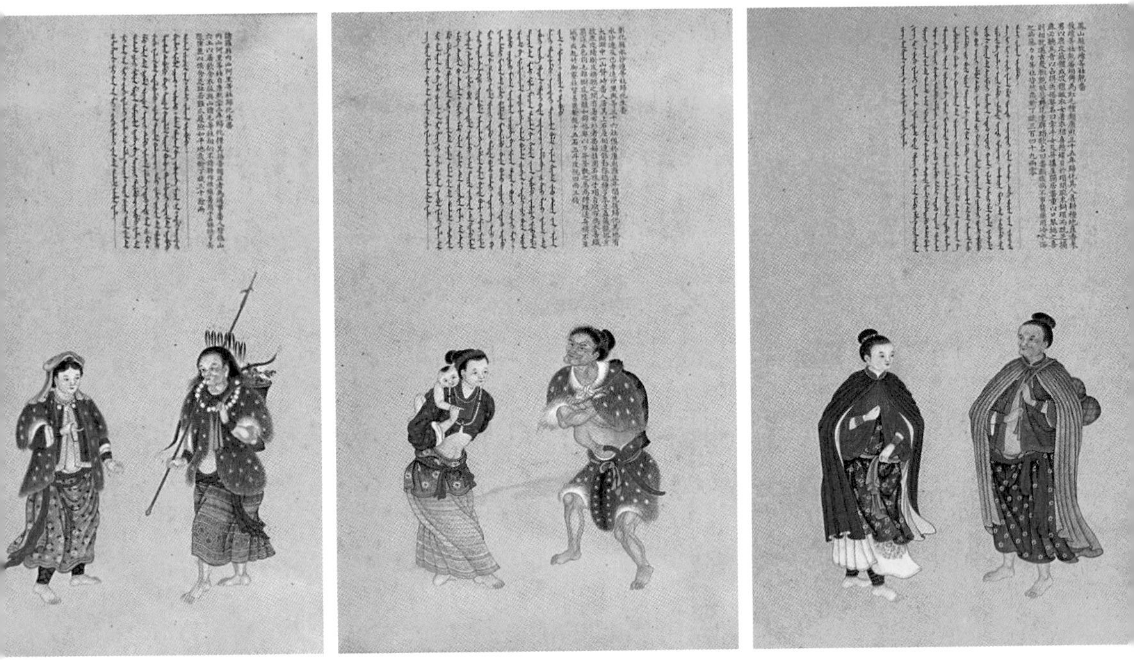

◎ 乾隆朝《職貢圖》中諸羅縣內山阿里、彰化縣水沙蓮等社歸化生番、以及鳳山縣放索社等熟番（由左至右）。

因此，地方官員允許漢人充當通事（番社通譯）、社丁（協助番社職務者），以代為繳納歸化生番的賦稅餉銀為由，取得合法進行山產交易的權利。大家比較熟悉的水沙連化番六社（今南投縣日月潭附近的邵族），就讓通事在加老望埔搭建社寮，每年七月至隔年五月派遣社丁以菸、布、糖、鹽等物交換土番所獵的鹿肉皮筋，再轉賣給商人，所得用以代納社餉。

這群協助歸化番人的通事們，覬覦的是龐大的山林資源，而不是少許的鹿皮、鹿角。利用代番納餉的辦法，取得合法入山的權利，他們開始招攬大量漢人入山抽藤、捕鹿，甚至開墾田地。知縣等縣級官員也時常在完納賦稅的考量下，發給合法牌照，默許這種違背中央禁令的行為。

部分通事也會在界外山區定居下來，與越界漢人形成一股新的界外土地開發勢力。阿里山社（今鄒族）有名的通事吳鳳，家族在今嘉義縣中埔、竹崎一帶落地生根，曾以「吳宅」為墾戶名，包攬諸多阿里山社的社地進行拓墾。

槍枝買賣，則是通事們另一項重要的利益來源。官員並不允許通事輸運鐵器、火藥或槍枝等違禁品入山，歸化生番取得此類物資的管道，通常是來自一群被稱作「番割」的漢人[4]違法走私。但有時通事們也會與漢商合作，在山邊設置鍋爐，製造鹿槍、番箭或私運火藥、槍枝。這些槍枝在中文文獻上時常被稱為「鹿銃」，大都屬火繩槍的一種。當時山區番人對於火藥、槍枝甚為渴求，甚至不惜任何代價交易。火器基本上是經歸化番人取得後，再依賴原有部落交易網絡，在整個山區蔓延開來，甚至流通至後山的生番社。

4——「番割」是指沿山一帶，能通番語且與番人相熟，可以自由出入番社做買賣的漢人，通常會娶生番婦為妻。

生番逆襲，番害不斷

就在藍鼎元於京城分修《大清一統志》之際，他在臺時給覺羅滿保回信中所提及的「若消極以界牆防範生番，只會助長生番殺人之氣焰，將廣闊的界外土地，成為生番或盜賊的自然巢穴」數語，有如預言般的真實應驗了。

雍正年間山區頻繁的人群流動，也增加了番漢族群之間的衝突，開始引來諸多的生番殺人事件。雍正三至五年（一七二五至一七二七年）期間，屬於今日邵族、排灣族群的水沙連社、山豬毛社，不斷攻擊近山沿邊的漢人村落。

彰化縣藍張興庄（現今臺中市東、南及太平等區），是當時臺中平原最大的漢人墾庄。雍正三年八月，該庄的佃丁林愷等八人被水沙連生番殺害，村落、耕牛被放火焚燒，接著還連續襲擊彰化縣的漢庄，範圍遍及今臺中市區及南投縣一帶。

面對水沙連生番的攻擊，時任閩浙總督的宜兆熊大為火光，向朝廷奏報時，認為應該派兵懲誡水沙連社。雍正四年秋天，清廷派遣總督高其倬、臺灣道吳昌祚等人出兵征討，擒獲水沙連社頭目骨宗父子三人，且起出被生番殺害後貯藏的頭顱八十五顆。

就在水沙連之役的次年，南部鳳山縣熟番阿猴社番丁巴陵等人在三月十七日半夜突然被界外山豬毛、北葉二社傀儡番人殺害。當時在臺的地方官員因已有討伐水沙連社的經驗，決定一改原本姑息的態度，很快下令南路營守備柯連英、鳳山縣知縣蕭震分別帶領官兵、熟番，入山搜捕山豬毛社犯行的番人。這種由熟番帶領、官員率兵入山懲處越界滋事的生番模式，在雍正、乾隆年間屢見不鮮。

清理界址，矗立土牛番界

雖然沿山地區不斷受到番害侵擾，卻沒有讓清帝國放棄劃界政策，重啟藍鼎元的積極建言。反而是當時的官員為了有效杜絕番界兩側的人們往來，開始努力不懈地嘗試各種策略。不過，藍鼎元在信中對於修築「一千五百里地界牆」的兩大顧慮：帝國支出龐大經費，以及過度徵調人民而引發民怨，卻也深烙在後來主事的官員心中。

雍正朝在臺官員所面對的難題，是如何在財政支出與地方秩序的槓桿上取得平衡。雍正五年，閩浙總督高其倬決定關閉雍正朝以來允許界外生番歸化的制度。他重新清查漢民、生番居住地之間的界址，主張隨著山麓的地勢起伏，每距二、三十步重新設置寫有「一碣大字」的石碑為界。

雍正七年（一七二九年）巡臺御史赫碩色更一再向清廷上奏，要求嚴厲劃定生番界的位置，不許番民擅自出入，甚至販賣物品。當時總兵王郡也嘗試在鳳山縣境內沿著山邊插竹劃定番界，以隔絕版圖之外的山豬毛社威脅。刺竹、石碑、土堆等樣式的番界，沿著中央山地的邊緣設置，但始終未能連接成為連續的實體界牆，或許這正是在有限財政的支出考量下，地方官員能做的最大努力。

配合番界的強化，中央也開始頒布番界禁例。一開始是在雍正八年，將越界生事的漢人處以逐回原籍的處罰。到了乾隆二年（一七三七年），才在水師提督王郡的奏請下，具體化成為私越番界條例。越界條例規定，凡私越番界者將被處以杖刑一百下，若在近山抽藤、私捕鹿隻者，除刑杖一百外，還要被判處至官衙服勞役的「徒刑」三年。日益嚴厲的番界禁令，反映清廷限制漢人進入生番地界的決心。

雖然乾隆曾讚譽藍鼎元的《東征集》中，有諸多治臺方針可供採借，但可惜的是，乾隆皇依然不敢違逆父親所採行的番界封禁。因此，乾隆朝的治臺官員們所想的，都是如何設置「顯而易見」的番界。

乾隆初年，加至閣熟番社（現今苗栗地區的道卡斯族）因為不滿通事勞役，而群起反抗。為了處理該事件來臺的閩浙總督郝玉麟，在事件平息後，重申設立番界以防止漢人入山的看法。後來，布政使司高山也在乾隆十年（一七四五年）奏請重新釐清番界。

到了乾隆十二年，閩浙總督喀爾吉

◎ 土牛界碑

善開始進行一系列清查界外土地私墾情況，為設置番界做準備，最終在歷經鍾德、鐘音、楊廷璋等官員的清理後，在乾隆十五、二十五年沿著中央山脈的山腳劃定「紅、藍線」番界。部分廳縣在地貌上修築人工土堆「土牛」，因而乾隆年間設立的實體番界又被稱為「土牛番界」。

邊界守隘，鄉勇、熟番上陣

配合土牛番界的設施，清廷也在邊界上整備原本留存在地方社會的邊防系統，在各廳縣的沿山地區設「隘」防守。這些隘並不是清廷貿然設立的，而是源自雍正朝以來官方守邊措施的演變結果。在雍正四年（一七二六年）以後，官方為了處理不斷襲擾邊界的番害，只好在沿山隘口派兵駐地或動用各廳縣編制的民壯（從民間召募的壯丁）看守山邊。到了雍正十一年（一七三三年），在閩浙總督郝玉麟的奏請下，民壯編制被縮減，防守邊界的責任則轉入非官方編制，由地方人士充任的鄉勇來巡防。

乾隆九年（一七四四年），在福建布政使司高山的奏請下，守邊任務再轉由熟番擔綱。四年後，閩浙總督喀爾吉善任內明文規定各地熟番社需派遣壯丁，協助在番界邊守隘。約略在此同時，中央山地的番界邊緣出現了一座座木造建築，規模小如一座亭子，大至形成村落，均是熟番或鄉勇搭建來守邊的巡視寮或隘寮。

百密總有一疏，暗度陳倉下的番界經濟活動

乾隆中葉在各廳縣的土牛邊界上，成立了眾多的隘寮。這些隘丁的口糧，有些來自開墾邊界的土地所生產，有些來自越界私墾的漢人墾戶所捐納。這一類的邊隘並非全由熟番把守，淡水廳有些隘寮反而是僱用漢人共同協力。這種制度性的安排，不僅承認早先越界私墾漢人的合法性，也讓熟番社能夠以「隘糧不足」的名義，招漢佃耕墾藍線界外的土地。有些聰明的漢人，開始藉由熟番社這把保護傘合法穿越番界，活躍於被帝國揮棄的王土上。

在當時除了借用熟番社的名目外，漢人移墾者還能透過擔任軍工匠職位的管道，合法越過帝國邊界。所謂軍工匠是指在雍正三年（一七二五年）以後臺灣道因負責修補戰船，特許某些人擔任軍工匠職務，這些人可以合法入山設立匠寮採集修船的材料，特別是樟木。現今臺灣各地都留有枋寮、軍功或匠寮等地名，都是受到這套制度的影響。

由於臺灣道在財政考量下，無法給與軍工匠人開採樟木所需的費用，因此特別允許匠人可以適度抽藤、伐木販賣。當然，這些軍工匠人並不會安分只轉賣修船所剩的木料，身為特許入山者，他們懂得利用承攬山場來分售他人，以獲取重利。乾隆三十四年（一七六九年），在大甲溪上游擔任匠首的鄭成鳳就曾利用職務之便，向在山區鋸製木料的五、六百人收取每人每年二圓的規費，准許這些人入山私製或燒炭、抽藤、捕鹿，約略估計每年可為鄭成鳳帶來約千餘圓的收入。

軍工匠轄下的漢人小匠也絕不甘於領取微薄的薪餉，他們的利益來源是走私山產或燒炭販賣。有名的東勢角「匠寮」（今臺中市東勢區），寮長李秀就在乾隆四十年（一七七五年）因為違法入山設窯燒炭而遭到舉發。不過，這種例子很少見，越界者很少真正被地方官員懲處，越界者懂得利用為官府採集軍工料的藉口，合法化他們私墾山林的行為。

一年不到，李秀改名叫李其魁後重起爐灶，在界外山區聚眾百餘人、築窯六十餘座燒炭。這些生產的木炭除部分作為官炭外，也流通至平原街市販售。同時他也在石岡（今臺中市石岡區）冒充管理地方民戶的鄉職人員（稱為甲頭），設立賭場，與界外番人私換鐵器、硝石等違禁品；甚至夥同庄民劉才學等人共同設立渡船，渡載庄民越界砍拾柴火，每擔柴索取船費十文。

在番界邊區上，像李秀這樣的漢人比比皆是，他們代表著某類在界外活動漢人的樣態，放棄對貧瘠土地的攫取，而是掌握林產資源，進行築寮燒炭、走私違禁品等經濟活動。

漢番通婚的後代，土生仔成為和番的媒介

乾隆三十五年（一七七〇年）八月，在大甲溪上游有一場稱為「埋石為誓」的和番會議，會談三方分別為軍工匠、熟番通事及界外生番屋鏊社（今泰雅族）。當時擔任岸裡社通事的潘敦，為了讓軍工匠人能夠安全地在界外開採樟木，特別委託番割劉漢江、張向文，約出生番社土目由巴士、巴六士等人，宰牛殺豬熱情款待，然後雙方埋石約定：軍工匠採料時，番社不可

私出殺害；入山的小匠漢人則需盡速完工後離開，不可久待，騷擾番社。

為了自身利益，而與帝國控制外的番人達成協議的場景，在十八至十九世紀的臺灣沿山社會時有所見。無論是熟番通事或軍工匠人在面對內山生番時，都要仰仗這群被稱為「土生仔」的漢人進行和番工作，以免除人身財產的威脅。這些土生仔具有語言與族群身分的雙重邊緣性，時常活躍於生番、漢人的沿山交界地帶，不僅是擔任和番的中間人，也時常充當番割，從事違法的物資交易。

在現今臺中市石岡區一帶，乾隆年間就曾居住著一批番割，他們透過不同形式與生番產生緊密關係，從而建立了山產交易網絡。例如彰化橋頭庄的楊大極因為通曉番語，常與生番交易鐵器等禁物，甚至購買生番幼女莊葡，藉由收養關係穩固與生番社的聯繫。

另一類人則透過婚姻網絡，建立與界外生番的貿易網絡。在今石岡區九房屋的張阿文就曾在漢人李成章作媒下，牽娶屋鏊社的番婦為妻，所生的下一代即是所謂的「土生仔」，他們往往居住在番界邊上的村落，繼承父職擔任番割的工作。

因為番界邊區具有「人群流動、族群關係緊張」的社會特質，連帶使得這群活動在邊界的漢人族群認同薄弱，時常跨越了文化、政治的邊界。他們放棄政治認同象徵的髮辮，也會紋上屬於生番標籤的「紋面」。對於這群游移番界的漢人而言，作為清帝國的「子民」或具有優越文化的「漢人」，既不真實也不重要。以人群活動的視角來看，在清廷隘防制度的規畫下，原本應呈顯出「靜態」的番界邊區，實際上人群的流動與網絡關係遠比想像的複雜。

◎ 平埔岸裡社群的十九座土牛圖

此圖繪製地區，約在今日臺中市石岡區、新社區等地。圖片上方的東方山邊，繪有十九個圈圈於大甲溪畔，此為土牛符號，推測是乾隆二十六年番界藍線執行後所修築。土牛堆以東為界外荒埔，以西則屬界內埔地，繪有漢人、熟番居住空間：社寮、枋寮等以及界內道路旁的望樓、石牌。

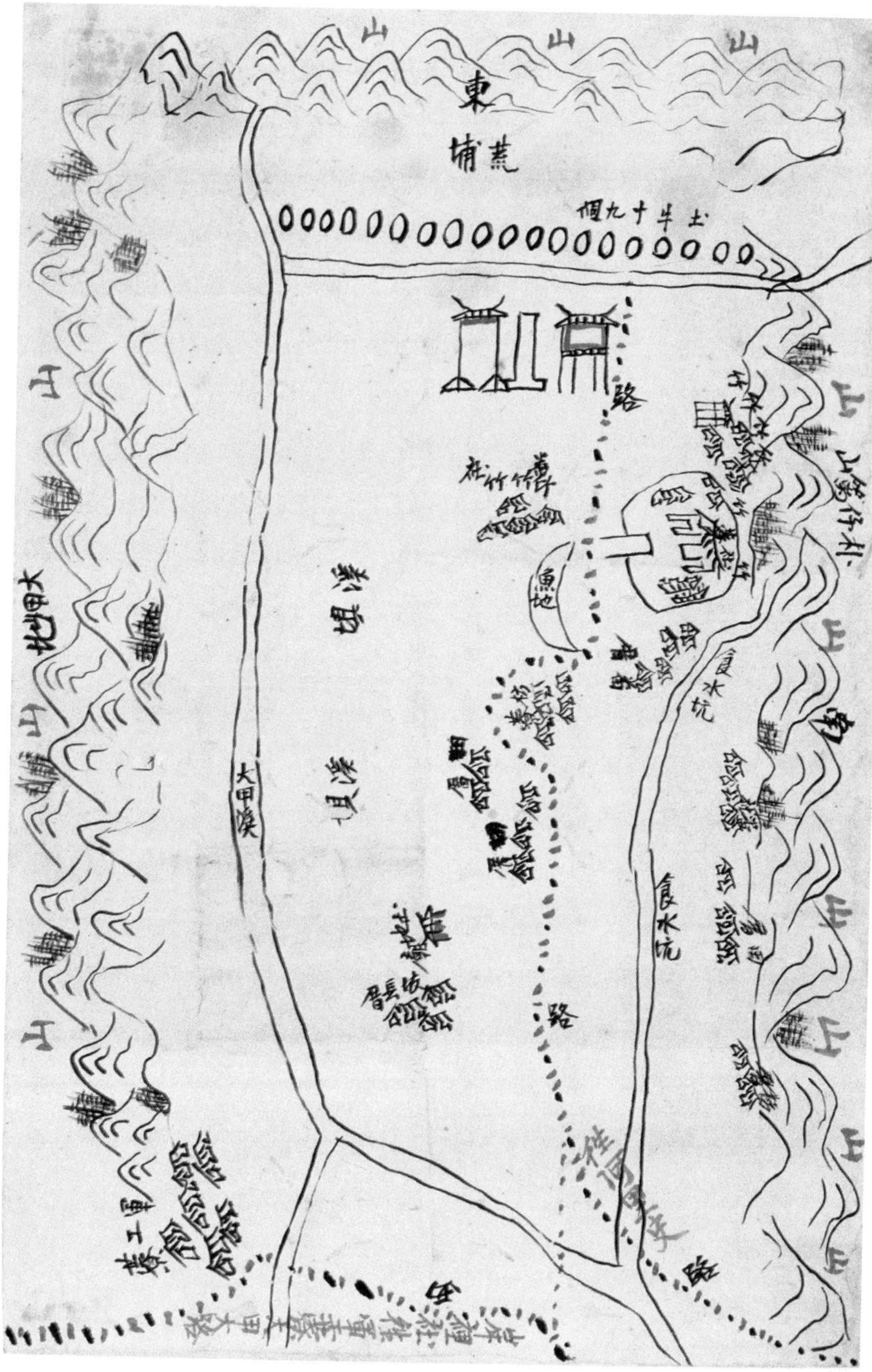
山
東
荒埔
土牛十九個
路
大甲溪
食水坑
山

番屯制，清廷對封禁的最後嘗試

乾隆朝的土牛番界並沒有發揮嚇阻漢人越界的作用，界內漢人、熟番成為邊界土地開墾的主力。一場發生在北臺灣的械鬥，掀開了沿山漢人越界私墾的黑幕。

在這場發生於乾隆四十八年（一七八三年）的重大命案中，有淡水廳守隘鄉勇四人被殺身亡。事情的前因後果如下：原屬凱達格蘭族的霄裡社通事知母六原將界外的武陵埔地交給張淑攀等人開墾，但其子蕭鳳生在繼任通事後，卻又招墾了佃戶林淡、李探。當時在今桃園市龍潭區協助守隘的鄉勇張昂，是張淑攀的侄子，他認為蕭鳳生應先退還其叔父的押金後，才能再另行招墾，在雙方談不攏的情形下，採取了興訟告官的手段。

後來地方衙門以保護番產的立場，將土地判歸番社，引發了鄉勇們的不滿。另一方面，張昂也向林淡等人索取守隘口糧，讓林淡等墾戶心懷怨氣。後來林淡等人趁鄉勇入山護民之時，率群眾拆毀張昂的隘寮；張昂則憤而邀集鄉勇打傷了林淡的墾佃。最終，雙方出現集體械鬥，張昂等人被殺害焚屍。

因番界邊上墾地問題所引發的械鬥，引來清廷的關注，決定派遣閩浙總督富勒琿來臺進行全面性的界外土地清丈，並在乾隆四十九年（一七八四年）繪製「紫線番界圖」，試圖重新將這些藍線外開墾的土地一次釐清，重新納入或劃出紫線番界之外。可惜的是，此次的規畫因為乾隆五十一年（一七八六年）林爽文事件爆發，而未能落實界外土地的安排。

林爽文事件是清朝治臺時期的一次大規模民變，席捲全臺，乾隆更把此役視為十大武功（十次重大的軍事行動）之一。當時彰化縣城被攻破、臺灣知府孫景燧被殺、諸羅縣城遭圍，迫使乾隆派遣征討大小金川的重要將領福康安、海蘭察來臺平亂，甚至還加了一支以西藏兵為主體的四川屯番協助作戰。這場戰事，最終在福康安的主導下與各地「義民、義番」的協力下，在乾隆五十三年（一七八八年）初以林爽文在老衢崎被擒後，亂事大致底定。

福康安對於事件的善後處理，決議倣效大小金川將番人編屯的做法，將西部平埔熟番編屯，又稱為番屯制度。這套以熟番當作屯丁的辦法，讓各屯熟番不但配有屯餉，也掌控藍線番界外未墾荒埔五千多甲地。

乾隆五十五年（一七九〇年）後，清廷最後一次對臺灣中央山地進行劃界，以屯為界，重立界石，劃定綠線番界[5]。只不過，綠線番界沒有任何規範力，充其量只是一條留存在官員規畫案中的界線罷了，失去了乾隆中葉地方官員試圖利用實質番界來建立「生番在外、熟番與漢人在內」的族群區隔作用。番屯制度實行後的沿山社會，原在界外漢人私墾的土地在歸屯後，反而獲得了合法認可，界外荒埔則成為熟番招佃開墾收租的養贍埔地[6]。

在屯制實行之後，清帝國雖然沒有明令解除番界，但覺羅滿保以來所推行的封禁政策早已名存實亡。在十九世紀臺灣沿山社會歷史的發展中，我們將會看到漢人拓墾集團的浪潮，一波波前仆後繼地往向中央山地步步進逼。

5——清朝治臺兩百一十年期間，在輿圖上用以表示番界的線條有多種顏色，除了原先的紅、藍色之外，到乾隆末年還使用紫色及綠色線條來表示新番界。

6——林爽文事件後，清廷將界外未墾荒埔撥給熟番的土地，提供生活所需。

尾聲：人群如水流動，劃地禁制既不可取也不可行

「無故而擲千五百里如帶之封疆，為民乎？為國乎？為土番盜賊乎？以為民，則民呼冤，以為國，則國已蹙。」在這段〈覆制軍遷民劃界書〉的文字中，我們彷彿看見藍鼎元藉由痛心疾首的筆觸，義憤填膺地訴說著「劃界遷民」的不是，努力捍衛自己的政治理念。後來歷史的發展，也證明了覺羅滿保等一干官員見識狹窄、目光如豆。

覺羅滿保違背地方人群活動實態的政策，極力想塑造一個靜謐的界外禁地，卻從未有過片刻的平靜。雍正、乾隆與他們的大臣為了維持政策的一貫性，前仆後繼地藉由創設各種番界制度，期望能維持政策制定之初的理想。可惜，官員們的努力總是力有未逮。

把窺探歷史的望遠鏡轉向地方，在西半部的漢人移墾者、熟番們，為了生計一波接著一波越過不斷變動的帝國疆界。他們期待在這片被揮棄的王土上，打造能夠安身立命的家園，從而在沿山邊界形成了許多聚落。他們藉由改變族群身分或隱匿在各種開墾集團之下，努力地生活著，以此交織出多彩的歷史面貌。清帝國汲汲營營設立的番界，從來沒能真正阻斷過人們的腳步，游移的人群總能想盡各種辦法來突破清帝國的劃界政策。

時至今日，再重新閱讀這封乘載著漳浦縣幕友治臺理念的書信，一個從未獲支持的政治主張，卻預見了帝國為劃界政策所付出的控制成本，以及臺灣中央山地百年來的發展。藍鼎元的建言，不能視之為「歷史先知」的預言，而是親歷朱一貴事件後，對當時臺灣地方社會癥結的

透澈觀察與洞見。

藉由這封書信的連結，我們看到十八世紀以來帝國番界制度與地方社會相互回應、轉變的過程。這段歷史充滿了不同階層人群的移墾故事、掩蓋在政書之下的事蹟，以及構築邊區生活的真實樣態。番界內外的「流動」，也儼然成為此時空背景下，臺灣邊界社會的一個重要特徵。

第四章

跨世紀的熾熱

一八九五年捲入世界浪潮的臺灣

蘇峯楠

一八九五年九月三日，劉成良照例寫了一封信給義父劉永福報備軍務，此時距《馬關條約》簽定、臺灣割讓給日本已四個多月，臺灣民主國也成立了三個多月了。在這樣一個看似風平浪靜的晚上，臺灣的命運即將改寫。

劉成良給劉永福的一封信

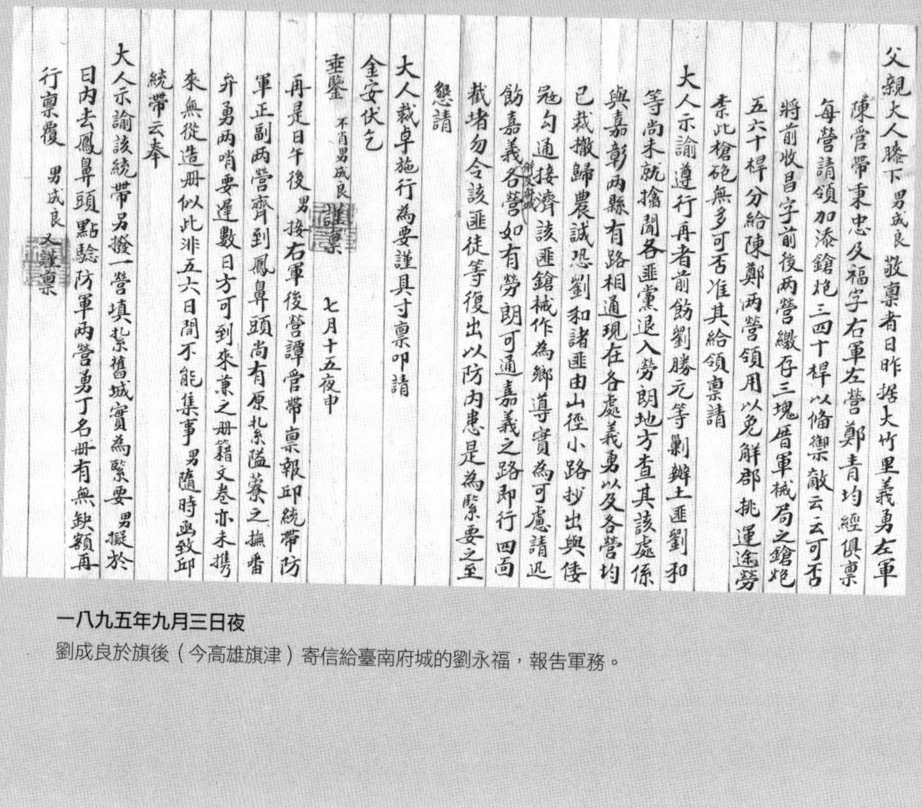

父親大人膝下 男成良 敬稟者日昨據大竹里義勇左軍
陳營帶秉忠及福字右軍左營鄭青均經具稟
每營請領加添鎗炮三四十桿以備禦敵云云可否
將前收昌字前後兩營繳存三塊厝軍械局之鎗炮
五六十桿分給陳鄭兩營領用以免觧郡挑運途勞
柰此槍砲無多可否准其給領稟請
大人示諭遵行再者前飭劉勝元等剿辦土匪劉和
等尚未就擒聞各匪黨退入勞朗地方查其該處係
與嘉彰兩縣有路相通現在各處義勇以及各營均
已裁撤歸農誠恐劉和諸匪由山徑小路抄出與倭
寇勾通接濟該匪鎗械作為鄉導實為可慮請迅
飭嘉義各營如有勞朗可通嘉義之路即行四面
截堵勿令該匪徒等復出以防內患是為緊要之至
懇請
大人裁卓施行為要謹具寸稟叩請
金安伏乞
垂鑒 不肖男成良謹稟 七月十五夜申
再是日午後男接右軍後營譚管帶稟報印統帶防
軍正副兩營齊到鳳鼻頭尚有原紮隘寮之撫番
弁勇兩哨要遲數日方可到來兼之冊籍文卷亦未携
來無從造冊似此非五六日間不能集事男隨時函致印
統帶云奉
大人示諭該統帶另撥一營填紮舊城實為緊要男擬於
日內去鳳鼻頭點驗防軍兩營勇丁名冊有無缺額再
行稟覆 男成良又謹稟

一八九五年九月三日夜

劉成良於旗後（今高雄旗津）寄信給臺南府城的劉永福，報告軍務。

即使海景再怎麼美，可能還是會有沒心情欣賞的人。

一八九五年九月三日中元節的深夜，在今日高雄旗津的旗後街上，家家戶戶也許剛忙完普度而休息入睡，這座海濱市鎮，歸趨平靜。

然而，旗後山東側山腰上的慕德醫院（David Manson Memorial Hospital）隔壁房裡，一位軍官還沒就寢，正在寫信。

房內燭光昏黃閃爍，他手執細楷毛筆，小心翼翼在信紙寫下工整端正的字。平常寫字，他是揮灑自如，字體帶點習武之人的豪爽氣魄；然而，這是一封不得馬虎的信，整張信紙提的都是要緊軍務，且收件人還是他的父親，也是他的長官。這不得不讓他必須恭敬應對。

寫完，他照例在結尾蓋上自己的印章，將信紙折疊整齊，收入紅條信封裡，彌封起來。這封軍情要信，預計得送到臺南府城劉永福的手上。

這樣的信，可能每隔兩三天、緊急的話可能每天，都要寫上一封。雖然是工作職務，不過，每天都要報告繁雜軍務，又得面對毫無勝算的戰局，即使是旗津的海景，也讓這位遠從嶺南丘陵跋涉而來的廣西人軍官，完全沒有欣賞的心情吧。

這位寫信的人，名字叫劉成良。

◎ 劉永福

◎ 劉成良

來往於邊境之間，落腳於臺灣

劉成良出身中國廣西一處叫「歸順州」的地方。那裡現在是廣西壯族自治區的靖西縣；在清朝統治時，隸屬於廣西省鎮安府管轄，相當靠近清帝國與越南的邊界。若再往南點，就會抵達越南的高平省（Cao Bằng）。

長久以來，生活在這帶地方的人們，主要是講壯語的壯人，那是一個跨越現在中越國境，甚至與泰人密切相關的人群。

因鄰近漢人王朝，壯人被漢人稱為「獞」，與漢人一直有所互動。八世紀時，唐朝曾在此設置「歸淳州」，是帶有籠絡與羈縻性質的行政單位；到了九世紀，因為起事抗官的壯人黃少卿歸降唐朝，歸淳州才改為「歸順州」。

歸淳、歸順的名稱，是漢人王朝的單方詮釋，事實上這裡並非如此「歸順」。漢人與壯人之間，既有十一世紀儂智高抗宋這般大小衝突；也有彼此合作、甚至共同生活的過程。

明清之際，大量漢人從周邊的湖南、廣東進入歸順州，為壯人社會帶來很大影響。雖然人群間的界線與區隔，仍繼續表現在識別稱呼、風俗文化與械鬥行為上，但也有壯人選擇漢人文化、過漢人的生活，甚至開始編寫族譜，說自己的祖先來自中原，塑造出另一種不同的記憶。

劉成良就來自這個複雜流動的邊境地區。當地耆老對於他的一些軼事，仍是琅琅上口。人們說，他生長在一戶經營糕餅鋪的鄧姓人家，因排行第五，大家管這孩子叫「鄧五」。

有天，鄧五遇見了來到歸順州的黑旗軍首領劉永福。劉永福見著這孩子，感覺相當投緣，加上鄧家人收入微薄，便將鄧五交給劉永福收養。劉永福以自家孩子的字輩「成」字，為這孩子取名「成良」的名字，改姓劉。

兩人雖是義父子，卻有著如親父子般的默契，劉成良也成為劉永福最信任的左右手。他一路跟著劉永福，先進入越南北圻的保勝地區（Bảo Thắng，今老街省保勝縣）搶地盤；也幫助阮朝的嗣德帝阮福時打法國軍隊；後來又跟著義父接受清朝招安，在義父赴任南澳鎮總兵時，一起前往南澳島（今廣東省汕頭市南澳縣）。

從帝國西南邊隅之境，來到閩粵邊界的海濱一角，劉成良皆隨義父以及他的私人武裝集團「黑旗軍」，一同遊走邊區、闖蕩四方。然而，南澳島並不是劉氏父子最後的落腳處，在一場風暴下，他們又渡海來到另一個位於海外的帝國邊陲：臺灣。

這股風暴，得先追溯到歐洲大不列顛島上所捲起的一股強潮。

歐洲的蒸汽，捲動亞洲的雲

十八世紀中期，英格蘭的機械工程師瓦特（James von Breda Watt）改良活塞與氣缸，創造出效能大幅提升的新式蒸汽機。以這項成果為主要代表之一的工業化時代，就是源自這段人類對器具與技術進行改良創新的熱潮。

◎ 十九世紀末的臺灣處於世界潮流之中

在這場臺灣民主國的騷動中，歐美、日本、朝鮮、越南、中國各地，人們從這些不同地方橫跨百千里、渡海到臺灣；而臺灣也不是最後一站，許多人繼續流徙他處。來自中國西南邊境的劉成良，就是移來遷往的其中一人。

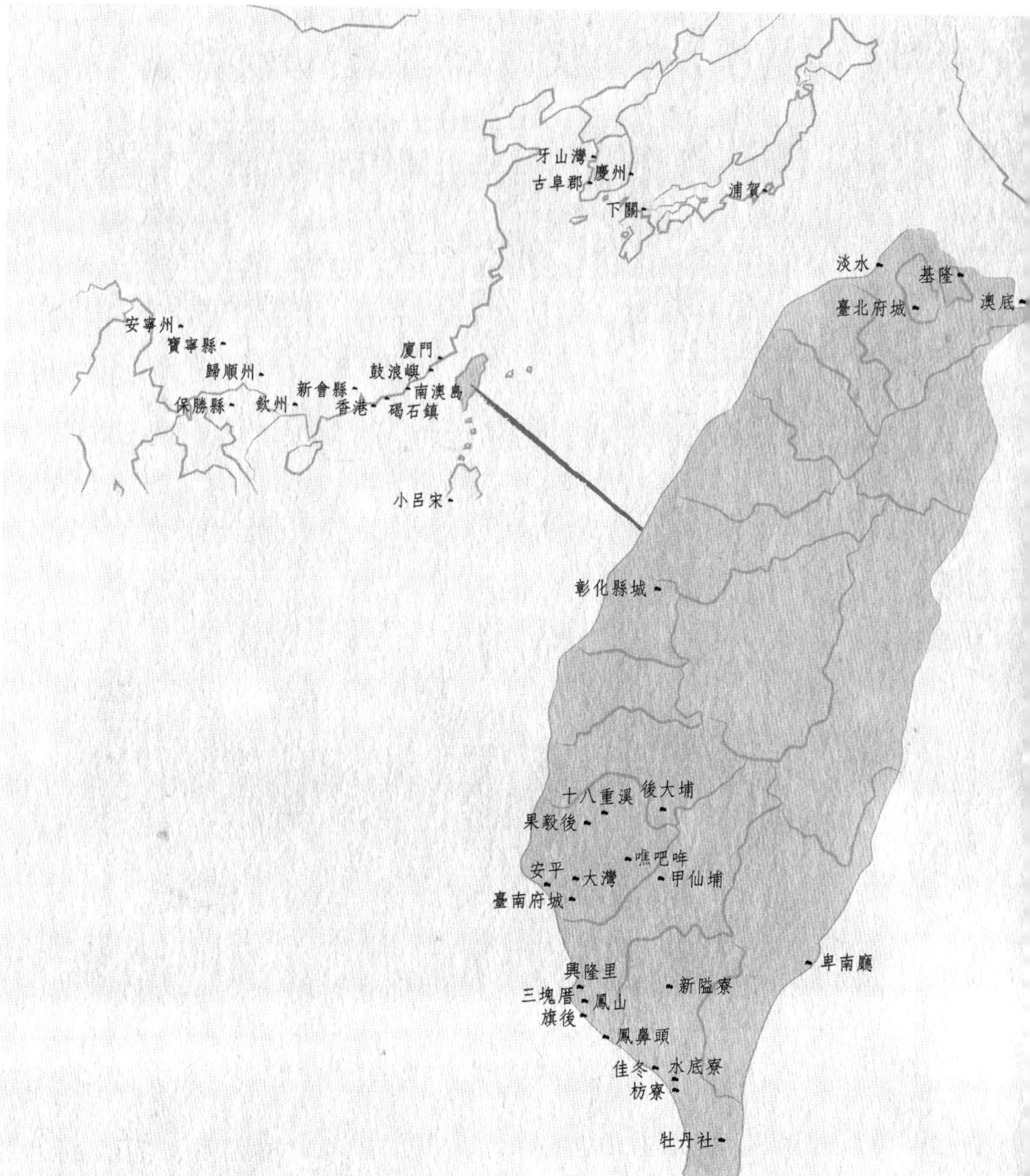
牙山灣
古阜郡
慶州
浦賀
下關
淡水
基隆
澳底
臺北府城
安寧州
寶寧縣
歸順州
廈門
鼓浪嶼
新會縣
南澳島
保勝縣
欽州
香港
碣石鎮
小呂宋
彰化縣城
十八重溪
後大埔
果毅後
噍吧哖
安平
大灣
甲仙埔
臺南府城
興隆里
新隘寮
卑南廳
三塊厝
鳳山
旗後
鳳鼻頭
佳冬
水底寮
枋寮
牡丹社
恆春

之後，這些技術陸續應用到工廠的生產線，增進了生產動力與製造效率。工業發展一日千里，商人們需要更大量的原物料、勞動力以及消費市場，促使歐美各國積極往海外尋求市場，以傾銷自家商品，甚至發掘新的原物料產區。

這時，他們航向海外的船隻，也慢慢從傳統的風帆動力，轉成蒸汽動力的輪船，並且配備新式槍砲，將擴張經濟特權與海外殖民地的「新帝國主義」帶往世界各地。一個「帝國的時代」又再度降臨了。

一八五三年，美國海軍將領培里（Matthew Calbraith Perry）率領艦隊從諾福克港（Norfork，今維吉尼亞州諾福克市）出發，航向日本浦賀（今神奈川縣橫須賀市），要求日本開港通商。這些艦隊就是蒸氣化的成果之一，以鍋爐燃煤產生高壓蒸汽作為動力，推動船舷兩側的明輪輪槳使船前進。深色船身與燃煤的陣陣黑煙，隨著浩大船輪滾滾推進東京灣口，震撼了日本人的眼界，大家稱之為「黑船」。

燃煤的動力，若不是需要加煤船在海上隨時補充，就是需要停靠在陸地岸邊定點補給。培里在一八五四年七月從日本返航時，就曾經派遣船隊到臺灣基隆探勘煤礦，也順便測繪了臺灣地圖。

培里並不是最早到臺灣勘察的歐美人。一八四〇年代，英國皇家海軍已開始測量臺灣沿海地帶，繪製海圖；一八五〇年代，香港的美商羅賓內（Robinet & Co.）、瓊記（Augustine Heard & Co.）以及英商怡和（Jardine Matheson & Co.）等外國商行也來到臺灣，與地方官員及民眾接觸，展開樟腦貿易。這是繼十七世紀荷蘭人與西班牙人之後，又有歐美人再度對臺灣有具體且密切的關注。

一八五八年起，清朝陸續與歐美各國簽訂《天津條約》後，臺灣成為通商口岸，歐美人開始合法進入臺灣探索、經商與傳教，也帶動新一波的商業活動。不僅樟腦與茶葉的外銷量大幅增加，也讓臺灣商人有另一道經商投資的機會。高雄的陳福謙、臺北的李春生等「買辦」，充當起本地與外國雙方溝通的中介人，順勢掌握了許多權力與資源而崛起致富。

至於被「黑船」要求開國的日本，此時也積極與世界接觸，反過來學習駕馭「黑船」闖蕩海外。經歷了明治維新的西化改革後，一八七四年，在美國人李仙得（Charles W. Le Gendre）指導下，日本進行第一次海外軍事行動：駕著向英國訂製的蒸汽船「龍驤」號等船艦出兵臺灣，進入清朝官府宣稱是「化外番界」的臺灣南部山區，討伐牡丹社（今屏東縣牡丹鄉牡丹村）等原住民部落。

這次事件，衝擊了清朝原先認為臺灣東半部是「無主化外」的傳統主張，使官員們重新思考邊界與領土問題。之後，雖然官府在東部設立「卑南廳」，也啟動了「開山撫番」計畫，積極進入內山與後山地區，但直到一八九五年，還是無法真正將臺灣全境納入控制。反倒是板橋林家、霧峰林家等豪門，因為承辦官方開山業務，得以獨占山林資源，藉此進一步擴大了家業。

從歐洲襲來的灼熱蒸汽，捲動著亞洲的雲朵，中國、越南、日本因此搖動，北邊的韓國亦如是。韓國的一場動盪，也連帶加劇了臺灣的震動。

THE ILLUSTRATED LONDON NEWS, JUNE 8, 1895.—716

SKETCHES IN FORMOSA.

By Lieutenant A. W. Wylde, H.M.S. "Leander."

"BLACK FLAG" SOLDIERS LAYING DOWN MINES AT THE ENTRANCE TO TAKOW HARBOUR.

THE GENERAL OF THE "BLACK FLAGS" INSPECTING THE FORTIFICATIONS AT TAKOW.

◎ 1895 年《倫敦畫報》刊載黑旗軍在打狗備戰狀態

◎ 劉成良題「瀍護靖氛」匾 （臺南市法華寺藏）

◎ 劉成良題「默助成功」匾（臺南市竹溪寺藏）

總統跑了，老虎餓死了

十九世紀，朝鮮李朝因持續打壓國內天主教活動，也拒絕美國商船的貿易請求，開始與外國勢力發生衝突。此時，出身慶州（今慶尚北道慶州市）的士人崔濟愚，結合儒家、佛教及民間信仰，在一八六〇年創立了新興宗教「東學」，標榜對抗外國宗教勢力與國內腐敗官僚。

雖然崔濟愚後來遭到官府逮捕處決，東學群眾並未因此解散。一八九四年春天，全琫準號召東學的農民信眾，在全羅道古阜郡（今全羅北道井邑市）發起一場聲勢浩大的抗官行動。無力鎮壓的朝鮮政府，向隔鄰的清朝請求救兵，但也把日軍一起引了進來。日、清兩軍在朝鮮牙山灣的豐島（今京畿道安山市）海域上不期而遇，雙方開砲交火，因此揭開甲午戰爭的序幕。

因為這場戰事，清朝命令臺灣加強防備。光緒帝以電報聖旨派遣南澳鎮總兵劉永福，帶著「幫辦防務」職銜前往臺灣協助防衛。該年盛夏八月，劉成良就跟著劉永福跨海來到了臺灣的最大都會：臺南府城。

一八九五年二月，在唐景崧指派下，劉永福將新募集的四營黑旗軍，安排駐紮在南臺灣的鳳山、恆春，派劉成良前往打狗坐鎮，指揮調度。

到打狗赴任前，劉成良先到府城大南門外參拜兩座創建於十七世紀的古剎：法華寺與竹溪寺，同時揮毫題字，獻納匾額。在法華寺，他題了「瀼護靖氛」四字，祝禱佛法能助他平定亂事；而在竹溪寺，則題了「默助成功」，祈盼佛祖暗中襄助，讓他成功得勝。

二月初，福字軍陸續進駐打狗，劉成良也住進旗後山上英國醫師梅威令（William Wykeham Myers）的「慕德醫院」隔壁房，展開他八個多月的旗津駐防生活。

與此同時，黃海戰場上的清軍已經節節敗退，此役雙方勝敗幾乎底定。到了四月十七日，清、日兩國雙方代表在日本下關（今山口縣下關市）春帆樓會面，簽訂《馬關條約》，清朝依約將遼東半島、澎湖、臺灣等地讓給日本。

消息傳回臺灣之後，一種對未來的不確定感，使人們開始產生懷疑與抗拒，甚至出現脫序的騷動；而原本協防的清朝將官們，立場也頓時陷入尷尬。

在這當中，最感到困擾的，莫過於巡撫唐景崧了。當時一直有士紳來找他，揚言不惜一戰，並想請他帶頭領導。唐景崧不方便回絕，甚至向士紳們表明會留在臺灣。但事實上，他是真的很想快點一走了之，也暗中委託外國商人幫忙將他的大筆財產運回中國。

五月二十日，光緒帝免除了唐景崧的臺灣巡撫職位，叫他馬上進京面聖，也叫臺灣所有文武官員即刻動身返國。但唐景崧想要走卻走不了，因為五天後，他像趕鴨子上架似的，被臺北士紳們拱上了「臺灣民主國」的總統寶座。

臺灣民主國是一個名為「共和國」但學得不太像樣的暫時性政體。眾人想要透過宣布臺灣獨立的做法來拖延時間，希望外國勢力能介入斡旋，改變臺灣割讓的命運，就像俄、德、法三國干涉日本歸還遼東半島一樣。

五月二十三日，「臺灣民主國獨立宣言」以全臺灣人民的名義發布了。兩天後，大家在臺北府城舉辦獨立建國典禮，除了有總統就職、交接金印的儀式，也公開國旗的圖案，是一隻足踏青雲、翹尾仰望的黃虎。但在現場採訪的美國記者德衛生（James Wheeler Davidson）說，在他看來，那倒像是一頭餓著肚子的老虎，與正常老虎該有的威風模樣完全不一樣。

德衛生會這麼想，無疑是對於臺灣民主國的命運感到空虛又悲觀。不久後，新任總統就開始了亡命之旅，具體呼應了這個美國記者的感想。

為了接管臺灣並平定反抗勢力，日軍主將北白川宮能久親王帶領近衛師團，在五月二十九日下午於澳底（今新北市貢寮區澳底）登陸。六月四日晚上，也就是臺灣民主國總統上任後的第十一天，人在臺北府城的唐景崧換了便裝，低調搭火車出城到淡水，隨即跳上輪船，準備逃回中國。一開始逃跑的過程並不順利，唐景崧多次撒錢疏通，甚至還被砲臺守兵發現並開砲阻擋，但最後還是成功脫身了。看來，

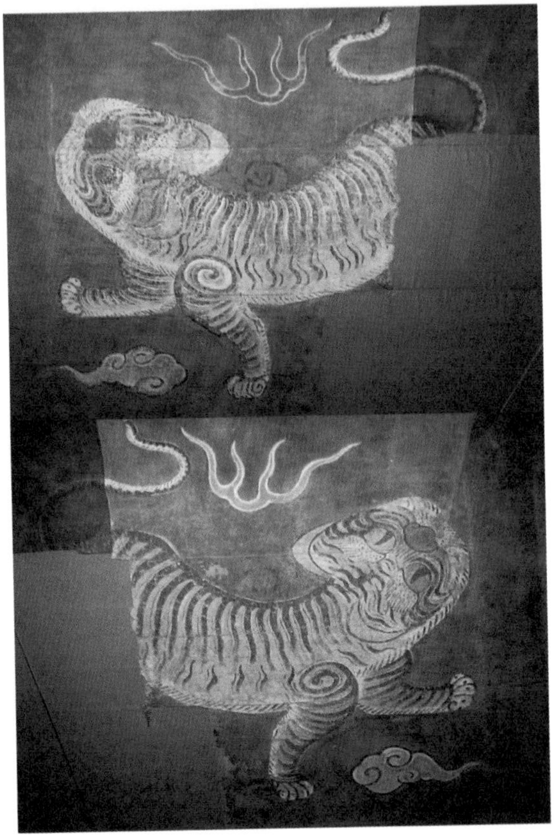

◎ 臺灣民主國國旗摹本

民主國國旗上的老虎不但是餓著肚子，最後終究餓死了。

在總統潛逃後，臺北府城的外國商人與城內紳民代表辜顯榮等人，陸續前去迎請日軍進城，以防止城內秩序失控。

六月十七日，臺灣總督府在城內的布政使司衙門舉辦「始政式」典禮，象徵日本帝國在臺灣正式開始執政。日治時期的臺灣，每年的這一天都要過「始政紀念日」，典故即源自於此。

民間舉起了大旗，靠自己的雙手守護家園

北臺灣形勢改觀了，領導臺灣民主國的重擔落到南臺灣劉永福的肩上。而駐紮在打狗的劉成良，每天的生活還是跟先前一樣，沒什麼太大改變，同樣是批公文、巡營區，接著晚上寫信，逐一把軍情稟告給劉永福。

九月三日深夜，劉成良照舊伏案寫信，細列要向義父報告的事項。細瑣的軍務，是劉成良每天需要操煩的工作之一，所以信裡先是報告部隊槍械問題、再來是追捕土匪事宜。原本這天只要寫這兩件事，但或許是突然想到，他又再額外補上一段調兵集結鳳鼻頭（今高雄市小港區鳳鳴里）的事。

光是第一件事：部隊槍械問題，就能看出當時守軍所面對的嚴峻窘境。

◎近衛師團登陸臺灣處的澳底（新北市貢寮區）

前一天，兩位「管帶」帶隊官——「大竹里義勇左軍」的陳秉忠以及「福字右軍左營」的鄭青，向長官劉成良表示部隊槍枝不夠，每營至少還需要三、四十枝槍，盼長官想個辦法。

對此，劉成良想到前幾天才剛整併「昌字前營」、「昌字後營」兩個部隊，他們的槍枝都收到三塊厝軍械局（今高雄市三民區鳳北里、興德里附近）裡存放，數量大概有五、六十枝，雖然不多，或許還是可以發給兩位軍官的部隊。他在信上簡單提要這項建議，並向義父劉永福請示意見。

上面提到的部隊，雖然歸劉成良領導並比照軍隊命名編組，但都不是正規軍，而是徵募自民間的民兵。

民兵是臺灣民主國及相關反抗勢力的主要力量。一八九五年三月，在今天的屏東地區，就有陳國馨、曹鴻飛、吳如淵、許宗輝等地方士紳，出面招募了兩千多位當地壯丁組成了義勇軍，響應臺灣民主國的抗日行動。臺南府城的團練總局將這些民眾編成「昌字軍」，以五百人為一營，分為前、後、左、右四個營。

帶領這些部隊的「管帶」，也不是正規軍官，而是地方士紳。像「昌字後營」是由吳如淵掌管，他是興隆里（今高雄市左營）的士紳，擁有鳳山縣生員功名。而「昌字前營」則是由陳國馨掌管，他在一八八六年擔任撫墾局要員，同時一口氣主持了三個水圳的開鑿工程，引水源頭都在隘寮溪，灌溉範圍遍及屏東平原北半部。隔年，陳國馨在隘寮溪出山口附近的新隘寮聚落（今屏東縣內埔鄉隘寮村新隘寮西北方），帶領民眾建造了一座奉祀中壇元帥的保安宮，可以說是橫跨官民兩方的要角。

像這般由民間組織動員的防衛武力、並由地方上有名望的頭人或士紳帶領，是臺灣傳統社會早就行之有年的民間防衛模式。居民透過人力的整合組織，處理市街內的防盜與災害應變，也防備市街外的械鬥及動亂侵襲。在這個基礎上，官員常與民間合作，推出招募義民、組織團練等辦法，讓民防可以協助官府處理地方治安。

因此，臺灣民主國的抗爭力量，與其說是官員登高一呼、民眾應諾參戰，倒不如說，這原本就是官、民之間彼此就很熟悉的合作模式。真正撐起民主國大旗的，可以說是地方民眾維護身家產業的雙手。

庫款萬難，發行郵票來籌錢

就如劉成良所提，陳國馨與吳如淵的部隊後來也都被整併了。底下的部分成員再次經過挑選，跟尤捷陞招募的義勇軍一起被整編為「福字右軍右營」。

至於「昌字前營」與「昌字後營」，就直接撤銷了。原本管帶兩隊的陳國馨與吳如淵，雖然卸下職務，但依然受劉成良仰賴。幾天後，劉成良還請陳國馨前往南邊的水底寮（今屏東縣枋寮鄉水底寮），找一位「英勇果敢、義奮自勵」的庄民鄭吉加入部隊。一個月後，他也請吳如淵幫他到興隆各里向大家收錢，充實軍餉。

由此來看，裁撤與整併部隊的原因，並非針對特定的人或事。最主要的原因，其實還是來自財政上的困窘。

早在八月底，劉永福就發出一道命令：因為「庫款萬難」——庫房經費愈來愈艱困了——所以每個村莊的義勇軍，都要「撤回歸農」，不必再維持備戰狀態，只要有事情再聽命調動即可。

到底是什麼原因，讓劉永福在烽火危急中竟然還要減少軍備？其中一個原因，可能是他的內心早已動搖。八月二十三日，劉永福收到第一任臺灣總督樺山資紀的信，信裡表示，若劉永福願意退兵，日本會以將官禮遇相待，送他回中國。這般勸說，讓劉永福在二十五日回了信，表示他自己其實也想求和，並決定將部隊先留在臺南按兵不動，不再積極備戰，以表現他求和的誠意。

◎臺灣民主國郵票第四版

另外一個原因，可能就是「庫款萬難」了。自從清朝不再支援兵力及經費後，臺灣幾乎找不到充足軍餉來應付部隊開銷。劉永福的幕僚易順鼎、吳桐林等人，也都曾回到中國為尋求財源而四處奔走，但最後都無功而返。

在外國人的建議下，劉永福也嘗試過幾種籌錢的辦法，像是發行官銀票、股份票，還有郵票。

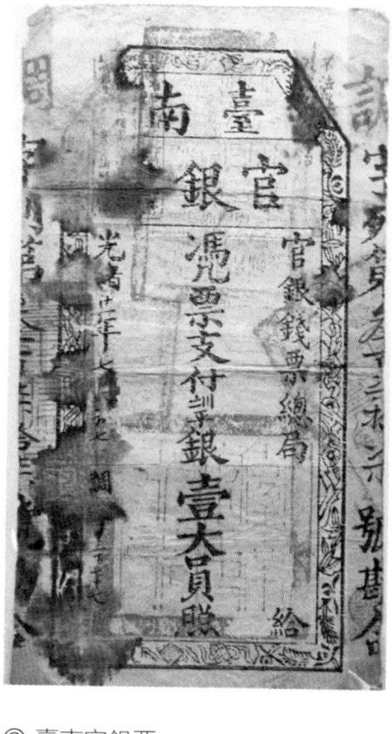

◎ 臺南官銀票

發行郵票，是臺灣民主國、甚至臺灣史上的首度嘗試。在此之前，臺灣信件的遞送，有官方傳送公文的鋪遞、民間信局及私下託交等不同形式，沒有一個系統性的體制。

在安平海關英國職員麥嘉林（C. A. McCallum）建議下，劉永福仿照歐美現代郵政，發行了有價證券性質的郵票，不僅可以提供郵寄或其他支付需求，還可以兼作官方授權的憑證信物。票面上，印著臺灣民主國的代表圖案：一隻老虎，邊框有「士担帋」三個中文字，是以同音字代表郵票紙的英文：stamp paper。

因為具有話題性與珍貴度，臺灣民主國郵票發行後，曾一度吸引世界各地集郵家的目光，直到現在，依然是奇貨可居的珍品。只是，因為時間物力的不足，這套郵票印得相當粗糙，甚至模糊不清。當時有一本澳洲集郵刊物表示，他們看不太清楚那個圖案到底是老虎，還是隻小病貓。

看來，這小病貓模糊難辨的面容，除了表現出臺灣民主國曖昧難明的地位，也表現出劉永福「庫款萬難」——找不到錢、做不了事的無力神情了。

挖錢大作戰，想盡名目從士紳下手

劉永福為錢苦惱，在打狗的劉成良也得不斷尋找財源。從其他信件裡，可以看到劉成良嘗試了好幾種不同的挖錢法。

挖錢法之一，像是試著找地方富紳要錢。

同樣住在打狗的陳日翔，是買辦鉅商陳福謙的兒子。他把臺灣部分家產交給弟弟陳日新、陳日華管理，自己則帶著其他家產，早一步躲到廈門鼓浪嶼，因而被劉成良視為「吞公騙逃之劣紳」。

不過，劉成良還是追查到，陳日翔在今天屏東縣大鵬灣北岸附近擁有「放索」跟「西港」兩個魚塭，每個月可以收取一千多銀元。於是，他請士兵蕭文治前往確認，以便徵收這筆錢。

而人在廈門的陳日翔，一九〇二年前往馬尼拉赴任清廷駐美屬小呂宋（今菲律賓）的總領事；隔年卸任後回到廈門，繼續經營商貿事業。即使跑到廈門，他仍然事業有成，那兩座魚塭以及臺灣的家產，對他而言，或許遠不及躲避戰亂來得重要吧。

挖錢法之二，像是錢財流出臺灣。

唐景崧離開臺灣沒多久，臺南府城的劉永福就發了告示，請大家別再一直逃走了，要回頭是岸，共同留在臺灣。對於那些拿著家產離開的人，告示裡也說：「誓必即予抄拏。」

與義父的觀點一樣，劉成良對於危急時刻還帶錢離開的人，印象非常不好，陳日翔就是典型的例子。同時，他也極力要將大家的錢財留在臺灣，像是一八九五年九月，客家人張德俊接獲廣東新會縣（今廣東省江門市新會區）老家母親的病急通知，想要跟家人一起回廣東探親，於是申請搭船離臺。雖然劉成良開了一張「護票」讓他離開，但其中加注了「不得夾帶多財，以及包攬犯禁各物，始准內渡」，提醒關口士兵要記得查驗張德俊，若是帶太多錢出境，就不准放他走。

挖錢法之三，是藉機順便挖錢，比如罰款。

鳳山縣生員曾英才，原本在興隆里的籌防分局工作。但不知什麼緣故，被人告發貪汙，以致劉成良說他「需索貪狼」，指示鳳山縣衙門務必將他押到府城，聽候劉永福懲處。

鳳山縣團練籌防總局聽到此事後，幫忙伸冤求情，後來劉成良原則上同意不將曾英才送交府城，只是必須課處罰款，曾英才就這麼被迫捐出了一百五十銀元。

劉成良事後再做了另一次調查，發現曾英才的家產有六千到七千銀元，因此認為他這次根本捐太少，至少應該捐二百五十銀元才對，於是又請鳳山縣叫他補繳。

這幾件事，再度印證劉成良對在地士紳的仰賴。這是因為，士紳的人脈對於義軍兵力的招募與組織有莫大助益；而士紳的財力，也讓劉成良的算盤打得鏗鏘作響。

山中穿梭自如的「對手」們

除了與有錢士紳諜對諜，劉成良還有更在意的「對手」。在信裡，他將一位名叫劉和的人稱為「土匪」；而且，劉和似乎不只一個人，還有「各匪黨」、「諸匪」，是一群人。

根據劉成良所掌握的情報，劉和等人當時已經撤退到「勞朗」地區。他擔憂的是，民兵義勇們都因為「庫款萬難」而「撤回歸農」了，部隊戰力大減，劉和恐怕會趁此時機從「勞朗」跑出來勾結日軍、取得槍械，甚至幫日軍帶路，成為義軍的後患。所以，劉成良派遣部下劉勝元帶隊前往討伐劉和，並叫屏東六堆的中堆義勇支援。

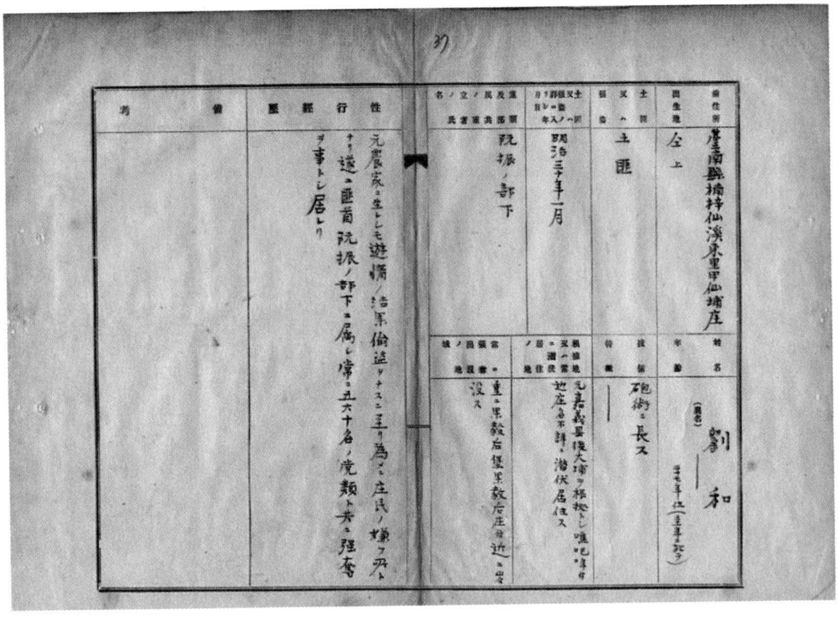
臺南縣楠梓仙溪東里甲仙埔庄
仝上
土匪
明治三十年一月
阮振ノ部下
劉和
砲術ニ長ス

◎《土匪強盜人名冊》中登記的「土匪」劉和。

那位劉和，當時是正值二十四歲的青年，出身甲仙埔（今高雄市甲仙區甲仙市街）。他的父親劉取，原本是大灣（今臺南市永康區大灣）的頭人，一八四二年參與郭光侯抗糧事件，之後舉家沿著楠梓仙溪遷往山裡的甲仙埔，劉和在那裡出生與成長。

依照日治初期《土匪強盜人名簿》的記載，劉和擅長槍砲之術，經常出沒於噍吧哖（今臺南市玉井區玉井市街）、後大埔（今嘉義縣大埔鄉大埔市街）、果毅後附近山區（今臺南市柳營區果毅後，可能指東方的烏山一帶）等地區。所以，他本身不僅有一套獨特的武藝，而且慣於來往山邊，活動範圍還相當大。這片區域，可能就是他平常再熟悉不過的生活、交遊，甚至謀生的空間吧。

照這樣來看，所謂退入「勞朗」的意思，指的也許是更深入山區，或者是更遙遠的地方。然而，再怎麼深入、再怎麼遠，頂多就在中南部山區，還能夠遙遠到哪片海角天涯呢？

追索十八世紀的文獻記載，在以今日臺東縣卑南（puyuma）為首的「卑南覓七十二社」中，有一個名為「老郎社」的部落。所謂的「勞朗」地方，會不會就是指這個需要翻越山嶺才能抵達的老郎社呢？因為劉成良情報的資訊太少、來源也不確定，很難以此論斷劉和真正的行蹤路線。不過，這個情報還是反映出平原人們如何認知另一群在沿山邊界與界外之處生存遊走、穿梭自如的人們。

劉和這群人，當時似乎不站在臺灣民主國這邊，使劉成良將他們視為對手，極度提防他們。事實上，這類「對手」還挺多的。八月中，由鄧蠻子、林苗生所帶領的「土匪」，在枋寮附近襲擊黑旗軍，遭劉成良擊退。九月中，劉成良請佳冬的首領蕭光明集合義勇軍，協助去討伐他口中「如此猖狂、屬實可惡」的鄭貓生。九月底，恆春也有「生番」攔截殺害平民百姓，劉成良想調動恆興營部隊前往防備。

這些騷擾臺灣民主國，或者因為不抗日、甚至選擇與日軍合作的民間武裝部隊，因為立場跟臺灣民主國不同，可能會被臺灣民主國陣營歸類為「土匪」。但是，在不同的觀點、環境條件或利益考量下，「土匪」的身分與角色也會有所變化。所以，臺灣民主國的「土匪」，可能會因為接受新政府的招撫，而成為新政府的「義勇」或「良民」；而臺灣民主國的「義勇」若還繼續抵抗新政府，也可能成為新政府眼中的「土匪」。

至於劉和，在日治以後前往投靠十八重溪（今臺南市東山區龜重溪流域一帶）的阮振部眾，依舊對抗新政府當局，所以這位劉成良口中的「土匪」，換成臺灣總督府來看，依然還是「土匪」，被蕃薯寮辨務署登記在一八九八年的《土匪強盜人名簿》裡。

劉和這群人提醒我們，身分始終是個複雜的課題；以及，在歷史現場，並不是只存在著一種人，或是只有單一聲音。

當時的臺灣，除了臺灣民主國、日軍之外，其實還有更多不同的聲音——即便他們的音量相對小了點、模糊了點，甚至可能與主流勢力的立場不一致，而被詮釋為「匪徒」。

兩千里的流與返

就在劉成良寫這封信的一個禮拜前，近衛師團已經攻進彰化，吳湯興、吳彭年陣亡於八卦山。之後，能久親王暫時停止活動，讓士兵充分休養，因此這封信寫完當時，戰局正處在短暫的中止時間。

然而，平靜沒能維持太久。日軍大本營隨即編組了「南進軍」，由臺灣副總督高島鞆之助擔任指揮官，藉以加速控制南臺灣。這個軍團，除了原本的近衛師團，也加進乃木希典的第二師團——下面轄有山口素臣率領的第三旅團，以及伏見宮貞愛親王率領的第四旅團。

當南進軍再度展開行動後，十月十五日凌晨，劉成良接獲了義父電報，隨即整裝離開旗後，迅速趕往府城會合。失去主帥的旗後砲臺，在天亮以後，受到日本海軍艦隊砲擊；下午，日軍陸戰隊登陸，順利占領旗後。

十月十九日下午，劉永福整裝前往安平，劉成良與其他親信、幕友也一同隨行。這趟行程，劉永福對外的說法是要去巡視軍備；當然，他不會向眾人說出真正目的：趕緊返回中國，不再回頭。

當天夜裡，一行人來到安平港邊，悄悄搭上香港英商德忌利士公司（Douglas Steamship Co.）隔天要開往廈門的爹利士號（Thales）輪船。一想到日軍可能會登船搜查，劉永福煞費苦心地尋找躲藏地點，最後決定擠身於船艙一處密閉空間。

◎ 旗後砲臺遭吉野艦砲擊，大門題額僅剩「天南」二字

十月二十日天一亮，府城人們發現，怎麼一覺醒來，世界就不一樣了——長官們全都不見人影了。

數度確認劉永福應該是真的逃走後，城內士紳緊急聚集商議，決定開城投降，並且組隊出城迎請日軍進城。大家還拉了長老教會巴克禮（Thomas Barclay）與宋忠堅（Duncan Ferguson）兩位英國牧師一起加入，希望有外國人在場，能為他們的安全添點保障。

與此同時，劉永福本人還繼續躲在安平港邊爹利士號的船艙裡。下午，日軍吉野、八重山兩艘船艦抵達安平港，剛好爹利士號也正要開船出航。日軍搶先上船，拿著劉永福的照片一一核對及搜索船上乘客，最後找不到人，只好放船出航。

午夜，爹利士號緩緩航行到公海上，八重山艦又從後頭追上，再度強行上船搜索。這次搜索耽擱了十小時左右，仍然找不到劉永福。

這項攔船搜查的舉動，一度引起英國不滿。然而，當時日本海軍正在進行擴建，許多戰艦都是向英國訂購的，為了避免軍艦訂單受到影響，加上日本政府也承認失誤並願意賠償，於是英方順勢讓步，不再追究下去。日本此次的海軍擴建，在一九〇四年的日俄戰爭發揮了作用，成為擊敗俄羅斯帝國海軍的一部分主要戰力。

到了十月二十一日清晨，日軍順利進入並控制臺南府城，整個乙未之役算是象徵性結束了。劉永福父子也在二十二日抵達廈門，重回故土。

之後，劉永福一度回任老位子，到廣東沿海赴任碣石鎮總兵，最終告老退職，回到欽州老家。

至於劉成良，則是重回西南邊境。他先到雲南的廣南府寶寧縣（今雲南省文山壯族苗族自治州廣南縣）擔任知縣，那裡就在他故鄉歸順州的西北方。後來，他又跑得更遠，前往昆明西方的安寧州（今雲南省昆明市安寧市）擔任知州，距離他曾經勞神費心的臺灣高雄，已相隔了近兩千公里。對他本人而言，這又是另一道流動的旅程了。

未熄的餘火

寫信人已遙在千里；但信紙背後卻還留著餘火，尚未止熄。

一八九六年，臺灣總督府宣布卸除軍事統治，開始施行民政。雖然如此，地方的武裝抗爭行動——也就是官方眼中的「土匪」紛擾，還沒休止。

為了讓這塊「新附領土」儘可能迅速穩定下來，日本帝國將許多特殊權力賦予臺灣最高行政首長——臺灣總督。例如，將「守備混成旅團」歸總督調度，所以在第一任總督、薩摩藩出身的海軍大將樺山資紀之後，總督的位子都由陸軍將領接任，開啟了日治前期的武官總督管理時代。另一方面，日本帝國議會公布的法律第六十三號（俗稱「六三法」），也讓總督擁有自己制定與發布命令的權力。這使得臺灣總督雖然是行政首長，但也同時擁有軍事權、立法權，成為有極高權力的集權統治者。在此大權之下，「土匪」便被軍警力量持續壓制著。

與此同時，臺灣的警察權也逐漸確立了。像第三任總督乃木希典的〈三段警備法〉，把第三段平地村落區的治安工作指定給警察負責。第四任總督兒玉源太郎的〈匪徒刑罰令〉，則是將「土匪」問題納入司法制度處理，加重警察追剿、逮捕與移送的職責。而第五任總督佐久間左馬太，更是裁撤「守備混成旅團」，把原本由軍方所掌握的地方治安維護權力，全部移交給警察。

更特別的是，總督府還引用了臺灣傳統地方社會的保甲概念，頒布「保甲條例」作為警察的輔助組織。警察的角色，從此不只是治安維護者，根本就是個轄區總理。原本支撐臺灣民主國的地方社會聯庄民防系統，在這時竟轉由新政府的警察制度所掌控。老一輩人口中大小事無所不管的「警察大人」，因此誕生了。

至於〈匪徒刑罰令〉雖然採行司法程序，但因為過於嚴苛，對性命與人權的侵害，並不遜於軍隊的「臨機處分」。一九一五年，余清芳等人發起「噍吧哖事件」，總計一千四百餘人遭到起訴，高達八百餘人判處死刑，人數之多前所未見，引起日本內地輿論反彈。面對輿論壓力，第六任總督安東貞美便以年底即將舉行的大正天皇即位御大典為由，大幅施行減刑。

這是臺灣漢人最後一次大規模的武裝反抗行動，也是〈匪徒刑罰令〉最後一次適用判決。

激烈流動下的熾熱

人們對於臺灣民主國與乙未之役的印象，也許大多是拋頭灑血、忠肝義膽的抗日行動，或者是勢如破竹、同時也水土不服的日軍掃蕩，不然再多個唐景崧、劉永福隱瞞行蹤、忙亂潛逃的茶餘趣談。總而言之，一八九五年，大概就是一個群起抗日（但卻失敗）的一年。

不過，從一位實際帶領基層防務工作的外地軍官書信裡可以看到，臺灣並不是每個人都想留下來，也不是每個人都支持臺灣民主國，更不是每個人都在抗日，甚至民主國所面對的，也不只日軍一個對手。若跳脫「抗日」的單一視角，或許能看到在這段政權交替、兵馬倥傯的時局裡，原來不是只有幾位知名「大人物」而已。這塊土地上的每一個人，各有家鄉、身分與立場，都在找尋一個能夠繼續生存下去的方法。

而這場空前的變動中，也不只是臺灣民主國的事，更不只是單純的清治、日治兩種時代分期之間的隔間而已。打從十八世紀晚期開始，一股熾熱之潮就如熱水燒開般，使世界風起雲湧、直直沸騰至二十世紀。歐美、日本、朝鮮、越南、中國各地，人們從這些不同地方橫跨百千里、渡海到臺灣；而臺灣也不是最後一站，許多人繼續流徙他處。來自中國西南邊境的劉成良，就是移來遷往的其中一人。

這是一段連續的風潮，臺灣無法置身其外，因此參與了這場全球性風起雲湧的激烈潮流之中；而人們則嘗試尋找各種生存與發展契機，以不同的方法及抉擇，走過這場跨世紀的獨特洗禮。劉成良的書信也許提醒我們，在這塊土地上，還有更多故事留在不同角落與人群裡。

在這之後，臺灣接下來要面對的，是新統治者所帶來的近代國家體制、各方面的新知識，以及不同的生活文化；而人們也漸漸認識、熟悉這個遽變的結果，以及為生活帶來的影響。因此，地方社會卸下了傳統武裝，同時思索著是否有換別條路走的可能。

這段熾熱維持了約有六十年時間。溫熱往後延續，但是，人們已有不同的思想與辦法，那就是下一段故事了。

第五章

飄洋過海爭權利

政治社會運動的榮衰與分化

莊勝全

日治時期，許多人前仆後繼地為臺灣人自治的理想奉獻心力，他們既順應世界潮流而起，又力抗當局勢力的鎮壓與分化，有志同道合的同志一路相伴，也難免有道不同不相為謀的權力爭奪。雖然只是一封家書，背後卻讀出了那一代臺灣讀書人放眼天下、立足臺灣又心繫家園的掙扎。

葉榮鐘給妻子的家書

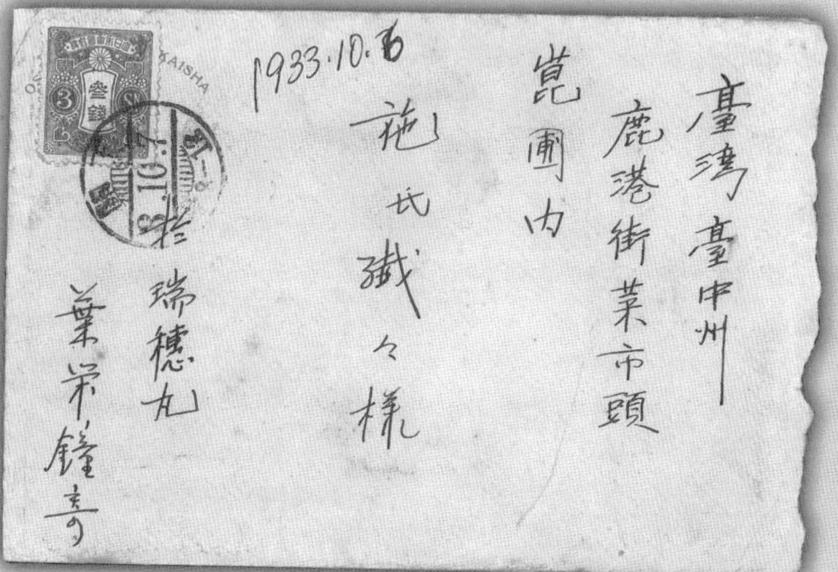

一九三三年十月六日

葉榮鐘在基隆往神戶的船上寫給妻子的書信，附帶朝鮮旅行日程。

一九三三年十月六日，葉榮鐘正搭乘瑞穗丸航行在「基隆—神戶線」的命令航路（官方指定的海運航線）上。自三天前從基隆啟航以來，這艘逾八千五百噸、載客五百多名的商船已行經大半個東海海域，即將抵達日本九州的門司港。

這幾日他染上風寒，所幸天候穩定，航行過程不至於顛簸，不會太難受。這天他在傍晚時分來到甲板上，徐徐吹來的海風已帶著幾分涼意，他打算回船艙內添件衣服，再上來看落日，以及被熏染成一片金黃的洋面。只是剛一轉身，背後就傳來喊他名字的聲音，不用回頭，就知道是同行的楊肇嘉和葉清耀找到了他，只得打消回去的念頭。

他們三人此行是受到臺灣地方自治聯盟理事會的委託，前往朝鮮進行長達一個半月的地方自治制度考察，做為向臺灣總督府提出地方自治改革的依據。啟航後，他們就約定每天要在此時此地商討行程和考察內容，眼下要討論的是確切的日程表。

葉榮鐘不是第一次往返這條航線，但他如今的身分已不再是往昔那個來去無牽掛的臺灣青年，他有了結褵兩年多的妻子施纖纖，還有剛滿一歲的長女葉蓁蓁。因此，等三人一確定行程，在船尚未靠岸前，他就滿懷歉意與思念，提筆寫信給獨留家中照顧幼女的妻子。

他在信中交代了詳細的日程——在門司短暫停留一天後，由下關搭船直抵朝鮮，依序前往釜山、大邱、京城（今首爾）、內金剛、元山、羅南、平壤等地訪問，然後轉往新成立的滿洲國，經奉天、新京（今長春）、哈爾濱、大連，最後搭船返回長崎，再前往東京，預計十一月中旬回到臺灣。

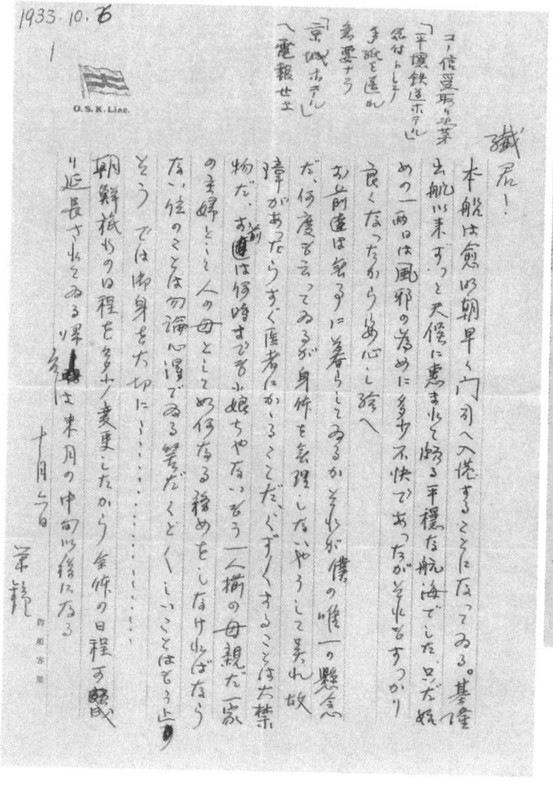

1933.10.6

1

O.S.K. Line.

コノ信受取リ次第「平壌鉄道ホテル」気付トシテ手紙ヲ送レ　急要ナラ「京城ホテル」ヘ電報セヨ

織君！

本船は愈々明朝早く門司へ入港することになってゐる。基隆出航以来ずっと天候に恵まれて頗る平穏な航海でした。只だ始めの一両日は風邪の為めに多少不快であったがそれもすっかり良くなったから安心し給へ

お前達は皆元気に暮らしてゐるか、それが僕の唯一の懸念だ、何度も云ってゐるが身体を気をつけたいやうにして呉れ　故障があったらすぐ医者にかゝることだ、ぐずぐずすることは大禁物だ、お前達は何時までも小娘ぢゃないぞう一人前の母親だ一家の主婦として人の母として如何なる務めをしなければならない位のことは勿論心得てゐる筈だ　くどくどしいことはもう止そう　では御身を大切に……

朝鮮旅行の日程を多少変更したから全体の日程も繰り延長されてゐる訳だ　帰台は来月の中旬以後になる

十月六日　栄鐘

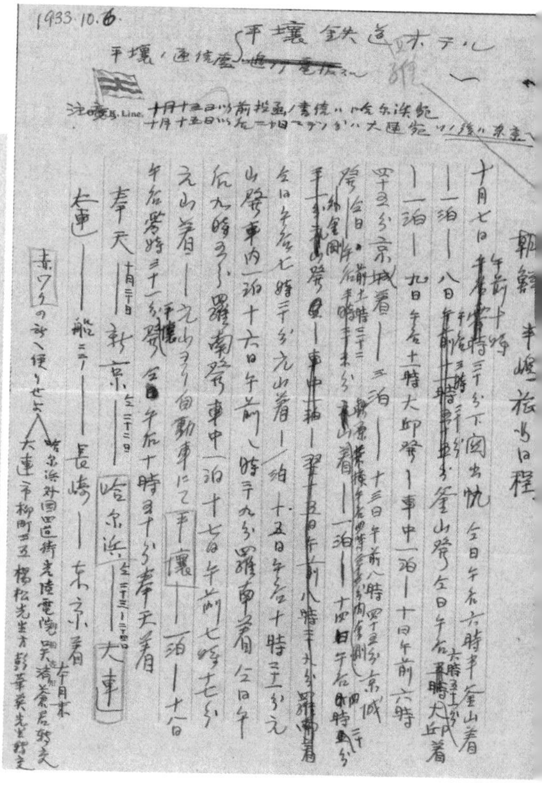

1933.10.6.

平壌ノ通信屋　平壌鉄道ホテル

一

O.S.K. Line.

注意　十月十五日以前投函ノ書信ハ哈爾浜館　十月十五日以后二十日マデノモノハ大連館ツノ後ハ東京へ

朝鮮半島旅行日程

十月七日午前十時三十分下関出帆　仝日午后六時半釜山着

一泊　八日午前[illegible]釜山発　仝日午后[illegible]大邱着

一泊　九日午后十一時大邱発　車中一泊　十日午前六時四十五分京城着　三泊　十三日午前八時四十五分京城発　仝日午后[illegible]平壌着　一泊　十四日午后四時[illegible]発　車中一泊　十五日午前八時[illegible]羅南着

仝日午后七時三十分元山着　一泊　十五日午后十時三十分元山発　車内一泊　十六日午前七時三十九分羅南着　仝日午后九時三十分羅南発　車中一泊　十七日午前七時十七分元山着　元山ヨリ自動車にて平壌　一泊　十八日午后発時三十一分平壌発　仝日午后十時五十分奉天着

奉天（二十日）　新京（二十二日）　哈爾浜（二十三～二十四日）　大連

大連　船　長崎　東京着　本月末

赤ワクの所ヘ便りせよ

哈爾浜外国四道街　[illegible]

大連市柳町三五　楊松先生方　彭華英先生　転交

◎ 書信原件：葉榮鐘致施纖纖信函 1933 年 10 月 6 日

葉榮鐘滿紙思念及掛慮，除了反覆叮嚀妻子注意身體外，他還留了移動地的通信地址，以及聯絡緊急事情的電報收發處。

葉榮鐘抑鬱的心情，或許還有更深層的緣由。從他學生時代參與政治社會運動已經十多年過去了，然而不僅臺灣人的權益仍改善有限，如今仍堅持初衷的同志也寥寥無幾了。回首來時路，他只能暗自希望這是他最後一次放下自身的一切，去幫臺灣人爭取權利。寫完信後，他原本打算上床休息，千頭萬緒卻湧上心頭，往事一幕幕浮現。

杖履追隨林獻堂：政治社會運動的第一堂課

葉榮鐘腦海中浮現的第一個身

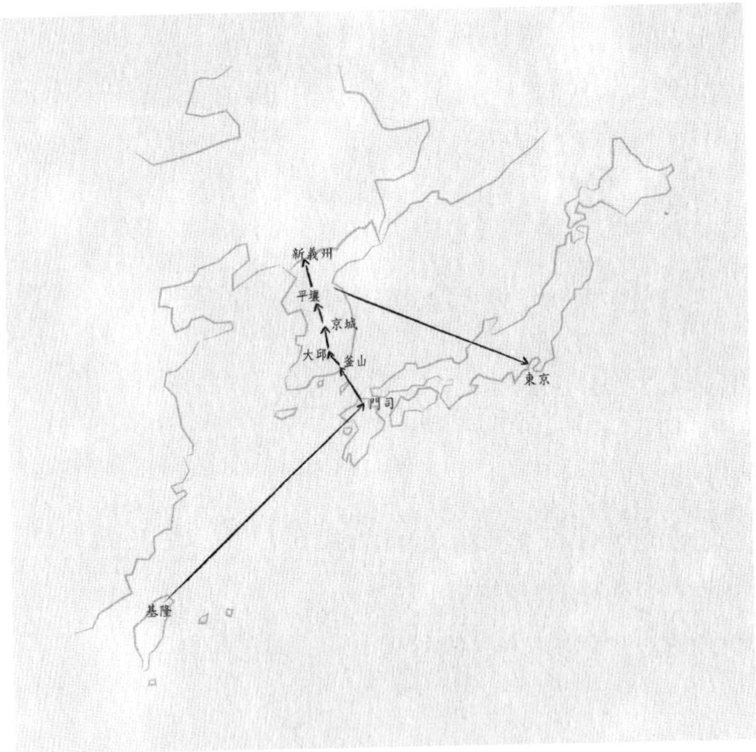

◎ 1933 年葉榮鐘的朝鮮考察行程

從基隆出發到日本九州門司，再由下關搭船直抵朝鮮，原訂前往釜山、大邱、京城、平壤，轉往新成立的滿洲國，再前往東京，最後因故只視察至新義洲。

影，是人稱阿罩霧（今臺中市霧峰區）三少爺的林獻堂。

日治初期，臺灣總督府採取的是「無方針主義」的教育政策，設立的學校都是日語教學為主的初等教育設施，中等學校以上的教育機構屈指可數。因此早期臺灣總督府醫學校與國語學校一度並稱為臺灣的「劍橋」與「牛津」，若想繼續升學，多數人選擇前往日本或中國留學。

留學的學費負擔不小，必須有一定財力的家族才能支應，比如一九二〇年前後，霧峰林家子弟有數十人赴日留學，林獻堂膝下的三個兒子與一個女兒，都有負笈日本或英國求學的經驗。林獻堂除了注重子女的教育外，也常資助有意深造的青年學子留學費用，這正是葉榮鐘會與林獻堂結識的原因。

葉榮鐘就讀鹿港公學校時的導師施家本，後來轉任林獻堂祕書，每次回鹿港就會向他生動地描述梁啟超訪臺、臺灣同化會、臺中中學校運動與六三法撤廢運動的經過，可以說他的青少年時期，就如同親身經歷了早期的政治社會運動一樣。雖然當時他還沒有見過林獻堂，卻對林獻堂的大名如雷貫耳了。

一九一八年在施家本的引介下，兩人才有了第一次會面。當時葉榮鐘為了籌措留學的學費，前往霧峰林家接受林獻堂的面試考核，在萊園（即霧峰林家花園）拿到資助後不久，葉榮鐘前往了東京留學。此時適逢第一次世界大戰結束，美國總統威爾遜在巴黎和會上提出包含「民族自決」在內的十四點和平原則。這十四點原則不僅改變了歐洲的政治版圖，也牽動了東亞的政治局勢。

一九一九年，以朝鮮獨立為訴求的「三一運動」正式展開，這是朝鮮民族意識抬頭的一場大規模示威活動。在對岸的中國，也爆發了以知識界和青年為主的五四新文化運動，探索國家未來的發展。至於日本國內則處於「大正民主時期」，在政治、社會及文化風氣上都較傾向於自由開放的民主主義，同時也出現了改善殖民地統治的呼聲。

這些沛然莫之能禦的世界局勢與浪潮，最終席捲了臺灣社會。一九二〇年代初期，包含葉榮鐘在內的東京臺灣留學生已達兩千四百餘人，他們在帝都親炙時局脈動，並站上風尖浪頭成為爭取殖民地統治改革的急先鋒。

一九二〇年一月，林獻堂與蔡惠如前往東京與留學生成立「新民會」，開始在島內外分進合擊推行臺灣統治的改革運動，並創辦刊物《臺灣青年》來溝通信息、宣揚理念。

同年九月，東京留學生更合組「東京臺灣青年會」，推行臺灣議會設置請願運動，向日本帝國議會要求成立擁有特別立法權與預算審議權的臺灣議會。隔年二月，受到林獻堂的積極鼓勵，葉榮鐘連署了第一回提出的請願書。當時的他完全沒有想到，這會成為他日後涉足政治運動的開端。

連署請願的後遺症，不久後就顯現了。一九二一年夏天，葉榮鐘返臺後進入林本源製糖株式會社溪州糖場工作，未滿半年就被場方以曾參與議會請願連署為由解職，背後的黑手顯然是臺灣總督府。生活困頓之際，林獻堂又伸出了援手，延攬葉榮鐘為隨身的通譯兼祕書。此時，從總督府醫學校畢業的蔣渭水等島內知識青年及有志之士，熱情響應臺灣議會請願運動而倡組

「臺灣文化協會」，並公推林獻堂為總理。

於是，葉榮鐘的第一份工作，就是馬不停蹄地跟著林獻堂到各地演講，宣揚設置臺灣議會的理念。

全島大搜捕：治警事件

面對來勢洶洶的文化協會，臺灣總督府當然不會袖手不管。政治社會運動要角之一的蔡培火，早在葉榮鐘之前就已被總督府盯上。蔡培火於一九一〇年代初期從總督府國語學校畢業後，在臺南第二公學校擔任教職，卻因為參與日本民權運動家坂垣退助所推行的「臺灣同化會」活動而被迫離職，也同樣在林獻堂資助下前往東京高等師範學校留學，後來成為臺灣政治運動的領袖之一，並且是《臺灣青年》最初的編輯兼發行人。

◎ 1928 年前後，葉榮鐘（前排左二）與新民會成員攝於東京

諸如此類的警告與施壓，還發生在不少公職人員、會社職員以及特許專賣權利者的身上，不是遭到無故免職，就是吊銷執照。但是，更令人驚懼的，是總督府甚至動用統治機器與法律體系來直搗運動核心，為此，葉榮鐘還體驗了一回驚心動魄的情報戰。

蔡培火、蔣渭水原本計畫在文化協會之外，另組織以設立臺灣議會為直接目標的「臺灣議會期成同盟會」，但申請時被臺北北警察署（今臺北市大同分局）以危害安寧為由予以駁回，後來轉至東京早稻田警察署申請才獲准，沒想到，總督府卻以違反「治安警察法」為由，於一九二三年十二月十六日拂曉展開全島大搜捕，共計有九十九人遭到搜查、扣押或傳訊，此即著名的「治警事件」。

雖然臺灣已歷經田健治郎、內田嘉吉兩任文官總督的治理，但對於政治運動的動態與輿論監控仍未有絲毫鬆綁。在治警事件後，總督府甚至要求島內三大報社《臺灣日日新報》、《臺灣新聞》、《臺南新報》保持緘默，讓島內氛圍更顯風聲鶴唳。

為了突破言論封鎖，事發隔日中午葉榮鐘在林獻堂的首肯下，趁著午飯時間擺脫特務人員監視，急踩自行車至臺中追分站，再搭乘海線火車前往臺北，密訪《東京朝日新聞》的蒲田特派員，託他轉告報社的政治部長神田正雄詳細報導事件經過，並轉告日本政要。接著，葉榮鐘再到大稻埕的大安醫院告誡蔣渭水胞弟蔣渭川等人切勿輕舉妄動，以免引來警務局更大規模的搜捕。

當晚，葉榮鐘藏身於同鄉丁瑞魚所就讀的臺灣總督府醫學專門學校宿舍，等到隔天一大早搭火車至基隆，將三封密函交給日本郵船「因幡丸」號的一位服務生，請他抵達神戶後把信寄出去，一封寄到東京臺灣青年會，另外兩封分別寄給《臺灣民報》的總編輯林呈祿，以及就讀於明治大學政治經濟科的好友莊垂勝。整起事件在葉榮鐘如同「特務」的多方操作下，總算曝了光。

「臺灣人」之路

想來倒也可笑，其實總督府的算盤完全打錯了，在大張旗鼓的治警事件後，反而促成了臺灣人民的政治覺醒。蔣渭水等人藉由法院的公判開庭，得以完整論述「臺灣人」的主張，不僅大大鼓舞民心，政治社會運動更邁向前所未有的榮景，當時真的一股腦認為「三百六十萬臺灣人」就要出頭天了！

一九二四年七月下旬至八月上旬，一審一共召開九次公判庭，檢察官三好一八不斷重申官方「同化主義、內地延長」的統治方針，並以琉球為例，強調將臺灣人同化為日本人的可能性與必要性。

對此，蔣渭水則以國民、民族與人種三項概念予以駁斥，說臺灣人是擁有日本國籍的日本「國民」，雖然在「人種」上與日本同為黃種人，但在人類學的分類上卻是屬於「漢民族」。並以瑞士為例，說明縱使臺灣人與日本人雙方在文化上不屬於同一個民族，亦不妨礙同為一國之國民，因為組成國家最重要的基礎不是共同的文化，而是共同的利害關係。換言之，強制要將臺灣人同化為日本人既沒必要且無意義，何況同化是自然且無為而成的，不是人為壓制可以做到的。

蔣渭水等人在法庭上的精采答辯，全程記錄在《臺灣民報》一九二四年九月出刊的「臺灣議會期成同盟會治安警察法違反嫌疑事件第一審公判特別號」，發行後立即銷售一空，此時隨著請願運動所逐步實踐而成的「以中華民族做日本國民的臺灣人」的身分認同，不僅在法庭上愈辯愈明，更隨著《臺灣民報》的熱賣與流通，以及各地讀報社的宣講效果，而越發深植人心。

治警事件所點燃的臺灣人認同及政治熱情，效應遠遠超過殖民政府的預料。審判期間，法庭內每每座無虛席，而在一九二五年二月三審定讞後，不僅蔡培火、蔣渭水、蔡惠如等人入獄時有民眾夾道相送，他們在獄中所寫的詩詞、文學、散文和日記，也引爆了《臺灣民報》一波波的熱銷，八月底的發行量更突破了一萬份，足以跟立場偏向總督府的三大報匹敵。蔣、蔡等人出獄後，更巡迴臺灣各地舉辦文化講演會，所到之處均吸引了眾多人潮。

趁著民氣可用，一九二五年二月，林獻堂親自出馬，率領葉榮鐘、楊肇嘉、邱德金上京遞交第六回臺灣議會的請願書。雖然是因為政治運動的要角相繼入獄，使得林獻堂不得不挺身而出，但重整旗鼓、加強民眾對議會請願的信心才是最主要的原因。在治警事件發生不久後，一九二四年一月的第四回連署只有七十一人，到了六月一審前的第五回連署，人數也只略升到兩百三十三人。

後來在林獻堂號召下，第六回連署人數已達到七百八十二人，到了一九二六年二月及一九二七年一月的第七、第八回連署，更開出了高達一千九百九十人與兩千四百七十人連署的紅盤。

北方吹來十月的風：左翼思潮的滲透

「那是最好的時代，也是最壞的時代。」這是《雙城記》的開卷名言，也是葉榮鐘的切身感受。在連署人數達到前所未有的高峰時，原本統一戰線的臺灣文化協會卻因為左右路線之爭而分裂，葉榮鐘只能徒呼負負。一股來自日本、中國的社會主義思潮，幾乎全面席捲了臺灣的知識界與言論界，其影響之迅速是眾人始料未及的。

包括葉榮鐘在內的部分留學生，是臺灣議會設置請願運動的主力與臺灣文化協會的要角，甚至是主筆《臺灣民報》的核心陣容；但同時也有一些留學生接觸到各式各樣的社會思潮，還將左翼思想引進臺灣。

例如，在北京創立新臺灣安社的無政府主義者范本梁，一面批判議會設置運動，一面強調以暗殺、暴動的手段推翻總督府；明治大學政治經濟科的彭華英是最早在《臺灣青年》上撰文介紹社會主義的留學生，後來更與中國、朝鮮的社會主義者接觸，是留學生中的指標性人物。

一九二三年，中國國民黨總理孫文和第三國際代表越飛（A. A. Joffe）發表聯合宣言，展開與蘇聯及中國共產黨的合作關係，此舉影響了長期關注中國革命運動的蔣渭水、連溫卿等島內知識青年。他們組織的「社會問題研究會」雖然在當局禁止下未正式成立，但對左翼思想的持續關注，最終成了影響日後政治社會運動走向的伏流。

向左走向右走：臺灣文化協會的分裂

一九二六年八月，陳逢源在《臺灣民報》上發表〈最近之感想（二）：我的中國改造論〉一文，引發了以中國問題暗喻臺灣前途與路線的「中國改造論爭」，終於讓文化協會內部的左右之爭浮上檯面。陳逢源認為社會進化是一個無法跳躍的漸進過程，因此在資本主義發展到極致之前，社會主義無法實現，所以仍處於軍閥割據的中國，應該全力往資本主義發展。

十月，許乃昌在《臺灣民報》上發表了〈駁陳逢源氏的中國改造論〉一文，駁斥陳逢源誤解了馬克思主義，他認為正因為中國的資產階級受到帝國主義豢養而動彈不得，才要寄望無產階級領導的全面鬥爭來打倒帝國主義與資本主義的統治者。

至此，文化協會內部在堅持走民族運動路線、以臺灣議會的設置為終極目標的穩健派之外，又整合出一群主張階級鬥爭，以解放臺灣無產階級為目的而結盟的左翼勢力。至於「臺灣人」的含意，則更進一步深化為「擁有自決權的世界弱小民族」，不再只局限於漢民族的意涵。

接下來，就是雙方陣營爭奪主導權的局面了。左翼一派先是在一九二六年第六次文化協會總會上通過「有政治結社必要」的決議，再由總理林獻堂指名八位修改會則的起草委員，於一九二七年一月的臨時總會提出討論。然而，起草委員之間也因思想對立，導致提案分裂成三類：蔡培火案維持文化協會傳統的理事制度，總理具有領導與決策權限；連溫卿案師法俄國蘇維埃式的委員制，設有無決議權的委員長，強調集體領導；蔣渭水案則師承中國國民黨的委員制，但維持總理一職，類似蔡、連兩案的折衷版。

一九二七年一月二日，文化協會先在臺中東華名產會社舉行理事會，為了避免分散票源而讓連溫卿案得利，蔣渭水先行撤案，但投票結果仍以連案的委員制囊括多數選票。翌日在臺中公會堂舉行的臨時總會上，連溫卿先是率領了十多名臺北無產青年加入文協，並在逐條審議會則議案時，讓這些人喧譁支配會場，不讓連派以外的其他人有討論機會，而以壓倒性的聲勢通過他們的主張。蔡培火、蔣渭水及謝春木等舊幹部後來棄權退場，臺灣文化協會正式分裂。

一直以來為文化協會出錢出力的林獻堂眼見事已至此，決定暫時放下一切，在兩位兒子林攀龍、林猶龍隨行並擔任翻譯下，於一九二七年五月出海展開為期一年的環遊歐美之行。葉榮鐘也在八月第二度受林獻堂資助，再次赴東京就讀中央大學政治經濟科。

「水火不容」的臺灣民眾黨

更令人灰心的是，林獻堂、葉榮鐘一離開臺灣，左翼思潮的影響力更是日益壯大，在後續的兩三年內，群龍無首的請願陣營又陷入了二度分裂的危機。

蔣渭水與蔡培火等退出文化協會的舊幹部經過多次嘗試後，一九二七年六月，以「臺灣民眾黨」為名提出組黨申請，七月十日，臺灣民眾黨正式在臺中聚英樓舉行成立大會，這是臺灣歷史上第一個合法成立的政黨。

執政當局之所以沒有反對臺灣民眾黨的成立，主要是他們也樂見臺灣人的政治運動左右分裂，不想看到被逼得走投無路的文協舊幹部再回鍋與左傾的新文協合流；此外，民眾黨裡更多的是穩健派與資產階級，只要稍予監視、誘導就能掌握該黨走向。

臺灣民眾黨成立一週後，代表右翼民族運動言論出口的《臺灣民報》，也在七月十六日獲准由東京移入臺灣發行，理由同樣是基於掌控右翼動向、壓抑左翼言論的分化考量。

由於新文協與民族運動徹底斷絕關係，臺灣民眾黨一面接續過往文化協會的活動，一面接下臺灣議會設置請願運動的棒子，持續遞交請願書，並在反對恢復總督府評議會、廢除保甲制度、倡議地方自治改革等政治議題發聲。未料，在看似重整旗鼓的背後，臺灣民眾黨依然誤中了分裂的魔咒。

首先，是創黨初期「北水南火」的路線之爭。蔡培火所代表的「合法民族運動派」，仍維持以訴諸輿論和啟蒙島民的方式來追求「殖民地自治」的目標，容不了一絲一毫的左派色彩；而「急進民族主義派」的蔣渭水則深受孫文主義影響，主張將階級鬥爭導入民族運動裡的全民運動。

在林獻堂因環球之旅而缺席的情況下，「水火不容」的爭權無人居中調解，最終沒有林獻堂支持的蔡培火敗下陣來，主動辭去幹部職務。

蔣渭水一派在得勢後，民眾黨又與新文協展開勞農階級領導權的爭奪。由於臺灣農民組合（一九二六年九月成立）與新文協的合作比較密切，民眾黨轉而將階級運動的重心放在工人運動上，一九二八年二月，在蔣渭水指導下的「臺灣工友總聯盟」於臺北蓬萊閣成立。

此舉又引發主要幹部彭華英的不滿，他雖然受過社會主義洗禮，卻認為民眾黨的要務在於伸張臺灣人的參政權，而非走向激進的階級運動，因此他發出聲明退黨，蔡培火也宣布退出民眾黨一切活動。而在失去節制的情況下，工友總聯盟逐漸壯大，反而成為左右民眾黨走向的實力團體。

最後，脫離民眾黨的人士，在一九三〇年推舉楊肇嘉籌組「臺灣地方自治聯盟」，同年五月葉榮鐘自中央大學畢業後，也被敦促返臺幫忙。八月，臺灣地方自治聯盟於臺中市成立，由葉榮鐘擔任書記長，負責籌畫在全臺二十四處的巡迴演說。臺灣民眾黨為了

◎ 1927 年 4 月 18 日，林獻堂（坐者右三）與葉榮鐘（立者右三）等人於關仔嶺溫泉合影

防止出走潮，宣布凡是加入自治聯盟者，一律開除黨籍。

於是，議會請願陣營第二次分裂，整體運動路線更被迫限縮成爭取地方自治。正因為這些過往，才有了葉榮鐘三人前往朝鮮的地方自治考察。而在參與地方自治聯盟的過程中，葉榮鐘於一九三一年四月下旬在鹿港完成了與施纖纖的終身大事，婚禮費用同樣泰半來自林獻堂的資助。

與死亡擦身而過的國境邊上

葉榮鐘一行抵達門司

一九三三、十、十六
視察朝鮮地方自治制度旅次登
朝鮮最有名之金剛山合影
一九三三 中秋

◎ 楊肇嘉與葉榮鐘於中秋登朝鮮名勝金剛山之合影

後，再轉搭客輪前往朝鮮，約半天光景便抵達釜山。他們依著商定的日程考察，一路行經大邱、京城、金剛山、元山、平壤等地，並於十月十六日走訪名勝金剛山長安寺。

當天由於天候不佳，葉清耀並未隨行登山，而是先行搭車前往溫井里。葉榮鐘與楊肇嘉則在李姓高等特務的嚮導下，冒雨徒步攻頂長安寺的毘盧峰。登山過程雖然艱辛（葉榮鐘於日記中直言「這次登山對胖胖的楊氏來說實在很辛苦」），但看到眼前的天下絕景時，一切辛苦都值得了，葉榮鐘甚至興起有一天要帶妻子親眼見識的念頭。

葉榮鐘在京城及元山各寫了一封家書，還將沿途購買的人參、紅參粉末、參精、甘栗及玩具等名產寄給施纖纖母女。途中，他也收到妻子來信，知道這兩週家中一切安好後，才稍解了心中掛念。

原以為這趟淬煉身心靈的長途旅行會就此順利進行，不料十月二十二日結束朝鮮的地方

◎ 葉榮鐘與施纖纖結婚照，攝於 1931 年 4 月 26 日

自治法案考察後，在前往奉天途中，葉清耀於新義州突發腦溢血，三人只得暫時停留在這個殖民地朝鮮與滿洲國交界的城市。此時距滿洲國新立還未滿兩年，由日本扶植的前清皇帝溥儀以「大同」為年號，擔任滿洲國執政，不久後將改元「康德」，第三度登上帝位。

葉清耀突然病倒勾起了葉榮鐘哀傷的回憶，這些年來還能齊力合作的同伴日漸稀少，除了內部一再分裂而分道揚鑣之外，另一個因素就是生命的凋零。

例如出身臺北艋舺的徐慶祥，一九一〇年自臺灣總督府國語學校畢業後，通過普通文官試驗，先後擔任過教員及其他公職，後來在從事實業之外，又接下《臺灣青年》的臺灣取次人（經銷代理人）一職，並負責購讀費用之徵集，最後因積勞成疾而於一九二一年五月病逝東京，年僅三十四歲。

而在文化協會分裂後，被葉榮鐘譽為「臺灣民族運動鋪路人」的蔡惠如也隕落了。曾任臺中區長的蔡惠如出身清水望族，臺灣同化會失敗後憤而辭職並變賣家產，遷居福州倉前山經營漁業。一戰後民族自決思潮蔓延時，蔡惠如是最早與日本留學生接觸的臺灣士紳，「新民會」就是一九二〇年在蔡惠如的東京寓所舉辦成立大會，而他本身也出任副會長（會長為林獻堂）。該會的代表刊物《臺灣青年》是蔡惠如在經商失利下仍捐資一千五百圓相挺，才得以順利發行。

相較於冷靜、嚴肅的林獻堂，熱情浪漫的蔡惠如在當時更受留學生歡迎。除了留日學生，他也與留學中國北京、上海等地的臺灣學生密切聯繫，被視為「祖國派」（將臺灣脫離日本殖民統治的希望寄託於中國的強盛）的代表人物。

治警事件三審定讞後，被判刑三個月的蔡惠如由清水搭火車赴臺中入獄，沿途送行的民眾不絕於途。一九二七年隨著穩健派退出文化協會，蔡惠如也逐漸淡出政治運動。一九二九年五月罹患腦溢血，由福州返回臺北治療仍告不治，得年四十九歲。

此外，臺灣地方自治聯盟成立未滿一年，長期在政治運動路線與決策上扮演關鍵角色的蔣渭水也與世長辭了。當時正逢日本國內軍部勢力與右翼團體抬頭，開始壓制左翼言論與行動的勢頭上，臺灣總督府也於一九三一年開始大肆逮捕臺灣共產黨成員，致使臺共、農民組合與新文協等組織崩解潰散，僅存各地零星的活動。

同年二月，蔣渭水欲進一步在臺灣民眾黨全島黨員大會上，將綱領黨則修改成「以農工階級為中心的民族運動」，然而無論是往農工階級靠攏的左翼傾向，或是民族運動的形式，甚至他在黨內的影響力，都觸犯了當局的底線，旋遭警方以觸犯〈治安警察法〉第八條第二項為由勒令民眾黨解散。雖然後來蔣渭水仍想組織無產階級的聯合運動，卻在八月間因罹患傷寒延誤治療而去世，年僅四十歲。

蔣渭水的告別式採用代表無產階級的「大眾葬」，千餘名送葬者擠身大雨滂沱的臺北街頭護送靈柩，但會場上則遲遲不見林獻堂等昔日戰友到場。

林獻堂之所以缺席，是聽了蔡培火的苦勸，原因有二：林獻堂是地主資產階級的代表，而告別式上必會有人唱罵打倒自治聯盟。最終，林獻堂選擇同一天在臺中舉辦蔣渭水追悼會。由此可見，戰線分裂與思想差異所帶來的傷痕，並未隨著蔣氏離世而煙消雲散。

值得一提的是，驚懼於死亡陰霾的不只有葉榮鐘。同行的楊肇嘉在戰後出版的回憶錄中，也特別記錄葉清耀因用腦過多而遽發腦充血一事，並感歎：「我們自治聯盟失去了一位勇敢的鬥士，也為臺灣地方自治奮鬥史上留下了悽愴的一頁。葉博士的死，是為爭取臺灣地方自治，也可以說是為臺灣人民殉職。」

事實上，由葉榮鐘寫給妻子的數封信件中可知，葉清耀的病況並沒有想像中嚴重且恢復良好，若沒有劇烈變化，約兩星期就可復原（葉清耀回臺後還先後在臺北、臺中開設律師事務所，至一九四二年去世）。只是滿洲國之行告吹，只能留在「煞風景的國境地帶」靜觀其變，心中不免鬱悶。十月二十八

一九三三．十一．五
在東京与新民會員合影
拓相於官邸前
余与書記長葉榮鍾氏訪永井
一九三三．十一．九

◎ 楊肇嘉與葉榮鐘於東京造訪新民會員與拓務大臣永井柳太郎之留影

日，葉清耀長子葉作樂由東京趕往朝鮮照顧父親，葉榮鐘則與楊肇嘉搭船前往下關，再轉特快車前往東京，預計在兩星期內分別向首相齋藤實、拓務大臣永井柳太郎、臺灣總督中川健藏與總督府內務局長小濱淨鑛提出報告，並與新民會員敘舊、交換意見。

這是葉榮鐘留學回臺後暌違近四年再次踏上帝都的土地，只覺繁華依舊，非貧苦人可久待之地。

未竟之路

葉榮鐘三人在朝鮮之旅後，將沿途見聞寫成了《朝鮮地方制度視察報告書》，除了詳細描述朝鮮現行的道制、府制、邑面制等地方自治制度外，也評述了當地的經濟、教育及政治概況，更提出朝鮮與臺灣同屬殖民地，但臺灣在經濟、教育及人民的政治自覺上都比朝鮮優秀，唯獨在地方自治等政治組織上，朝鮮要比臺灣更接近日本內地採行的地方自治制。因此，臺灣不僅要進一步將地方協議會由諮詢性質改為議決機關，也要避免朝鮮以納稅額做為限制選舉標準的缺陷。

針對三人提出的報告書與建議，拓務省最終仍堅持臺灣施行地方自治的時機還沒到，沒有給予任何相關的具體改革行動與承諾。

具體而言，從民眾黨解散到地方自治聯盟派員前往朝鮮考察這段期間，除了由《臺灣民報》

改組而成的《臺灣新民報》獲得總督府首肯，於一九三二年四月正式發行日刊，成為第一份由臺灣人集資而成的新聞日報之外，其餘如議會設置請願和地方自治的施行都沒有實質進展。雖然一九三三年二月第十四次議會請願尚有一千八百五十九人連署，但仍遭貴眾兩院以「不採擇」退回，整體運動已屬強弩之末。

諷刺的是，在民眾黨之後扛下議會請願重擔的地方自治聯盟，其主要訴求與議會請願所要達成的目標明顯違和，這一點竟成了請願運動劃上休止符的關鍵。

臺灣總督府與帝國議會屢次駁回將臺灣議會的請願案排入議程，原因在於殖民統治者絕不允許通過以全島為範圍的臺灣議會，而讓已經成形的「臺灣人」認同意識擁有制度化的基礎。相反的，殖民政府更樂見林獻堂等人關於地方自治的申請與動員，如此形同將整個臺灣分割成一塊塊層級更小的行政單位，整併入日本的地方行政體系中，反成為一種「去民族化」的政治社會運動。

換言之，臺灣地方自治聯盟不只運動方向被限縮，更往總督府提倡的「同化主義」方向走去，而與議會請願運動所追求的「自治主義」目標漸行漸遠。

一九三四年二月，第十五回的議會請願仍未獲採擇後，七月臺灣總督中川健藏召見林獻堂，要求即刻終止議會請願運動，以免落入追求獨立的口實而致使地方自治的請求也遭到反對。最終，林獻堂、蔡培火等人決定遵從官方勸誘，終止請願以換取地方自治之實行。

一九三五年四月，總督府公告「臺灣地方自治制度改正案」，明訂十月一日開始實施，內容規定市街庄議員半數官選半數民選，且有納稅額五圓的資格限制，甚至地方議會僅具諮詢功能，而非議決機關。

此案全然悖離地方自治聯盟所要求的標準，不但距離「自治」的目標尚遠，更重蹈了朝鮮地方自治制度的缺陷。停止議會請願活動竟然只換得如此結果，林獻堂當然不會滿意，因此要求將聯盟改組為政治結社繼續從事運動，但聯盟內部卻已傳出解散的聲音。

臺灣地方自治聯盟最終於一九三六年八月解散，實際上，無論解散與否，在接續而來的戰爭期間，任何政治運動都不會有生存空間。

當時，葉榮鐘早在自治聯盟搖搖欲墜的一九三五年底，就轉進日刊《臺灣新民報》擔任通信部長兼論說委員，除了彙整來自臺灣社會各處的地方新聞外，每週也要負責撰寫一篇日文社論。這份起始於新民會創立初期而開辦的《臺灣青年》，歷經了《臺灣》、《臺灣民報》等不同階段，號稱「臺灣人唯一之言論機關」的殖民地報紙，至此竟成為政治社會運動陣營僅存的一絲香火，並不斷遭受「皇民化」浪潮的席捲、改組與重整。

臺灣人自治的理想就在社會內部不斷分化、殖民政府細緻操控，以及東亞時局的快速變遷下，幻化為一條漫長又遙遠的夢想之路。戰後由葉榮鐘執筆，與蔡培火、吳三連、陳逢源、林伯壽聯名發表的《臺灣民族運動史》（一九七一年出版），以及葉榮鐘次女葉芸芸據其手稿編輯成的《日據下臺灣政治社會運動史》（二〇〇〇年出版），正是臺灣人在這條漫漫長路上掙扎前進的重要見證。

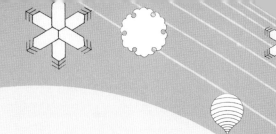

第六章

菲島來信

臺灣人在菲律賓群島的戰爭經驗

陳柏棕

從昭和十六年（一九四一年）開始，日軍把戰場轉移到菲律賓之後，陸續有臺灣年輕人一波波被送往這個新戰場。隨著情勢逆轉，他們跟著節節敗退的日軍深入山區，在砲火、疾疫、飢餓中苟延殘喘。這些人不管是生是死，餘生歲月都將在無盡的黑暗中摸索，獨自舔舐創傷……

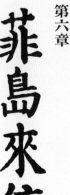

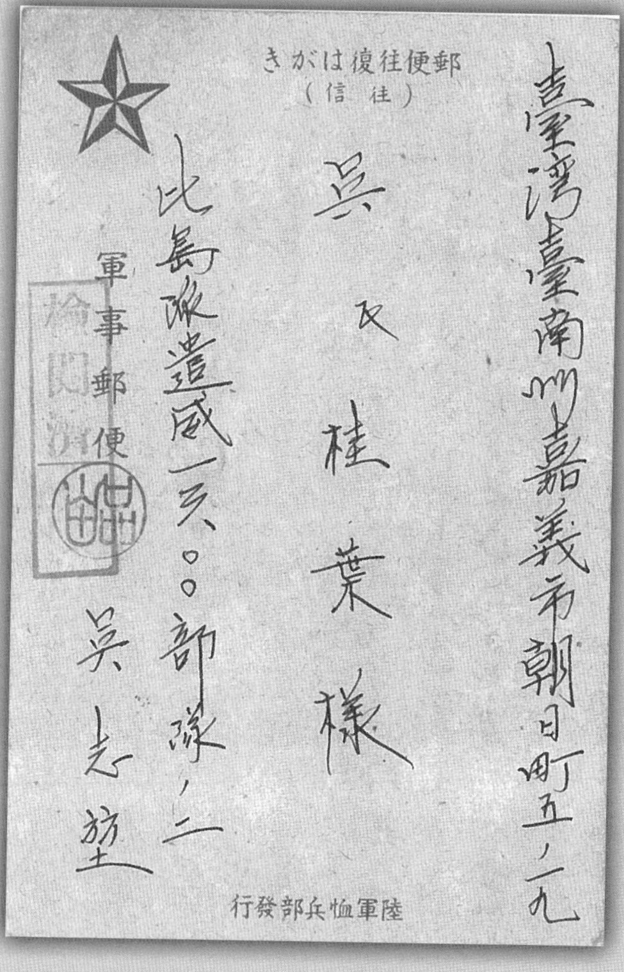

一九四四年四月寄到

吳志堃與賴文質、賴阿宣兄弟，從菲律賓寄回臺灣的家書。

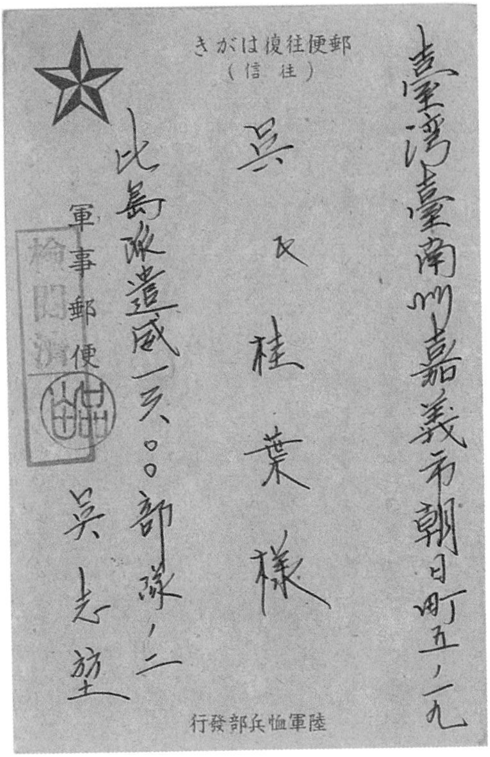

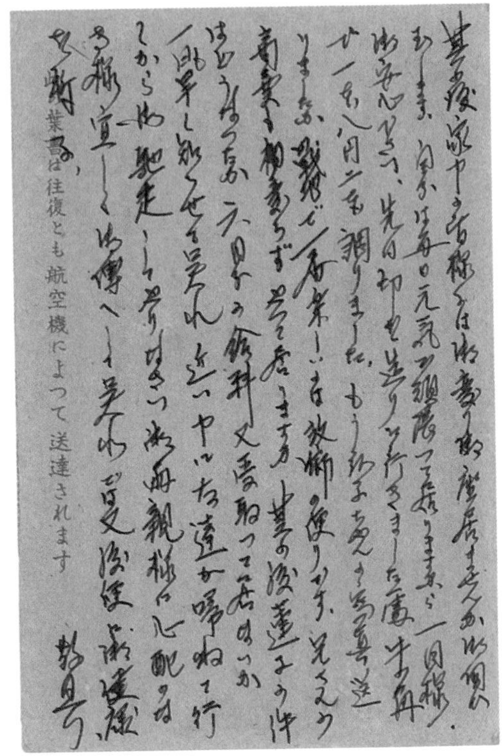

◎「其の後、家中の皆様は御変り御座居ませんか。御伺ひをします。自分は毎日元気に頑張って居りますから一且様、ご安心なさい。先日、印を造りに行きました。犀牛の角ひ、一を八円二銭を調りました。もう弘子ちゃんの写真、送りましたか。戰地で一番楽しいのは故郷の便りです。兄さんの商売は相変わらずやって居りますか。其の後、蓮子の件はどうなったか。六月分の給料又受取って居ないか、一日早くも知らせて呉れ。近い中に友達か尋ねて行ってから御馳走して挙げなさい。御両親様に心配のない様、宜しくお傳えて呉れ。又便りに。御健康を祈る。敬具。」（原文）

「自上次以來，家裡的一切是否無恙？大家都還好嗎？捎信以表問候。我每天都活力十足地努力著，還請安心。前幾天去刻印章，訂了犀牛角材質的，一個八圓二角。弘子的照片已經寄過來了嗎？在戰地最開心的事情就是收到來自故鄉的信件了。哥哥的生意一如以往地繼續著嗎？後來，蓮子的事情如何了呢？六月份的薪水又還沒領到呢！希望儘快給我消息啊！最近會有朋友去家裡拜訪，請好好招待哦。還有幫我轉達父親、母親，請他們不要擔心。那就先這樣，我會再寫信來的。祝健康，謹上。」（譯文）

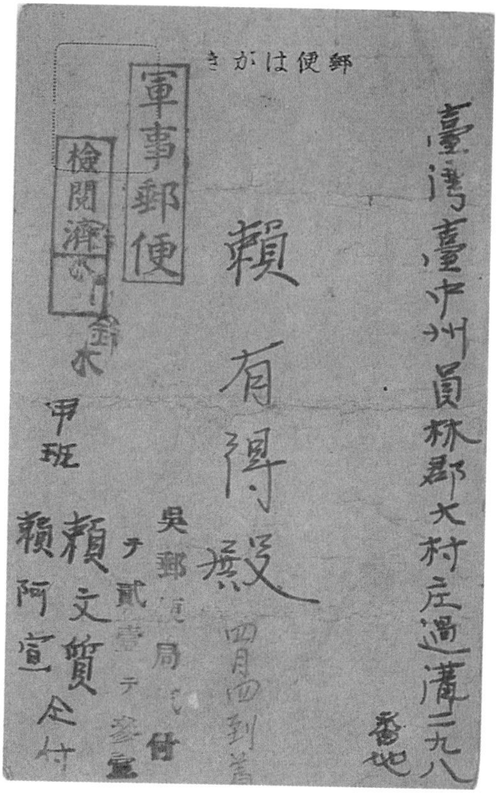

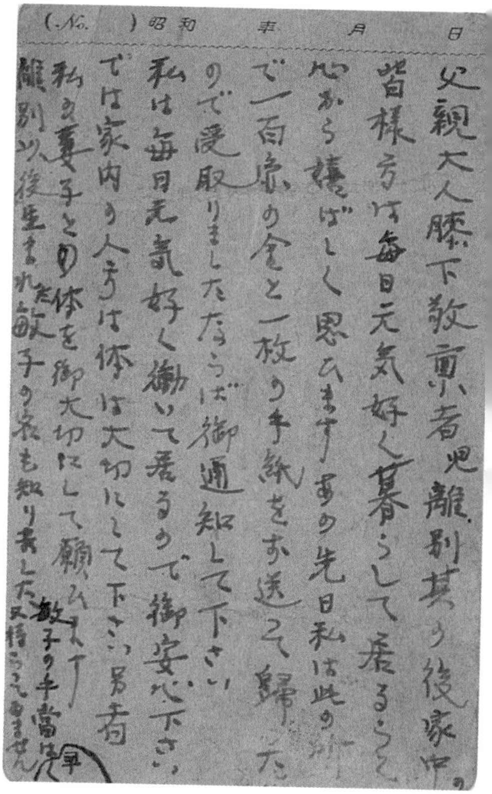

◎「父親大人膝下敬稟者 兒離別其の後家中の皆樣方は每日元気好く暮らして居ること心から嬉ばしく思います。あの先日、私は此の所で一百原の金と一枚の手紙を送って帰ったので、受取りましたならば御通知して下さい。私は每日元気好く働いて居るので、御安心下さい。では、家内の人方は体は大切にして下さい。另者、私の妻子との体をご大切にしてお願います。離別以後生れた敏子の名も知りました。敏子の手当は早く又待らってるません。」(原文)

「父親大人 膝下，敬稟者：對於兒離家以來，家中諸大人日日安好，由衷欣喜。日前，我從此地寄出金一百圓與一封信，若已收取，還請給予通知。我每天都精神抖擻地工作著，請安心。那麼，請家中諸大人，保重身體。另希冀與我的妻子一起珍重身體。我也已經知道離別後才出生的敏子的名字。敏子的祝賀禮金請儘早【準備】，莫要延遲。」（譯文）

這兩張明信片分別是吳志堃、賴文質和賴阿宣，在距今七十餘年前從菲律賓戰地寄回的家書。吳志堃當時居住的朝日町，由東至西分為六丁目，因是位於嘉義市區東邊，取旭日東升之意。除了髮妻桂葉，透過寄出的信件可知他在故鄉有父母、從商的兄長，或許還有一個名叫弘子的女兒。另一張明信片的寄件人是來自臺中州員林郡大村庄過溝的賴文質與賴阿宣，他們共同署名寫給父親賴有得，所以兩個人應該是兄弟關係，而且至少有一人已經有妻子了。

這時，日本殖民統治臺灣已近半個世紀，島內的交通網絡漸趨完備，不過一般人若無特別原因，仍因生活環境與經濟條件的限制，在南北移動上不是很方便與頻繁，甚至有人從來沒有離開過自己的家鄉。現在卻因為戰爭的關係，吳志堃、賴文質與賴阿宣兄弟第一次出遠門，很可能就是遠赴南方戰地。他們跟著軍隊到了菲律賓，展開一段從未料想過的旅程。

帝國南進的中央站：菲律賓群島

日本帝國統治下的臺灣，沒有獨立自主的權利，做為殖民地的宿命，只能配合殖民母國的腳步前進。當帝國在亞洲燃起熊熊戰火，掀起滔天巨浪，此時臺灣也被迫捲進戰爭狂潮。

昭和十二年（一九三七年）七月七日，日軍製造盧溝橋事變，向中國發動全面性戰爭。四年之後，為突破戰爭僵局，又襲擊停泊於珍珠港基地的美國太平洋艦隊，擴大戰爭規模，戰火繼續向太平洋蔓延。後來又為了取得戰爭所需資源，日本帝國將南進終點設在印尼爪哇的石油與熱帶資源產區，而阻擋在前的關卡便是菲律賓群島。

從地理關係來看，菲律賓群島是連繫日本與南洋航路的中央站，完全控制菲島，成為日本帝國南進與確保南方資源北送的絕對要件。但是群島當時由美國掌控，也是美軍在東方重要的海空軍基地，所以日本與美國開戰後的第一個作戰目標，就是消滅在當地的軍事部署。當日軍在珍珠港取得豐碩戰果的同時，也立即向菲律賓群島進攻。

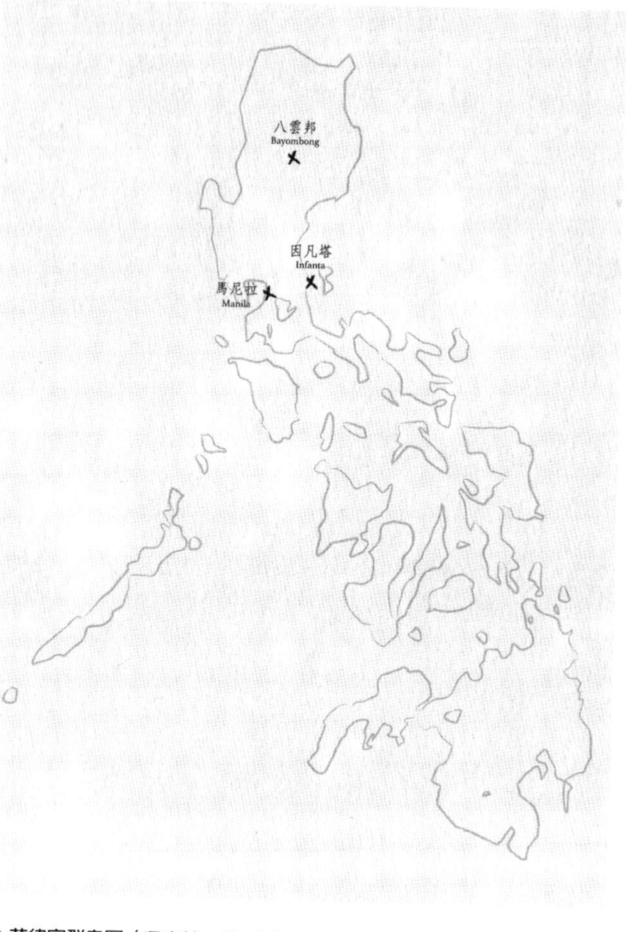

◎ 菲律賓群島圖（吳志堃、賴文質兄弟活動地點標示）

臺灣，這塊距離菲律賓僅有一百四十餘公里的島嶼，於是成為帝國南進的前進基地。昭和十六年（一九四一年）十二月八日，日軍航空部隊從臺灣出擊，開戰第五天，便完全掌握菲島的制空權。負責菲島登陸作戰的第十四軍，其核心兵團是駐紮臺灣的第四十八師團（以步兵第一、第二聯隊為中心），由曾任臺灣軍司令官的本間雅晴指揮，分別從高雄、基隆、馬公三地啟航，一路開往仁牙因灣（Lingayen Bay），攻占菲律賓群島。

出征，向菲島前進

因臺灣與菲律賓地理位置相鄰，除了派遣作戰軍隊，在司令官本間雅晴要求下，臺灣統治當局又派出臺灣特設勞務奉公團一千人，前往協助機場整地或進入各兵站作業。既然以「奉公」為名，就表明了不求回報的勞動，每團由五中隊組成，每中隊分成兩小隊，每小隊再分成五班，團長與中隊長從在臺的日本人公職人員挑選，團員則是募集二十至三十歲通曉日語的年輕男子。到了戰爭末期，因為人力需求大增，許多不通日語的臺灣人也被徵調上戰場。

臺灣特設勞務奉公團多數團員僅接受精神訓話的講習，以及數天的基本軍事訓練，就被派往戰場，他們在戰地的任務是從事軍工事、生產軍需物資和各項雜役。隨著日軍戰果擴大，不久後又派出兩回特設勞務奉公團共二千餘人到菲島，支應各補給廠勤務。

昭和十八年（一九四三年）二月，日軍在瓜達康納爾島（Guadalcanal）戰役中敗退，結束了擴張戰略據點的企圖，美軍的反攻路線則一路朝向新幾內亞，持續往北推進。為了抵擋美軍攻勢，也為確保南方資源，日軍祭出防禦本土與澳洲北方資源區中間聯絡地帶的絕對國防圈構想，預定在這道國防圈發展堅固的防線，好讓他們在圈內有增加飛機產量的空間，並讓艦隊恢復足夠的實力與美軍艦隊決戰。所以日軍必須在西南太平洋盡可能牽制美軍，以期能伺機再戰。

由於絕對國防圈的戰略設定，菲律賓躍升為日軍的大兵站基地，載運軍隊與物資前往南方各戰地的船舶均在此轉運，因此後勤人力需求大增。臺灣總督府配合軍事布局，徹底動員國民，提供戰爭所需的勞動力。除了早先派出的特設勞務奉公團外，主要是組織臺灣特設勤勞團與南方派遣海軍工員為大宗，以供應陸、海軍在菲島隨之而來的人力需要。

臺灣特設勤勞團是臺灣總督府委由臺北、新竹、臺中、臺南、高雄各州，透過郡、市、街、庄進行人員調集或募集。團員皆由單一州別內的男性青年組成，每回人數約有千人左右，總計從昭和十八年五月至昭

和十九年七月間，臺灣派出的特設勤勞團多達三十回。他們被派往南方軍事要地建設機場，也分配到野戰貨物廠、野戰兵器廠、野戰自動車廠、工兵部隊、船隻碇舶場、野戰船舶場等後勤作業單位。其中約有一千八百人來到菲律賓的馬尼拉與宿霧（Cebu），大多數人被分派到港口工作，負責入港船舶裝卸貨或改裝船艙內部設施，以及裝填油料等勤務。

日本海軍亦透過臺灣總督府總務局等單位，發文給各州知事，要求配合募集南方派遣海軍工員前往海外的施設部及運輸部協助軍務。他們招募的對象是十八至四十五歲身體頑健、素行善良的本島男子。由南方派遣海軍工員的募集條件可知，當面臨戰況危急之際，從軍已不再是年輕人的事，只要是能用的，都可以是被選擇的人選。

來自戰地報平安的信

回到這兩封家書。吳志堃的信件發信地是「比島派遣威第一六〇〇部隊」，按日本陸軍部隊的通稱號，這是駐防在菲律賓馬尼拉市區的南方軍第十四方面軍司令部。第十四方面軍是由臺灣派出的遠征軍第十四軍升格，負責菲律賓群島的作戰與防衛任務，吳志堃以軍屬身分編屬在這個陸軍單位，他很可能便是被派往菲島的特設勞務奉公團或特設勤勞團的一員。至於賴文質與賴阿宣兩兄弟，其送信地址為「吳郵便局氣付テ貳壹テ參壹」，這組難以理解的代號是日本海軍為防止軍機外洩，在郵件上使用的部隊祕匿符號，其實就是位於馬尼拉第三南遣艦隊所屬的第百三海軍施設部，賴氏兄弟理應為海軍工員。

那麼吳志堃、賴文質與賴阿宣何以遠赴菲律賓？正經歷這段烽火歲月的年輕人有各自的從軍理由，許多人是接獲召集令而不得不從；有些人則領悟到戰事告急，認為遲早將受徵調，不如主動應召，說不定能早點回來；還有些是受到戰時政府的統制政策影響，面對百業蕭條的情況，從軍反倒成為某些人的出路。當然抱持著「為了國家」（お国のために）的信念，想要貢獻一己之力的人也不在少數。每個人面對不同情境，無法一概而論。

沒有太多線索能了解吳志堃與賴氏兄弟到底為什麼從軍，不過還能與家人通信，表示他們寫信的當下，菲律賓的情勢還沒有進入緊急狀態。從信上透露的訊息，除了忙於軍隊勤務，吳志堃也許利用休假時間外出，到馬尼拉的熱鬧市街黎剎大道（Rizal Boulevard）或伊斯古達街（Escolta Street）上的某間店鋪，買了犀牛角材質的印章當做紀念品。他與賴氏兄弟，都和家人提到薪水或寄錢回家的事。在海外從軍者每月的薪餉被分成數等份，一份在戰地領取、一份為軍事儲金，另一份則是由親人代領的安家費。他們隻身在海外，不知道生命會在哪天消逝，希望以賭上性命換來的薪水，讓在臺灣的家人生活不虞匱乏。

吳志堃、賴文質和賴阿宣在信中與家人分享自己在戰地的近況，雖然受限於軍方郵件檢閱制度規定，不能多寫軍隊裡的事情，不過他們都盡可能表達自己每天精神飽滿、努力工作，一方面是為了應付軍方的檢查人員，一方面也讓家人能安心。他們掛念的仍是家中的一切，不管是關心哥哥的生意，或是父母、妻子與小孩的狀況，抱持著能繼續取得家人消息的期待，與故鄉產生連結，是鼓舞他們在戰地保有生存信念的重要存在。

面對戰局逆轉的覺悟

好景不常，日軍在太平洋上的軍事據點一個接著一個淪陷，當美軍取得新幾內亞北部沿海地帶後，接下來的反攻目標指向了菲律賓群島。從昭和十九年（一九四四年）十月十二日開始，美軍航空母艦部隊率先發動牽制作戰，展開對沖繩、臺灣和呂宋持續一個星期的空襲行動，作為大軍入侵雷伊泰島（Leyte）的前奏。十月二十日，美軍登陸，揭開反攻菲律賓的序幕，兩個月後攻下了雷伊泰島。

日軍在雷伊泰戰役中採取的不是防衛戰，而是將戰略定調為與美軍決戰。戰爭的結果，菲島的日軍折損了大部分的師團以及大量的軍需物資，連戰機也耗損八成以上，運輸船舶則悉數喪失。戰火逼在眼前，第十四方面軍當時的總兵力合計約有陸海軍二十九萬人，但是僅剩下三個能作戰的師團，其餘幾乎都是一些勉強拼湊或臨時組織的小部隊、海軍部隊，以及傷患殘兵所編成的混合隊伍。

另一方面，在馬尼拉市區周邊的路軌和橋梁遭到美軍空襲破壞，陸上交通全面癱瘓。而且汽油不足，能使用的各種汽車尚不足半數的情況下，在呂宋島與美軍決戰已經是不可能的事了。於是，第十四方面軍司令部放棄和美軍正面對抗，打算徹底採行持久的拖延戰術，將美軍釘死在呂宋島，延緩對日本本土的攻擊，好讓友軍有充裕的作戰準備。

第十四方面軍按照持久戰構想，擬定相對應的作戰計畫，將呂宋島分成三個防區來守衛。呂宋島北方的防衛據點由第十四方面軍司令部為中心的尚武集團負責守備，要確保從仁牙因灣東岸連結至巴勒爾灣（Baler Bay）以北的廣大區域，尤以碧瑤（Baguio）作為重要據點，確立持久戰的根基；中央據點為克拉克機場（Clark Airport）附近的西方山地，以陸海軍混合編組的建武集團駐防；馬尼拉東方山岳地帶的守軍則為振武集團。日軍冀求利用三大據點在呂宋島實行長期抵抗作戰。

終於，抱著必死覺悟的決戰時刻就在眼前了，從現在起所有人得下定決心面對局勢，在叢林中挺起胸膛迎戰。

退守山區，與外界失去聯繫

戰爭局勢變得更加嚴峻，不但軍機屢遭美機擊落，後來連俗稱赤蜻蛉（赤とんぼ）的海軍九三式中間練習機竟然也上場作戰，足見日軍在菲島的戰力已經到了捉襟見肘的地步。同時日益頻繁的空襲，一次比一次劇烈，對於未來的處境，彼此都心照不宣。

昭和二十年（一九四五年）一月初，美軍在距離馬尼拉以北一一〇海里的仁牙因灣沿岸登陸，在二月三日進入馬尼拉市區，並向呂宋的東南部與西南部發動攻勢。隨著統籌菲律賓作戰的第十四方面軍司令部決定撤離馬尼拉，原本派駐在各軍事單位的大批臺灣人，不論是特設勞務奉公團、特設勤勞團或海軍工員，現在也隨同所屬部隊撤出。吳志堃、賴文質與賴阿宣在此時或許被編入戰鬥集團，他們退往深山據點，等待著進一步作戰指示。

這一路上毫無平坦空曠的原野，四周盡是險峻懸崖和森林綿延的山岳。在退入山區後，吳志堃就不再寫信回家，文質和阿宣兄弟也是，或許說他們已經無法寫信了，如同在戰地的其他人一樣，失去與外界聯繫的管道。

日本軍隊早有撤離城市，進行長期作戰的準備，已事先將市區內的物資、武器裝備逐步運送到各據點。所以在入山的前一、二個月，每個人身上攜帶的米糧還算充足，但為了節約用量，也開始食用野菜、野草，被當成籬笆使用的山瓜葉，或是山茼蒿、番薯葉、豆仔葉，全都吃下肚。採集來的野菜沒有特別調味，大都是放入軍用飯盒加水煮湯食用。有時因為取水困難，往往信手摘下就直接放進嘴裡。

在山區的這段期間時常受到砲擊，或是美軍戰機低空掃射、投彈轟炸，每天都有許多人中彈身亡或被炸死。到水源地取水必須特別當心，盤旋上空的敵軍抓緊日軍必定無法遠離水源的弱點，總是沿著水域低空偵察。美軍的飛機搭載雙引擎，馬力強大，從地面上就能聽見巨大引擎聲，通常聽到聲音時，飛機已經出現在頭頂上方，該往哪裡逃呢？是生是死就看各自的運氣了。

白天隊伍必須停下腳步，躲避戰機追擊，多半是利用夜間活動。夜晚光線微弱，看不見前方的路，必須雙手搭在前方人的肩膀才有辦法前進。有時候為了趕往特定的集合據點整夜行軍，讓人疲累到幾乎喪失知覺。

熱帶叢林疾病橫行，瀰漫著瘧疾、痢疾等惡疾，再加上營養失調，即便正值強健體魄的青年，也因為身體免疫力降低，而有大量人生病。有些人開始出現忽冷忽熱、高燒不退，或是腹瀉不止、血便等症狀。雖然軍方在某些據點設立了野戰病院，但其實只是衛生兵到森林裡砍伐青竹、樹籐搭起來的簡陋草屋，就算是軍司令部病院同樣也是如此，裡面漆黑無光，而且到處漏水。

大部分的軍醫已經戰死，野戰病院的主要醫護人員大都是衛生兵充任的。哪裡有充足的藥品呢？就連繃帶也極缺，只能拆下傷兵的舊繃帶清洗晾乾，重複使用。四肢被砲彈炸傷，造成粉碎性骨折或是開放性創傷的人，僅能以紅藥水塗抹傷口……這些傷病患得不到妥善的治療，不，甚至連基本的治療都夠不上，在黑暗中不斷發出令人驚恐的痛苦哀嚎聲。待過戰場的人都知道，把人送到野戰病院跟送往「墓

地」無異，只是到那裡集中等死。

死別，再也踏不了歸途回不了家

這時候吳志堃病了，不外乎是罹患瘧疾，或食用不潔的食物與飲水而感染痢疾，在衛生兵帶領下，被戰友們用單輪推車送入野戰病院。他也有可能落隊了，因為患病又營養不良，已經消瘦得不成人形，無助地一個人緊偎著山壁困難地走。他在生命的最後時刻，可能想起了故鄉嘉義、在朝日町五之十九的家，或是妻子桂葉、女兒弘子、雙親與哥哥的臉孔……這些人永遠不會再見了。

吳志堃是在昭和二十年一月十四日，距碧瑤不遠的八雲邦（Bayombong）北部地帶病歿。根據靖國神社的紀錄，約有百名臺灣人跟著吳志堃死在這個地區。

吳志堃死後不久，美軍即在四月中旬突破了納吉利安（Naguilian）與碧瑤間的日軍防線，持續向第十四方面軍司令部所在地進逼。而建武集團在馬尼拉克拉克周圍地帶與

美軍戰鬥數月，幾近全員死歿，臺灣子弟也有四百人在這裡戰死，到了四月初時已失去了全面性的戰鬥力。在美軍猛烈火力攻擊下，建武集團受盡痛苦，最後遁入三描禮士山脈（Mount Zambales）的深山內，和碧瑤的第十四方面軍司令部完全斷絕音信。

此時，駐守在馬尼拉市郊數公里外、東方山系深山裡的振武集團守軍，誤認美軍已把攻勢轉向呂宋島北部，趁機大舉出擊，企圖牽制美軍主力，在五月八日試行反攻，與美軍發生大規模的遭遇戰。

振武集團旗下的成員來自四方八面，是由不同軍種組成的雜牌軍，其中有很多人不是正規軍人，大多數是在馬尼拉臨時編組的後勤人員，就像來自臺灣員林的賴文質與賴阿宣這樣的海軍工員，現在也被編入了戰鬥行列，負起狙擊美軍主力的重大任務。這些人未曾接受過正規的軍事訓練，拿著日俄戰爭時代使用的老舊三八式步槍，面對美軍的自動化武器裝備，究竟能發揮多少戰力呢？根本是以卵擊石。

美軍在五月十一日發動猛攻，當天包含賴文質在內，共有多達七百餘名臺灣人在呂宋東方海岸的因凡塔（Infanta）戰亡，烏米來（Umirai）附近也有八百多名臺灣人戰死。激戰三天過後，振武集團彈盡糧絕潰不成軍，面臨全軍退卻的厄運。吳志堃、賴文質以及許多臺灣人都死了，失去兄弟的賴阿宣與那些活下來的人，退往更深山的峻險地帶。現在是繼續前進或後撤，已經無法分辨了。

受到美軍進逼，到了五月下旬，原本防守在呂宋島北部據點的第十四方面軍司令部決定棄守碧瑤，往阿西河（Asin river）上游地區退去，也就是菲律賓最高峰普洛格山（Mount Pulog）的周邊谷地。這個人跡罕至的深山地帶，僅有伊哥洛特族（Igorot）居住。

海拔二千九百公尺的普洛格山，山勢更加崎嶇，車輛無法進入。遁入深山的殘兵米糧完全用盡，也

慢慢吃光了山中所有能吃的東西，後來甚至出現噬人肉的人間慘狀，不知道從什麼時候開始流傳著「人肉好過山瓜葉」這句話。據聞不是殺活人來吃，也不是吃死人，通常被吃掉的是快要病死和無法行走的人。在黃泉路上掙扎，考驗著是否保住人性的最後防線，但不管是吃人或被吃，全都徘徊在死亡邊緣。

不久後，出現了大量的餓死及病死者，若能像吳志堃與賴文質那樣一死解脫還好，若是患病或受傷就更慘了。生病的人無藥可用，傷者則無法治療，傷口任由腫脹、潰爛生蟲、感染，死得極為痛苦又緩慢。所有人都籠罩在死亡的陰影底下，只能在心裡祈求神明垂憐，能讓自己死得痛快一些。

後來那些不知道的事

在美軍主力進攻呂宋島的同時，巴拉望（Palawan）、班尼（Panay）、宿霧、保和（Bohol）、民答那峨也相繼受到美軍登陸攻擊，在各地展開死戰和苦鬥，守備軍陣地抵擋不住熾烈的攻勢，防守陣線徹底瓦解。時至昭和二十年六月底，所有大規模戰鬥都已停止，日軍殘兵潛入深山，在戰爭結束前飽受飢餓和疾病的侵擾。當菲律賓群島失陷後，與南方聯繫的交通線被切斷，石油與軍需資源無法從南方補給，戰爭已經無法繼續下去了。此後，美軍開始朝向本土反攻，終於在八月十五日等到終戰日的到來。

戰爭期間臺灣人在南洋戰區死傷慘重，主要是多數人派赴到目的地時，美軍正在太平洋發動猛烈反攻，許多的軍事據點淪為戰場，讓這些臺灣子弟措手不及。雖然他們的工作多屬後勤性質，不過當美軍前來空襲轟炸或是登陸進攻，他們仍直接暴露在攻擊的危險之下，性命受威脅的程度絕不亞於軍人。

被派往菲律賓的臺灣人，也是如此。他們大都在抵達當地未及一年即遭遇戰局逆轉，不僅受到美軍攻擊與圍剿造成慘重傷亡，撤退到山區後還面臨糧食短缺、熱帶疾病及醫藥缺乏的窘迫，最終導致在菲律賓戰場的死亡人數攀升，其中有百分之八十八的人不是餓死就是病死，至少約有八千餘名臺灣人命喪於此，這些未歸的異鄉亡魂，也包括兩張明信片的寄件人吳志堃與賴文質。

這兩張由吳志堃與賴文質兄弟從戰地寄來的明信片，是臺灣人在菲律賓戰地的喑啞回聲，承載著那年從軍者的牽

掛與無奈。後來他們病死了、戰死了，寄回的家書成了遺言，是他們留下來的最後話語。戰死者的遺族在戰後對於親人杳無音訊，焦心地向歸來者打探兒子、兄長、弟弟、丈夫最後的行蹤，總得到太多不同說法，直到人被證實死亡，或失蹤而視同死亡，可能又是好幾年以後的事了。爾後的漫長歲月，他們的父母必須承擔喪子之痛，遺孀必須負起生活重擔，年幼的子女或遺腹子必須自行建構不存在的父親形象。每位家庭成員都有自己需要面對的心理調適課題，志堃跟文質的家人同樣也是如此吧。

賴阿宣雖然在戰爭中幸運地存活下來，但像他這樣曾在戰場上受盡痛苦折磨，又失去兄弟或摯友的人，心理底層多少留著戰爭帶來的創傷，有人終其一生從未痊癒。長期以來臺灣特殊的政治環境，使得從軍者的戰爭記憶只能在家人與戰友間訴說，對外則近乎沉默。隨著時間流逝，逐漸被淡忘的事、或是那些死去的人，如同一封封被忘卻的家書，等待著這片土地上的人在某日明白，這些過往正是組成臺灣歷史失落的一部分，並重新憶起他們。

第七章

振衰起「幣」改土地

國民黨統治初期的經濟策略

曾獻緯

一九四九年一月一日，總統蔣中正，催促陳誠出任臺灣省主席。本意來臺養病的陳誠接下重擔後，開始推行種種治臺政策，並針對土地、糧食及貨幣這三大難題，提出解決辦法，其中就包括影響深遠的三七五減租及發行新臺幣。

陳誠與蔣中正的電函

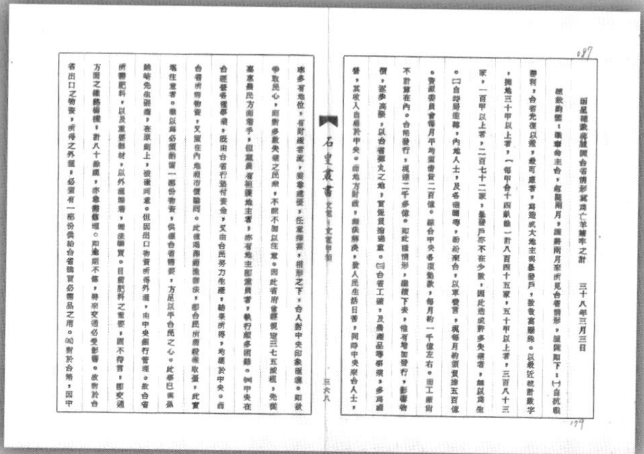

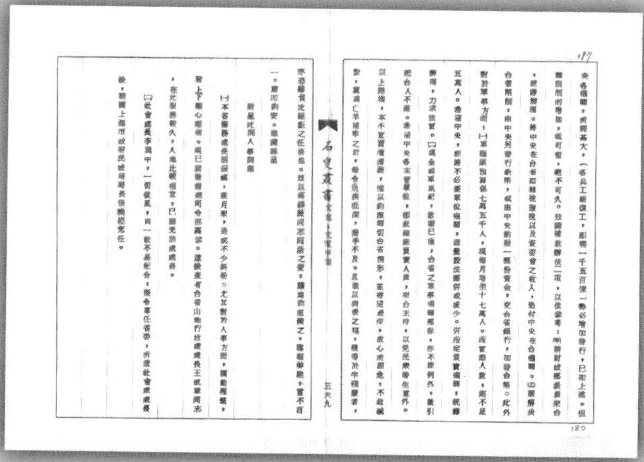

一九四九年三月三日

陳誠以電報向蔣中正說明臺灣民生經濟狀況及請示解決之道。

下野前的安全閥，臺灣成為反共最後據點

一九四八年五月，陳誠因東北戰事失利遭到免職。六月因胃疾決定進上海陸軍醫院動手術，術後需要一段時間靜養。當時上海因戰亂，人心浮動，久病之身不免受到影響，易地靜養的想法愈來愈強烈。但是，一想到正值大局逆轉之時，且念總統蔣中正勞累至甚，此時置身事外心不能安，於是躊躇再三。儘管親友一再勸陳誠出國養病，他總是婉言拒絕。後來，在上海寓所的屋主一再索還下，陳誠不便久留，終於決定舉家遷臺，暫借草山的海軍招待所為棲身之處。

十一月在臺休養的陳誠，欲尋找機會東山再起，囑人帶信給蔣中正請纓救國。信中表明身體日有進步，但抵臺以來一直憂心時局變化，自愧未能替總統分勞解憂而寢食難安。但蔣中正並未領情，僅簡單回覆：「此時弟仍應適心修養，不必以時局為慮，自信必可克服一切困難，獲得最後勝利也。」一直到了十二月，迫於美國的壓力及桂系的進逼，蔣中正需做下野之前的部署，在調整臺灣省的黨政首長時，才想到正在臺灣養病的陳誠，於是重新起用陳誠取代魏道明為臺灣省主席，並以蔣經國取代丘念臺為中國國民黨臺灣省黨部主任委員。

但是此一人事命令，事先既沒有徵得陳誠的同意，也沒有正式公文。只有在二十九日晚上九點多，由省主席魏道明轉交蔣中正的電文。電文內容很簡單，僅有「決任弟為臺省主席，望速準備」寥寥數十字而已。陳誠推辭不就，向蔣介石建議，仍由魏道明擔任省主席，而他自己只負責部分軍務。一九四九年元旦，蔣中正去電催促陳誠立即就職，從速交接，勿再遲疑。翌

日，蔣中正的電文措辭更為嚴厲，指責陳誠「如何不速就職？若再延滯，則必夜長夢多，全盤計畫完全破敗也。何日就職？立覆。」

一連發數封電文，而且用語日趨嚴厲，凸顯蔣中正的焦慮。陳誠知時急事迫，未便再推辭，立即回電答覆，並提到元月五日辦交接，各廳處人員均無變動，力求安定，將竭力不負所望。蔣中正親擬「治臺方針」，囑咐陳誠腳踏實地，實實在在做事，不好發議論。十一日，陳誠對記者發表談話，闡述主政臺灣的理念，還提到期望「臺灣為剿共堡壘」。蔣介石得知消息十分震怒，十二日函電告誡：「臺灣法律地位與主權在對日和會未成以前，不過為我國一託管地之性質，何能明言作剿共最後之堡壘與民族復興之根據也，豈不令中外稍有常識者之輕笑其為狂囈乎。」沒有簽訂和平條約如何能移轉主權，臺灣法律地位仍待將來處理，今後切勿自作主張，多出鋒頭，要求陳誠埋頭苦幹，思過自責。陳誠接掌臺灣省政後半個月後，一月二十一日蔣中正宣布下野，返回浙江奉化休養。

民以食為天，只要果腹不要光復

陳誠一就任，就面臨著土地、糧食及貨幣這三大難題，其背後糾葛著諸多的歷史因素。以糧食問題來說，二次大戰結束後的三月至四月間，臺灣北部發生寒害而南部出現旱災；七月至八月間又遭遇颱風，加上肥料不足、人工缺乏、水利遭到破壞等原因，臺灣糧食大幅減產。行政長官公署雖延續日治末期的「總徵收總配給」制度，但是收購價格偏低，甚至遠低於生產成本，農民自然不願意在政府的規定價格下拋售，於是導致政府收購數量達不到足夠數額，配給無法繼續運作。

在產地農民不願意拋售糧食的情況下，產地的米糧輸出不多，使得消費地的配給米糧供應減少。城市地區的消費者因政府無糧配給，包圍縣市政府或糾眾聚集糧食局索糧，糧食市場嚴重失序。民眾無法從配給制度獲得維生的米糧，紛紛求助於黑市，助長了黑市的交易，使得米價一日高過一日。糧食市場的失調，讓許多消費者不禁感嘆大環境的變遷：「過去（日治）雖然苦，我們總還可以吃到配給米，填得飽肚皮，可以維持最低限度的生活水平。但現在（戰後）時代變了，物價更高了，我們最近竟然連吃番薯的機會也在逐漸減少。」總徵收總配給的制度失靈，

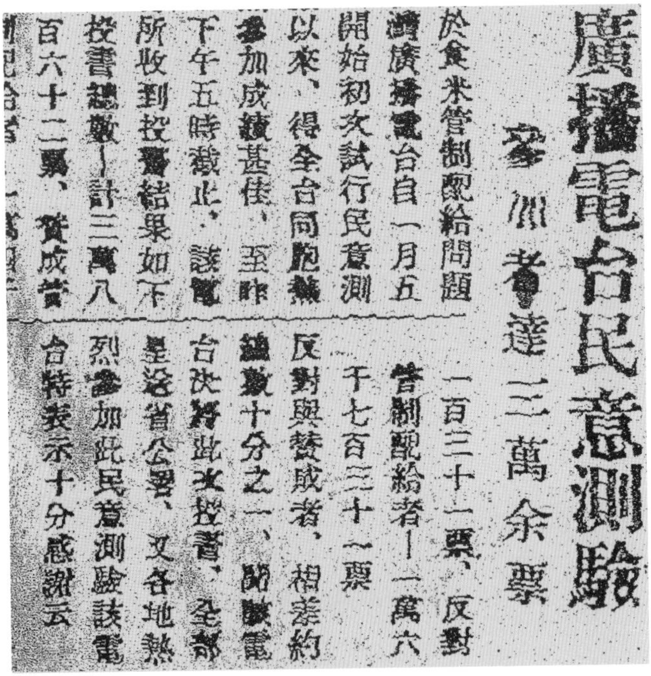
廣播電台民意測驗

參加者達三萬余票

於食米管制配給問題灣廣播電台自一月五開始初次試行民意測以來、得全台同胞熱參加成績甚佳、至昨下午五時截止、該電所收到投票結果如下投書總數一計三萬八百六十二票、贊成當……一百三十一票、反對管制配給者一一萬六千七百三十一票反對與贊成者、相差約總數十分之一、開該電台決將此次投書、全部呈送省公署、又各地熱烈參加此民意測驗該電台特表示十分感謝云

◎ 臺灣廣播電臺舉行食米管制配給民意測驗

幾乎無法確保消費者能取得維持最低生活限度的食物。

政府「徵購」無法達到當初設定的數額，配給無法繼續進行，突破此一僵局的辦法就是廢除總徵收總配給制度。所以事實上，統治高層已做出停止總徵購總配給制度的決策，只是缺乏取消該政策的「正當性」而已。正苦於師出無名之時，正巧碰到臺灣廣播電臺在一月五日至十日舉行民調，請民眾寄明信片表達他們對糧食管制措施的意見。結果，反對配給的有一萬六千七百三十一票（五七．二三％），贊成配給的有一萬四千一百一十一票（四二．七七％）。行政長官公署抓緊這個難得的時機，以民調結果來鞏固取消舊糧食制的正當性，趁機公告廢除配給制度的命令。

隨著糧食自由流通之後，糧商紛紛至產區高價收購米穀，不少農民將所藏的稻穀拿出販售。當產區存糧逐漸被商人運出販賣後，僧多粥少自然也使得產地的米價開始飆漲。因此，許多產區為了確保鄉民免於飢餓，紛紛主動成立糾察隊，阻止當地米糧被運出販售。在政府停止配給、封存米糧的情況下，生產區與消費區之間失去調解作用，城市的缺糧情況就更加嚴重了。

過去的糧食管制，至少保證民眾能夠取得最低限度的糧食，最不濟的情況也能夠從黑市購買糧食。但是在廢除管制、政府封存民食後，市場上能夠流通的糧食驟減，米價比管制前更加騰貴，普羅大眾面臨有錢買不到米、無米可吃的悲慘生活。一九四六年一月以後，米價逐月飆漲，還發生許多起餓死人的悲劇，也有人因為缺糧、生活過不下去而走上絕路。甚至在大稻埕、艋舺、基隆和新竹等地，還傳出因為米荒問題，到處買不到米的憤怒主婦一手拿著小棍子、一手拿著方形的鐵皮米桶，衝到街頭邊敲鐵皮桶邊高喊：「沒有米會餓死人，我們要果腹不要光復。」

當時重慶美軍聯絡組藍度少將在提供給蔣中正的臺灣情報中，也指出臺灣的米荒問題，以及取消配給制度後缺糧問題更嚴重的情形，導致人民對政府積怨日深。蔣中正收到情報後，立即以電報告知陳儀美軍披露臺灣人民對政府不滿的觀察，囑咐要迅速妥善改進。陳儀面對蔣中正的質疑，立即回覆：臺灣食米配給制度取消，是因為存米不多，徵購不易，黑市米價日漲，紳民請求自由買賣，於是才取消配給制度。回覆內容清楚顯現，陳儀將配給制度取消而爆發米荒的政治責任，都推向「順從民意」，而不是政府決策錯誤，害怕承擔日後政治責任的用意昭然若揭。

餓不了兵，只能餓百姓

面臨米荒問題日趨嚴重，行政長官公署採取的措施分為以下兩種：第一，從省外輸入糧食，補足糧源；第二，改善流通，平抑糧價。關於第一點，行政長官公署向福建省購買賦米二十萬石，透過採買外省米糧至臺灣拋售來壓抑米價，並安定民眾心理。此一消息發布後，確實暫時達到了壓抑糧價、穩定民心的效果，雖然根據糧食局的說法，由於兩岸間「交通阻礙」所致，從福建省運到臺灣的糧食數量非常有限。日後，糧食局長李連春也提到：「外援米數量

◎ 米價高漲的諷刺漫畫

雖少，但給予人民安慰的效利很大。」

一九四六年一月十一日行政長官公署為掌控現有存糧，下令各縣「封存」各地農倉的稻穀，不許製米配給；並聲稱「封存的稻穀，除撥一部分調劑民食之外，其餘配撥軍糈之用」。同年三月一日成立「臺灣省糧食調劑委員會」，糧調會的主任委員柯遠芬認為米荒的問題，是「人為的缺米」所致，問題在於地主、生產者不願意將米交出去，而不是臺灣自身糧源不足。因此，統治當局透過成立糧食調劑委員會，以國家力量來調劑分配糧源。

三月十三日警備總司令部少將蔡繼琨至臺中徵糧，向霧峰林家族長林

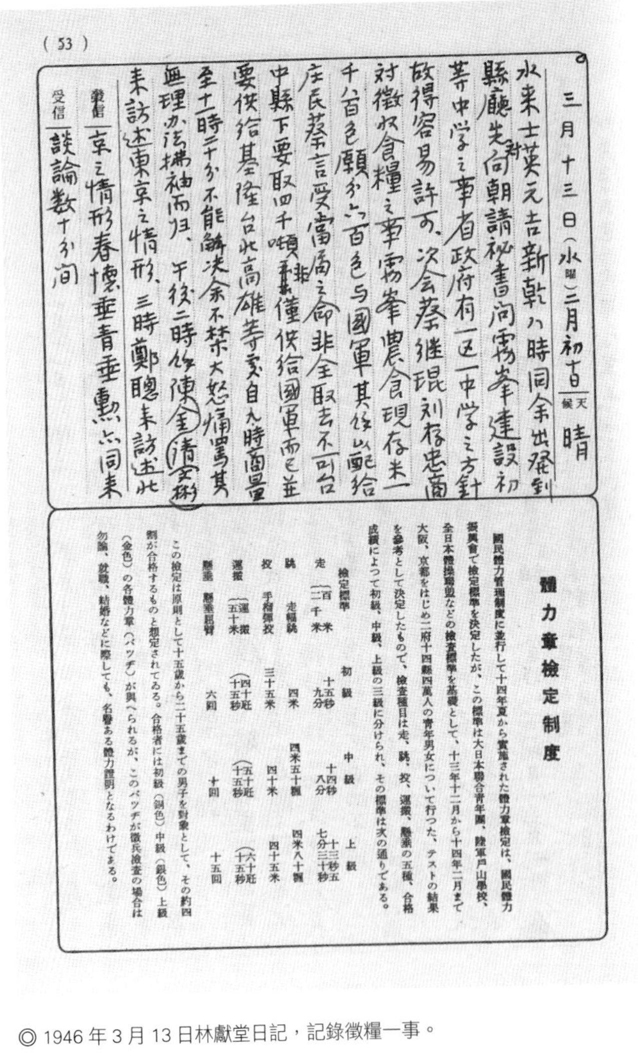

(53)

三月十三日（水曜）二月初十日 天候 晴

水來士英元吉新乾八時同余出發到縣廳，先向朝請秘書對向霧峯建設初等中學之事，省政府有一區一中學之方針，故得容易許可。次会蔡繼琨、劉存忠商對徵收食糧之事，霧峯農倉現存米一千八百包，願分六百包與國軍，其餘以配給庄民。蔡言受當局之命，非全取去不可，台中縣下要取四千噸，非僅供給國軍而已，並要供給基隆、台北、高雄等處。自九時商量至十時二十分不能解決，余不禁大怒，痛罵其無理辦法，拂袖而歸。午後二時偕陳全清、安樹來訪，述東京之情形。三時鄭聰來訪，述此京之情形，春懷、垂青、垂勳亦同來，談論數十分間。

發信

受信

體力章檢定制度

國民體力管理制度に並行して十四年夏から實施された體力章檢定は、國民體力振興會で檢定標準を決定したが、この標準は大日本聯合青年團、陸軍戸山學校、全日本體操聯盟などの檢查標準を基礎として、十三年十二月から十四年二月まで大阪、京都をはじめ二府十四縣四萬人の青年男女について行つた、テストの結果を參考として決定したもので、檢查種目は走、跳、投、運搬、懸垂の五種、合格成績によつて初級、中級、上級の三級に分けられ、その標準は次の通りである。

	檢定標準	初級	中級	上級
走	(百米)	十五秒	十四秒	十三秒五
	(二千米)	九分	八分	七分三十秒
跳	走幅跳	四米	四米五十糎	四米八十糎
投	手榴彈投	三十五米	四十米	四十五米
運搬	(運搬五十米)	(四十瓩十五秒)	(五十瓩十五秒)	(六十瓩十五秒)
懸垂	懸垂屈臂	六回	十回	十五回

この檢定は原則として十五歲から二十五歲までの男子を對象として、その約四割が合格するものと想定されてゐる。合格者には初級（銅色）中級（銀色）上級（金色）の各體力章（バツヂ）が與へられるが、このバツヂが徵兵檢查の場合は勿論、就職、結婚などに際しても、名譽ある體力證明となるわけである。

◎ 1946 年 3 月 13 日林獻堂日記，記錄徵糧一事。

獻堂表明臺中縣要徵集四千公噸，不僅供給國軍而已，更要供給基隆、臺北、高雄等地。蔡繼琨更直接殺到霧峰向林獻堂要米，一進入林家宅邸，就表明中部是臺灣的米倉，霧峰又是米倉中的米倉，所以說霧峰沒米是無人肯信的。蔡繼琨當面挑明，有米無米，就只看獻堂先生是否肯幫忙政府而已。

林獻堂聽著很不高興，政府已搬去的米糧全是老百姓的伙食，他們現在都是糴黑市米在維持生活。眼見糧價飛漲，百姓生活困苦，他們還在籲請政府發還先前運去的米來紓解燃眉之急，倘若政府沒有米可還老百姓，也應合理結價給予價款，又假使現在無法立即發放，亦應指定日期償還。但現在政府一味向老百姓要米，拿去的米又分文不給錢，這樣的政府哪有威信可言。於是，雙方爭論了兩個多小時，最後鬧得不快而散會。

蔡繼琨轉而向糧調會主委柯遠芬密告林獻堂阻礙糧運，糧調會派熊克禧少將、王光濤少將及胡品三中校至臺中調查此事。調查人員與林獻堂會面時，林獻堂當場反駁，指此事是因為先前與蔡繼琨商量留數百包米作為鄉民配給，但蔡繼琨不肯才起衝突，並無阻擋一事。

行政長官公署不只透過武力強行提運糧食，更操弄媒體，將糧荒問題的責任推諉給產地地主、農民的阻運，攻擊地主、農民的言論紛紛出籠。例如，行政長官公署的喉舌《臺灣新生報》就一面倒地說道：「中部是臺灣的米倉，霧峰又是米倉中的米倉，霧峰沒有米是無人肯信的。若地方人士能突破區域局限之見，肯運出存餘米糧至其他各縣市，全省缺糧嚴重的問題當可解決。如林獻堂氏，以高齡厚望，自處一方，若能熱心協助，收效必宏。」說明政府將糧荒的爆發，把全部責任都推諉給地方人士的阻運，並成了政府「合理」要求地主、農民繳出米糧的理由。

五月臺灣省參議會第一屆第一次大會，省議員林獻堂針對糧食問題質問農林處長趙連芳。他說，臺中縣政府於徵購縣下四萬包米糧，價值約六千萬圓，但是縣政府不僅尚未付款，反而宣稱政府是以錢購糧，甚至指控臺中縣民眾不願供出米糧。這一切皆與事實不符，政府應對外澄清，以正視聽，而且欠款也應儘速付還。但當時，趙連芳無法給予明確的償還方式。同年六月財政處長張延哲拜訪林獻堂時，林氏還向張延哲催討省政府取去二千餘包米的價款。張延哲答覆政府一定會還，卻一再推延還款日期，也不敢明言何時償還。

通貨膨脹接二連三，套利資金湧入

一九四五年十月十日臺灣前進指揮所公告，日治時期發行的臺灣銀行券與日本銀行券在處理辦法未公布前繼續在臺灣流通，但中國的法幣在臺灣禁止使用，以減少中國經濟危機對臺灣的衝擊。接著，十一月八日由臺灣省警備總司令部正式通告，嚴禁中央政府發行的法幣在臺灣流通，在臺灣必須使用臺灣銀行所發行的臺幣。這項政策在臺灣與中國之間築起一道防火牆，讓兩地之間的經濟發展有所區隔，也避免在中國被高估的法幣湧入臺灣，捲起惡性通貨膨脹的浪潮。

然而，令人不解的是，財政部卻在幾天前的十一月三日公布臺灣與中國匯兌流通管理辦法，以維持臺灣與中國的經濟關係。既然臺幣與法幣能透過匯兌來進行交易，臺灣自然會受到中國經濟惡化的影響，加上官方刻意低估臺幣，使得臺灣不可避免地捲入中國惡性通貨膨脹。兩地的高度匯差，只用一件事就足以說明：前經濟部次長汪彝定在其回憶錄《走過關鍵年代》中提到，一九四六年初，「我帶來臺灣約有一、二十萬元法幣，按照二十比一的匯率，變成六、七千元，甚至上萬元臺幣。我穿著一條舊卡其褲來到臺灣，這時趕緊去太平町（延平北路）做衣服，一口氣做了兩套款式不甚高明的西服，共花了我兩、三千元而已。如果在重慶，這筆錢（六萬元法幣）連一條卡其布褲都買不到。」

此外，時任國立編譯館長許壽裳在催促謝似顏來臺赴任編譯館時，也在信中寫到：「臺北物價安定，米類、薪炭、水電、果物均甚廉，生活較京滬為適，此地得二十萬法幣等於京滬之一倍。」由於法幣與臺幣的匯兌制度，法幣價格被高估的一個狀態，讓持有法幣的人取得豐厚利益。也因為匯兌制度，使得防火牆失去功用，許多投機客

中華民國三十八年六月十五日
中央日報
發行人 馬星野
臺省改革幣制
今起開始發行新幣
新幣準備金爲黃金八十萬兩
以五比一比率直接聯繫美金
每一新臺幣折合舊幣四萬元
公敎待遇將照新幣合理調整

◎ 1949 年 6 月 15 日臺灣省發行新臺幣

也利用此制度的漏洞，進行套匯行為。

一九四八年八月，蔣中正總統根據動員戡亂臨時條款發布緊急命令，進行金圓券的幣制改革，以金圓券一元折合法幣三百萬元，希望藉此可以改善惡性通貨膨脹所造成的經濟危機。但是金圓券的幣值明顯被高估，於是一波波的金圓券熱錢流入臺灣，臺灣深陷惡性的通貨膨脹之中。三個月後，金圓券的幣值開始下跌，使得同年十一月以後大陸避險資金大舉湧入臺灣。上海的「熱錢」不斷流入臺灣，這些匯入款對貨幣發行產生壓力，大量匯兌的結果導致臺灣通貨膨脹更加惡化。

造成臺灣嚴重的通貨膨脹，還有另一個原因。臺灣銀行必須提供公營事業資金，也要墊付中央政府機關在臺的支出，由於金額持續擴大，導致臺幣發行持續增加。例如，臺糖將大量砂糖運往中國銷售，卻不見有對價的款項回收，導致缺乏營運資金，只能向臺灣銀行借貸。再加上砂糖出口價格管制及匯率干預，讓臺糖愈借愈多。臺糖所面臨的財務困難只能尋求臺銀提供貸款來解決，而臺銀在持續提供資金之下，也造成臺銀貨幣發行的壓力。臺銀以增加發行來因應，臺幣發行大幅增加，到了一九四八年，臺幣發行額已是臺灣銀行接收前的四萬餘倍，因此造成的物價膨脹根本不可能回落。

國共內戰日趨惡化，中華民國政府的中央機關相繼撤遷來臺，中央政府機構一多，臺銀對「機關團體」的放款也大幅增加。臺灣銀行以省庫的角色，採取增加通貨發行方式來因應，以便墊付中央政府的各項款項。由此可知，物價膨脹期間貨幣供給之所以增加，初期的主要原因是臺灣銀行對公營企業的放款，後期則是因為融通財政赤字。

物價飛漲之際，往往一個月前花五元買的東西，一個月後可能要花兩倍價錢才能買到。一九四八年十一月八日至十二日中國詩人雷石榆，陪伴舞蹈家妻子蔡瑞月返回臺南故鄉掃墓，就深刻體驗到臺灣社會物價飆漲的恐怖程度。回程當天恰逢國父誕辰日，火車票無預警狂漲了三倍，來時坐普通二等車廂花了五千多元，回程卻漲到二萬一千元。有些學生原本計畫利用假期北上參觀博覽會，到了車站才知道車票飆漲，只好打消念頭。雷石榆在〈臺南行散記〉中痛陳：「不預告而漲價實不合手續，而且一漲便三倍，更不合理。」省營事業不應該也像外界那樣數倍漲價，以至於刺激其他商品也隨之上漲。

◎ 通貨膨脹諷刺漫畫

眼見他起高樓，眼見他樓塌了

物價上漲之際，臺灣出口主要是輸往中國大陸，但是臺幣對法幣的匯率受中央管制，出口收入折算為臺幣後，便出現龐大的匯兌損失。臺灣作家張我軍說到戰後初期的茶葉外銷，就直言：「原料和工資是與黑市外匯看齊，而銷售到外國的製品，價款回來時按官價結款，往往拿不到市價的半數甚至三分之一。」在這樣的外匯管制下，許多出口商因為外匯管制而遭到莫名的損失。

在這一波嚴重的通貨膨脹時期，經營進出口貿易的商人，包括茶商、布商，個個損失慘重，當時經營茶行是一年才周轉一次，通貨膨脹時，有時買進很便宜，但利息一滾反賠錢，日息一塊三角，利息一年四倍半。這是非常驚人的數字，利息漲幅比物資快，高利息周轉不划算，但這些商人都沒有注意到這個數字帶來的問題，一心以為熬過這個時期就能賺回來，所以到處借錢而蒙受重大損失。例如新光集團的主要創辦人吳火獅，戰後初期從事的是臺灣與中國大陸之間的貿易，在臺灣收購各類土產，整船運去廣東、福建販賣，再將錢匯到上海買布。這一段時間，因匯兌手續不當，加上物價飛漲，他在廣東賣了東西，等錢匯到上海時已貶值為原來的十分之一，損失相當嚴重。

有人因為通貨膨脹而傾家蕩產，但也有人因為通貨膨脹而大發利市。後者的做法，就是在通貨膨脹期間向銀行借出巨款，用來囤積物資。隨著物價上漲，陸續再將囤積的物資拿出來賣，所得的錢拿一半還給銀行還綽綽有餘，可知利潤有多可觀。

受到通貨膨脹的影響，當時百姓為了保值，要麼把錢拿來買貨物囤積，要麼把錢放在錢莊賺利息。一般而言，鄉村的小錢莊會把收來的錢再轉存到城市的大錢莊，從中賺取期間的差價。一九四九年初，地下錢莊的利率高達每個月四五%～八一%，大量資金流向地下錢莊，臺北最大的「七洋貿易行」一度吸金二點五千億元，當時臺幣發行額是四千億元，已占一半以上，可見七洋吸金之可怕。不久後，七洋貿易行就因通膨嚴重而倒閉，全臺北的錢莊也發生骨牌效應，一家連著一家關門大吉，造成社會極度不安。當時民間流行一句話來形容這次的金融危機：「七洋、八洋，溶[1]了了」，投資人的辛苦錢全都血本無歸。

臺灣的土地改革：三七五減租

陳誠接任臺灣省主席後，如何爭取民心、安定臺灣經濟，成為他施政的要點。為了安定臺灣的社會情勢，除了下令戒嚴，加強社會控制外，還立即開啟土地改革的序幕，以消弭共產黨在臺灣農村社會發展的力量。一九四九年二月四日陳誠宣布正式實施「三七五減租」，主要內容為「以土地主要作物正產品全年收穫總量千分之三百七十五為準，凡是原地租超過此數者，一律降為千分之三百七十五，而未及此數者也不得增加」。

三七五減租相關規定，並沒有送臺灣省參議會審議，直接通令全省各縣市自第一期農作物

1——編按：溶的臺語和洋的臺語發音相同。

起開始實施減租。雖然，省政府推行三七五減租，但實際上相關的法律並未完備，直到行政院一九五一年六月時才頒布《耕地三七五減租條例》，三七五減租才算是真正具有法源依據的政策。所以，在一九九九年「臺灣實施土地改革五十週年口述歷史座談會」上，政治大學地政學系殷章甫提及：「實施三七五減租只是行政命令，並不是法律，三七五減租的法律是民國四十年才通過，民國三十八年實施三七五減租是犯法的。」

三七五減租換約的工作在一九四九年六月開始，七月省府派員到各地檢查換約的情形。但政策推動之初，成效相當有限，有黨員袒護地主，也有地主即為黨員，執行頗多困難。陳誠為強力要求地主配合，對於不合作或違反規定的地主，則送警備總司令軍法處置。

同年三月陳立夫來臺，為拉攏地方實力份子，經常與林獻堂會面商談臺灣的社會現象。外界謠傳臺中地方人士與陳立夫結盟，聯絡地主、農民，以打倒陳誠主席。對此，臺灣省黨部及臺中市黨部對林獻堂展開嚴密監控，密報林獻堂「將其本人所有巨額土地免費租於農民耕種，深獲一般農民之擁護，在臺灣組有一『自由黨』提倡進行土地共有制，外界懷疑其有做臺灣獨立運動之企圖」。對於林獻堂是否支持三七五減租，引起陳誠的關注。同年五月在減租會議上，臺中市長邀請林獻堂公

◎鄉鎮調解業佃糾紛

開表態，林推辭不得，只好公開說：「如果共產黨入侵臺灣，則地主的損失就不僅是租額減少而已，也就是覆巢之下無完卵，願諸君須有一番之大覺悟也。」

五月二日，陳誠至臺中視察，並召集縣市長與各界首長訓話：「徹底推行三七五減租，如有任何權勢違抗法令者，決嚴格取締，絕不寬容。外傳省政府委員林獻堂有違抗之事，純屬謠言，刻意中傷，個人擔保林氏擁護減租法令。」這段話不僅透露他對林獻堂與陳立夫交往頗為介懷，也有警告林獻堂不要輕舉妄動之意。

換約工作進行期間，地方工作人員不時會碰到地主消極抵抗不來蓋章，傳言正在臺中視察的陳誠忿而表示：「刁皮搗蛋不要臉的人也許有，但是我相信，不要命的人總不會有。」威脅地主應該擁護三七五減租政策，同時下令凡違抗或阻擾土地改革者送警備總部究辦，減租不力的地方官員也會遭到懲誡。據傳當時一位有聲望的大地主聽了之後，立即刻了二十枚私章主動找佃農在契約上蓋章。九月初記者訪問團再來訪問中部大地主林獻堂時，請他談談減租的感想，他說：「凡對農民生活有好處的土地政策，就是在我利益上有損失，我也是竭誠擁護政策。」

◎ 記者訪問開明地主林獻堂

減租之後，幾家歡樂幾家愁

三七五減租實行後，地主的收益減少，因此部分地主不再以土地做為獲利來源，於是土地價格開始下跌，跌幅多在三分之一或二分之一。有些只有幾分地的小地主，減租前一家都靠這幾分田放租過活，減租後則想收回田地自耕，卻又不習慣從事農作。因此，動念想賣掉田地，但田價自三七五減租後大跌，在捨不得賤價賣掉唯一的生活依靠下，只好另尋適當的職業，加減靠著三七五的租穀過活。

小佃農楊春自父親分家後，分得四分田獨立成家，但家庭成員頗多，根本不足維生。因此，楊春又另外租佃土地耕作，每年收成要給地主五成，雖然天天辛勤勞動，生活仍一年不如一年。楊家一年到頭幾乎都吃著番薯籤飯，一年下來，有時還會欠上數擔稻穀，必須向地主借穀過年。那天，楊春一如平常在田裡工作，聽到佃農李甲雲大喊說今年要實施「三七五減租」，田租不能超過作物總價的千分之三百七十五，而且租期最少要簽六年，地主也不能隨時把人趕走，他欣喜地說做田人要「快活」了。聽到消息的楊春半信半疑，無法相信天底下會有這麼好的事嗎？

李甲雲率先前往換約，消息一時傳遍全鄉，佃農們先後都去換了約。楊春內心忐忑不安，前往地主家換約時，還怕被地主拒絕。見地主沒說什麼，就在新約上蓋印章，楊春高興得手舞足蹈，不斷地向地主道謝。到了冬末年尾時，楊春仍害怕定了新約的地主會反悔，因此還是按往年舊約的規定準備好租穀數量，也就是年收成的一半。等地主來收租時，楊春緊張地問他：

「今年是徵新租，還是舊租？」地主回答：「今年政府規定收『三七五』，農民要快活了。」徵了三七五地租後，楊春家還有半倉穀，家裡終於可以吃到「白米飯」了。他跟兒子說：「現在實施三七五，我們多收一粒米全就是我們自家的，打拚種田有價值了，拚命幹吧！」

三七五減租立意雖良善，但也造成不少糾紛。最主要的問題在於退耕。在三七五減租實施後，發生了為數甚多的退耕事件，從一九五〇年至五一年六月底，總計有一萬六千三百四十九件，到一九五二年六月底更增加至三萬五千三百一十三件。政府對此的解釋是地主在預期土地收益會大幅下降後，為了維持以往收入，就使用各種手段要求佃農退租，包括送現金或部分耕地來收買佃農，或是訴諸暴力脅迫。退耕原因固然有部分是地主的脅迫，但也有不少案件是佃農自願退耕，原因不外是他們歷代都與地主交好，考量減租後地主可能會生活困難，所以才會自願退租。

事實上，三七五減租正式實施後，農民的生活不見得如前述的楊家所想像的，家庭經濟將會大幅改善。一九五一年，美國土地研究專家雷正琪（Wolf Ladejinsky）到臺灣農村考察時，就發現佃農必須負擔日益加重的賦稅，除原本的農地賦稅外，還必須負擔防衛捐、公學糧、鄉民協會費及臨時攤派的稅捐。而且米價比物價低弱，一九四九年冬天十一斤的稻穀可換五斤的魚，但現在僅能換得一半。米價低落明顯削弱了農民的購買力，購買力降低直接造成農民生活的艱苦，加上稅捐支出增加，讓佃農減租所收到的利益大打折扣。

發行新臺幣是亡羊補牢之計

雖然三七五減租相當程度上幫了陳誠穩定了臺灣內部，但還不足以解決因為匯兌導致的臺灣通貨膨脹問題，也對負擔沉重的軍糧問題於事無補。陳誠將兩個月來臺省的情形，回報給下野中的蔣中正知情，並呈上「臚陳臺省情形冀為亡羊補牢之計」，就糧政、幣制問題請示蔣中正時局危機的解決之道。中央各項墊款，每月約一億元左右，臺幣發行現達二千多億元。如此情形繼續下去，只有增加發行一途，後果則是影響物價，對臺灣這個彈丸之地來說，已是不可承受的重擔。因此，應該由中央另發行新幣，或由中央酌撥一部分資金交臺省發行，加發臺幣。再就軍糧供給來說，原預算是七萬五千人，現每月增至十七萬人，但實際人數卻不足五萬人。希望中央儘量將不必要的單位機關歸併或裁撤，力求核實。

不久後，中央政府同意了對臺灣財政予以特別資助，過去臺灣省替中央在臺機關所代墊款項，特准全部以存在臺灣的黃金、美鈔歸還。一九四九年六月十五日，臺灣省政府以中央銀行撥還臺灣銀行八十萬兩黃金作為發行準備，並撥借一千萬美元外匯作為進口貿易資金，發行「新臺幣」。翌日，臺灣省政府下令停止與中國大陸金圓券的匯兌措施，築起一道防火牆；加上中共逐漸控制中國大陸的大部分地區，臺灣與中國大陸的經貿關係幾乎中斷。不過，「新臺幣」發行對於壓抑通膨只有短期效果，無法根本解決物價膨脹問題。直到韓戰爆發後，美國對臺提供軍事與經濟援助，解決臺灣的財政赤字，惡性物價膨脹才終告結束，使得臺灣免於受到

函呈總裁蔣（蔣中正）臚陳臺省情形冀為亡羊補牢之計（1949年3月3日）

總裁鈞鑒：職奉命主台，忽閱兩月，謹將兩月來所見台省情形，臚陳如下：（一）自抗戰勝利，台省光復以還，最可慮者，為造成大地主與爆發戶，致貧富懸殊。以最近統計數字，擁地三十甲以上者，（每甲合十四畝餘）計八百四十五家，五十甲以上者，三百八十三家，一百甲以上者，二百七十二家，暴發戶亦不在少數，因此造成許多失業者，無以為生。（二）自時局逆轉，內地人及各機關等，紛紛來台，以軍費言，現每月須負擔五百億元。資源委員會每月平均須借貸二百億元。綜合中央各項墊款，每月約一千億元左右。而工廠尚不計算在內。台幣發行，現達二千多億元。如此種情形，繼續下去，惟有增加發行，影響物價，逐步高漲，以台省彈丸之地，實覺負擔過重。（三）台省工礦及農產品等事業，多為國營，其收入自屬於中央。而地方財政，無法解決，致人民生活日苦，同時中央來台人士，率多有地位、有財產者流，養尊處優，任意揮霍，相形之下，台人對中央印象極壞。如欲爭取民心，則對多數失業之民眾，不能不加以注意。因此省府曾經規定三七五減租，先從嘉惠農民方面著手，但黨員有袒護地主者，亦有地主即黨員者，執行頗多困難。（四）中央在台經營各種事業，既由台省墊付資金，又由台民努力生產，結果所得，均屬於中央。而台省所需物資，又須在內地照市價購回。此種竭澤而漁辦法，即台民所謂殺雞取蛋，此實堪注意者。職以為必須酌留一部分物資，供應台省需要，方足以台民之心。此事已與孫崎先生磋商，在原則上，彼極同意。但因出口物資所得外匯，由中央銀行管理。故台省所需肥料，以及重要器材，以外匯者無著，無法購買。目前肥料之重要，固之待言，即交通方面之鐵路橋樑，計八十餘座，亦急需修理。如逾期不修，將來交通必受影響。故對於台省出口之物資，所得之外匯，必須有一部分供給台省購買必需品之用。（五）對於台幣，因中央各機關，所需甚大，（如兵工廠復工，即須一千五百億元）勢必增加發行，已如上述。但無限制的增加，祇可暫，絕不可久。茲陳補救辦法二項，以供參考：（甲）請財政部派員來台，統籌辦理。將中央在台省如關稅、鹽稅以及資委會之收入，墊付中央在台機關。（乙）請解決台省幣制，由中央另發行新幣，或由中央酌撥一部分資金，交台省銀行，加發台幣。此外對於軍事方面：（一）軍糧原預算係七萬五千人，現每月增至十七萬人。而實際人數，則不足五萬人。希望中央能將不必要單位機關，盡量設法歸併或減少。並指定負責機關，統籌辦理，力求核實。（二）現全國軍風紀，敗壞已極，台省之軍事機關部隊，亦不能例外，致引起台人不滿。希望中央各主管單位，即派確能負責人員，來台主持，以免民眾發生意外。以上諸端，本不宜冒瀆清聽，惟以鈞座關切台省情形，並寄望最深，故心所謂危，不敢緘默，冀為亡羊補牢之計，毋命痼疾既深，措手不及。且職以病後之軀，幾等於半殘廢者，亦恐難負此艱鉅之任務也。茲以蔣祥慶同志回浙之便，謹為鈞座陳之，臨穎神馳，言不百一。肅叩鈞安。職陳誠呈。

附呈此間人事問題

（一）本省警務胡國振，數月來，造成不少糾紛。尤其對於人事方面，調整頻繁，至上下離心離德，現已調警備總司令部高參。遺缺查有台省山地行政處處長王成章同志，在此服務較久，人地比較相宜，已調充該處處長。

（二）社會處長李翼中，一切作風，與一般不易配合，擬令專任省委，所遺社會處處長缺，請調上海市政府民政局局長張曉崧充任。

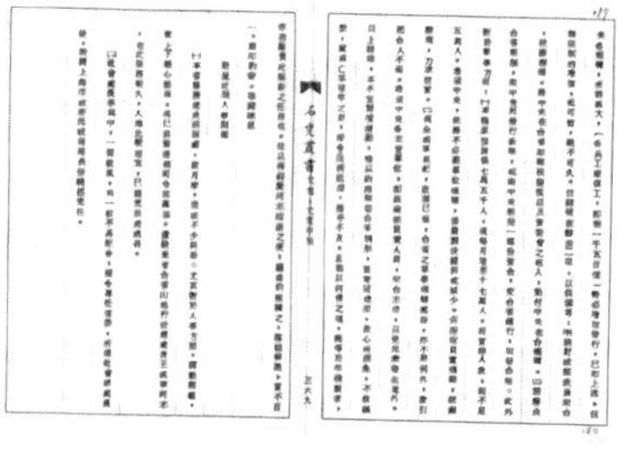

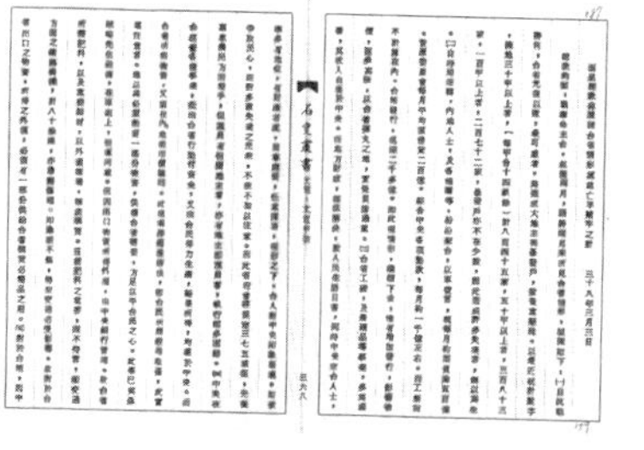

中國大陸嚴重通貨膨脹的波及。

隨著國共內戰的戰情惡化，國民黨政府軍糧需求並未因陳誠的呈報而減少，反而日益增加。七月十三日，蔣中正獲知福州糧食粒米未送，以手諭斥責臺灣省主席陳誠：「此種不管友軍死活，只知自保自足，殊為可嘆！雖知臺灣負擔之重，但無論如何，三日內湊足三千公噸糧食，送往福州前線，以資軍糧，切勿延遲。」陳誠語氣略帶不耐地立即回覆蔣中正：按照四月上海糧食會議決定，所需軍糧已照付墊撥，而且墊撥超額米數量已達九千四百七十三噸。自從接省主席至今，中央對於糧款未發分文。閩省軍民的缺糧問題已盡力協濟，陸續撥齊。現新稻雖先後登場，公家毫無存糧，公教食米延遲未發。若限期再撥運三千噸糧食，現為極端困難之際，絕對無法辦到。

數日後，陳誠立即派人持函到廣州面見蔣中正，以「神經極端衰弱，體力不能支持」為由，請辭臺灣省主席等各項職務。蔣中正接到請辭信，對陳誠不顧大局之舉深感不滿，但一時又找不到比陳誠更合適的代替人選，只能以忽視不回覆的方式來應付。

重起爐灶，隨時反攻回去

藉由書信、口述歷史與日記的連結，我們看到了政權交替時，新統治者的施政措施，以及臺灣人民努力地在制度隙縫中尋找各種生存與發展的契機。一九四五年臺灣從日本的殖民地轉為中國一省後，強化了臺灣與中國大陸之間的物資互補，經貿關係日益緊密，商人活躍於兩岸之間，人流與物流在兩岸間來來往往。然而，臺灣被捲入國共內戰體系，原本已不敷所需的臺灣糧食，又因戰亂關係被封存為「軍糧」輸出。此外，臺灣與中國大陸的匯兌關係，被高估的法幣湧入臺灣，使臺灣受到嚴重通貨膨脹的波及。流動於兩岸之間的商人也受通貨膨脹之害，投資血本無歸。

蔣中正下野前安排陳誠出任臺灣省主席，陳誠就任後以安定臺灣經濟為首務，立即推行三七五減租，雖然在法律上未有依據，但為爭取時間，以防堵農村農民支持共產黨的可能性，對於反抗者一律移送軍法審判，以強硬措施推行，再用輿論壓力迫使林獻堂等大地主公開表態支持。然後再推行新臺幣改革，切斷臺灣與中國大陸的貨幣連帶關係，減輕來自中國大陸嚴重通貨膨脹的衝擊，而且臺灣銀行也不再增加印鈔來墊付中央政府各項款項。隨著國共戰情惡化，國軍頻頻取用臺灣糧源以保障軍糧，在不堪負荷下，陳誠斷然拒絕再補給中國軍糧的命令，以穩定臺灣局勢為其第一要務。

一九四九年國民政府遷臺後，臺灣人民被捲入兩岸長期的軍事對峙，並在戒嚴與白色恐怖的嚴密控制下保持沉默。由此回顧以上在臺灣推行的種種措施，可以視為國民政府「重起爐灶」的準備工作，而臺灣就是他們最後的反共堡壘。

第八章

臺灣，一座監獄的身世

從白色恐怖到刑法一〇〇條

黃仁姿

臺灣從威權統治走到自由民主，在這段歷史過程中，曾經有許多人在莫須有的罪名下耗盡了最精華的人生歲月，終生背負著如蛆附骨的莫名恐懼。停下腳步，回頭重新去理解這段歷史，就從一封「寫給爸爸」稚嫩筆觸的信開始吧！

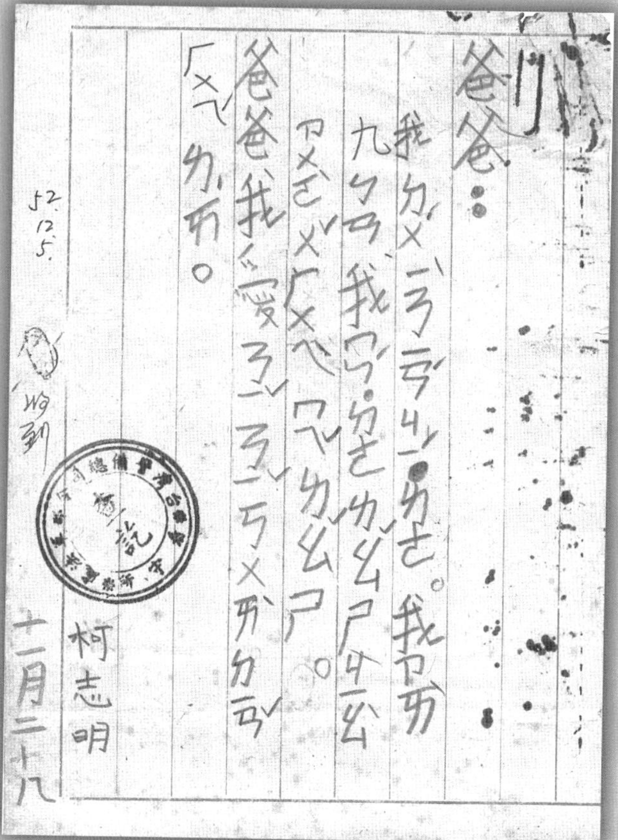
爸爸：

柯志明

十一月二十八

52.12.5.

收到

一九六三年十一月二十八日

柯旗化長子柯志明寫了家書給遠在他方的父親：「爸爸：我讀一年級了。我在九班，我們的老師叫做……。爸爸我愛你，你快回來。」

轉眼間，時序即將進入冬天，甫上小學一年級的柯志明寫信給父親柯旗化，告訴父親自己今年已經讀小學一年級了，深切盼望離家已久、想念不已的父親能儘早回家。

打從柯家子女有記憶以來，父親一直就待在美國留學，母親是這麼對他們說的。多年後的某一天，柯旗化的女兒突然發現父親寫回家的信，信件上面的寄件地址卻寫著「臺東」，這讓她感到非常詫異。她拿起父親的信，率真地問母親：「你不是說爸爸在美國，為什麼爸爸寄來的信寫的地址是臺東？」柯旗化的太太蔡阿李，為了虛應女兒，只好跟她說：「美國剛好有一個地方也叫臺東，同名而已、同名而已。」

被迫缺席的父親

等到柯旗化的女兒漸漸長大懂事後，覺得事有蹊蹺。於是，就在她讀國中一年級時，終於忍不住親自寫信給父親。她衝動地直接在信中問父親：「我很懷疑您不在美國，而是在臺東。如果您在美國，為什麼會用臺灣製的信封，用臺東清溪山莊的信箋呢？還有，為什麼我們寫信總是寫臺東郵政 7908 附 2 信箱？為什麼不寫美國××州××路 ×× 號？爸爸，請您把您的地址詳細地告訴我吧！」

柯家聰慧的女兒，終究戳破了母親蔡阿李為了保護子女而不得不營造的虛假幻象，逼使柯旗化與蔡阿李必須面對子女「爸爸明明不在美國留學、爸爸在哪裡？」的天大疑問，以及為何父母親要特地編造謊言來騙他們。

此時，仍被囚禁於臺東泰源監獄的柯旗化，在收到女兒來信詢問後，決定讓太太蔡阿李老實對三名子女說明自己因為「政治犯」而被監禁的事實。然而，「政治犯」是什麼？為什麼一直在美國留學的父親，突然變成犯人被關在監獄？又是為什麼，母親必須欺騙他們？當柯旗化與蔡阿李選擇說出事實的同時，也必須考量到殘酷的真相是否會對三名子女稚嫩的心靈帶來衝擊。因此，如何做出適當的說明，幫助孩子安全度過心理的調適期，在政治犯的家庭中恐怕也是一種無奈又辛酸的經驗吧。

相對於妹妹的「勇於發問」，長子柯志明老早就懷疑父親的去向，只是礙於母親不想多談，所以始終不敢深入追問。在這種情況下，對柯家的小孩而言，就像家裡藏著一個祕密，大人們有默契地絕口不提，於是這個祕密就在日常生活中一天天滋養長大，終至再也遮掩不住。

另一方面，蔡阿李的心裡多少也明白，孩子終究有一天會知道真相，在真相揭露的那一天之前，蔡阿李必須幫自己、也幫孩子做好心理準備。於是，她開始潛移默化，幫孩子挑選課外讀物，包括大仲馬的《基督山恩仇記》、雨果的《悲慘世界》等等，讓子女閱讀與討論，試著藉由這類故事來告訴孩子：被關進監牢裡的人，不一定都是壞人，有時候他們其實沒有做錯任何事。諷刺的是，被蔡阿李拿來當作教育體制之外的課外讀物《基督山恩仇記》，一度被當局列為禁書，必須從校園驅逐出去。

在做了這些努力之後，蔡阿李決定把柯旗化的判決書交給長子柯志明。柯志明看完父親的判決書，哭著問母親：「判決書寫的都是真的嗎？」蔡阿李對他說：「判決書裡有很多內容都是捏造的……我們不必感到自卑或恥辱。」身為人母，蔡阿李細膩的設想與心理上的建設，在丈夫身繫囹圄時，撐起並守護了自己的家庭與小孩，不致因男主人的長期缺席而分崩離析。

真相揭開之後，趁著國三寒假，蔡阿李就帶著柯志明從高雄遠赴臺東去見父親柯旗化。十年未曾見過面的父子，柯旗化對長子柯志明說的第一句話是：「你長久以來為我吃了不少苦吧！爸爸對不起你！」柯志明回答：「不，爸爸才辛苦呢！我是尊敬爸爸的呀！」

被逮捕時，兒女的年紀尚幼，一別就是十年。闊別後的初次見面，卻幾乎不認得兒子的柯旗化，對於長子的道歉，反映的正是多少無辜政治犯對於子女的深深愧疚。他們的孩子生長在一個父親長期缺席的家庭，沒有父親可以

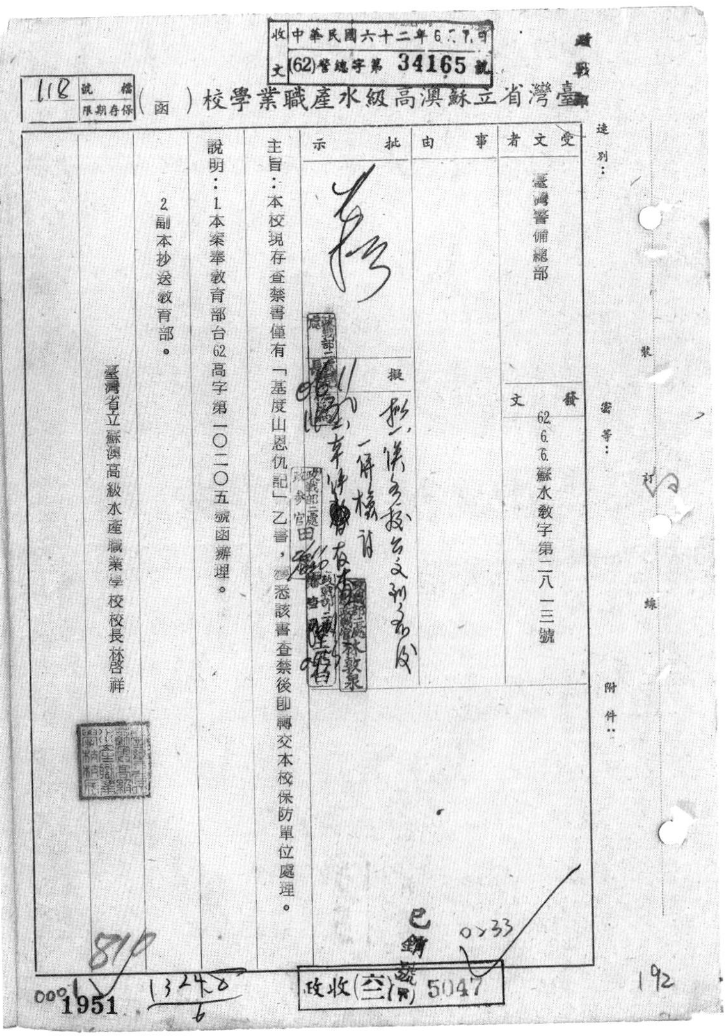
收文 中華民國六十二年6月7日
(62)警總字第 34165 號

臺灣省立蘇澳高級水產職業學校（函）

受文者：臺灣警備總部

發文：62. 6. 6. 蘇水教字第二八一三號

主旨：本校現存查禁書僅有「基度山恩仇記」乙書，[illegible]悉該書查禁後即轉交本校保防單位處理。

說明：1. 本案奉教育部台62高字第一〇二〇五號函辦理。
2. 副本抄送教育部。

臺灣省立蘇澳高級水產職業學校校長林啓祥

已銷

1951

◎ 1973 年，臺灣省立蘇澳高級水產職業學校，查獲禁書《基督山恩仇記》。

倚靠；而柯志明的回答，對一個深受國家暴力傷害的父親而言，無疑是最溫暖的撫慰。因此，仍被監禁中的柯旗化在與長子見面後寫下：「愛的力量竟是如此神奇，我應該感謝您和孩子們愛著我，使我的生命更加充實。」

在柯家的故事中，在丈夫被逮捕之後，獨力支撐家庭、堅毅養育子女的蔡阿李，不斷透過心理建設的方式，苦心讓子女了解他們父親柯旗化所遭遇的處境，讓子女知道他們的父親僅僅是一位無辜的政治受難者。在大家視政治犯如瘟疫、避之唯恐不及的白色恐怖年代，即使柯旗化無奈被迫作為一個缺席的父親，身為母親的蔡阿李，無論如何都盡力維護他在子女心中的父親形象。

像蔡阿李這樣的女性，當丈夫或家庭成員遭受國家暴力而被無情迫害時，堅忍、勇敢地走在人生的舞臺上，一人飾演雙角，無疑是白色恐怖的年代裡另一頁值得書寫的篇章。

在白色恐怖時期的政治受難者當中，過去大家多把注意力放在男性角色，但近年來，其他性別的受難者也逐漸浮現並受到關注，同時也有家庭成員一同被捕或受難的情形，因此白色恐怖受難者的創傷，絕非僅止於個人而已。他們的家人、雙方的原生家庭，一代人、兩代人，甚至是三代人之間，都難以避免地受到波及或連帶影響，使得他們成為國家暴力下長期被忽視的隱形受害者，也因此有所謂「獄外之囚」的說法。

囚禁你的人，困住你的靈魂

在臺灣，有很多人都認識柯旗化，學生時代準備考試的青澀歲月，幾乎必讀柯旗化所出版的《新英文法》。但是，或許鮮少人知道，柯旗化是一名兩度入獄的政治犯，而且也鮮少人知道《新英文法》的增訂修補，其實是柯旗化在監獄囚禁時努力完成。

柯旗化首次被逮捕是在一九五一年。據柯旗化本人在回憶錄的推測，可能是因為他中學時代的同學，當時任教於高雄市某所國民中學，所教過的畢業生中有人被捕，牽連到學校老師後，進而一併逮捕身為友人的柯旗化。

首次被捕的柯旗化，後來被裁定「無罪管訓」，未經由法院判刑，就與其他政治犯被移送至綠島新生訓導處，接受「感訓」。莫名失去自由近兩年後，終於在一九五三年獲釋。無罪卻被送往綠島監禁兩年，對今日自由民主社會來說，簡直是匪夷所思的事。但正如柯旗化所言：「寧可冤枉九十九人，也不放過一個匪諜。」所謂的白色恐怖，便是這樣的一個「不正常」時代。

一九六一年，柯旗化第二次被捕，原因與「方鳳揚等案」有關，最後以「預謀顛覆政府」的罪名被判刑十二年。柯旗化後來被移送至臺東泰源監獄，由於一九七〇年爆發「臺東泰源監獄事件」，政府當局決定將「政治犯」再移監綠島，於是柯旗化第二度被送往綠島監禁。

根據判決書，柯旗化的刑期本應在一九七三年屆滿，時間到了卻沒有獲釋，而是延長監禁至一九七六年才得以離開綠島。這對於殷殷期盼，一直等待回家的柯旗化而言，刑期無端被延長不啻是個嚴重的打擊，讓他鬱悶難解。然而，像這種刑期屆滿卻無故延長監禁的案例，在當時並非只有柯旗化一人。

出獄將近二十年後，柯旗化於九〇年代出版了日文回憶錄《臺湾監獄島——繁栄の裏に隠された素顔》（《臺灣監獄島——繁榮背後隱藏的真實》）一書，為自己的遭遇留下歷史見證。其子柯志明在回憶父親晚年因病住院時，曾提到一段令人印象深刻的敘述：

父親罹患老年失憶症一陣子後，有時候已經認不出親人了；問他話時，他的回答常常只是在重複別人的字句。有一次，他罹患肺炎住進高雄醫學院附設醫院，一位短髮精壯的友人前來探視，離開後，他偷偷告訴我「那是個特務仔」。乍聽之下，真是令人啼笑皆非，但我瞬即警覺，父親辨識親友雖然已經有困難，對特務的警戒恐懼卻在記憶深處，始終未曾鬆懈。

換言之，直到生命的最後一程，即使遺忘所有、遺忘親人，柯旗化卻始終無法忘卻藏在內心深處，對於國家暴力的戒慎恐懼。對他而言，即使早就已經離開有形的牢籠禁錮多年，但是無形、無止境的囚禁感卻始終徘徊不去。因此，文學家葉石濤才說：「臺灣就好像一個大監獄，大監獄裡存在著無數的小監獄。」白色恐怖的時代，臺灣被打造成一座監獄，居住在這塊島嶼上的人們被剝奪自由，囚禁也就成為彼此的共同命運。

監獄的形成：心的牢籠，思想的束縛帶

臺灣，是一座監獄。

柯旗化與葉石濤，用其極敏銳的文字與感受力，具象化了白色恐怖時代的無形氛圍。那麼，臺灣是如何成為一座監獄，而籠罩在臺灣這座監獄的白色恐怖，究竟是什麼呢？

白色恐怖一詞源自於法國大革命期間，對於反對者的鎮壓。爾後延伸其義，凡是藉由國家權力對於人權的不當侵害，都可稱為「白色恐怖」。戰後的臺灣之所以被砌成一座監獄，主要就是與侵害人權的非常體制有關。

一九四五年的夏天，日本宣布投降後，就如毛澤東所言，國共內戰已不可避免。二次大戰一結束，中國再度陷於內戰。為了鎮壓「共匪叛亂」，而進入所謂的「動員戡亂時期」。內戰失利後，慘遭逼宮下野的蔣介石，在下野前未徵得陳誠意願，就任命陳誠為臺灣省政府主席，並催促陳誠儘速抵臺就職，避免夜長夢多。

陳誠就任臺灣省政府主席後，兼任臺灣警備總司令部司令，宣布臺灣於一九四九年五月二十日零時起開始「全省戒嚴」。此一戒嚴令，在當時很可能沒有按照規定送交立法院進行追認。陳誠或許也意識到戒嚴程序不完備，後來再請求行政院將臺灣劃入一九四八年的全國戒嚴令當中，不過按照當時動員戡亂時期臨時條款的規定，必須呈請總統公布，方能完成戒嚴程序。

但是，當時代總統李宗仁很可能沒有簽署，直到一九五〇年在臺灣的立法院又進行追認程序。儘管如此，依照實務而言，臺灣的戒嚴體制，一般仍從一九四九年起算。

簡單來說，因應戰爭、叛亂發生而實施的「動員戡亂體制」加上「戒嚴體制」，構築了臺灣這座監獄的主體結構設計。其中，最常用來鎮壓異議者的法律工具，則是《懲治叛亂條例》及《戡亂時期檢肅匪諜條例》，而《懲治叛亂條例》當中，最為惡名昭彰的「二條一」，更是在白色恐怖期間，得以奪去人命的殘酷法條。

八〇年代與越獄的「暴徒們」

柯旗化離開綠島十多年後，臺灣終於在一九八七年解除戒嚴。但是，早在解除戒嚴之前，八〇年代的臺灣社會早就風起雲湧，企圖衝破監獄牢房的「暴徒們」，不斷、不斷地展開進攻。

政治上，在「美麗島事件」的大逮捕之後，黨外士氣曾經一度低迷，而社會上也瀰漫著風聲鶴唳的氣氛。然而，到了一九八〇年底，因為中美建交而被迫中斷的「增額中央民意代表選舉」卻得以重新展開。同時，也因為發生了「美麗島事件」，使得許多被逮捕入獄的黨外人士，其家屬紛紛「代夫出征」、「代兄參選」，比如當時被官方列為美麗島「八大寇」之一的姚嘉文，妻子周清玉便在此次投入選舉。

「代夫出征」的周清玉，喊出的選舉訴求是「走那沒有走完的路」：

我們只要求一個民主的政治環境，一個法治的社會。我們深知世界上的醜陋不可能自動改變，黨外民主運動就是在為這個必須付出犧牲的改變而奉獻。希望全體民眾與我們一起走那沒有走完的路。

在臺灣民眾對於政治受難者的普遍同情下，受難家屬的參選與訴求引發了熱烈的回響與共鳴，許多受刑者家屬也因而順利當選。這也使得本來因為美麗島大逮捕而遭遇挫折的黨外勢力，透過選舉的勝利，士氣再度高昂。

八〇年代，除了政治上的選舉運動之外，社會運動在解嚴前夕也相當蓬勃發展，其中包括婦女運動、爭取勞工權益的勞工運動，以及訴求「還我土地」、「還我姓名」的原住民運動。此外，由於臺灣長期以來，以犧牲環境為代價追求經濟發展，導致公害頻傳，因此引發了一連串的環保運動，例如反核及反公害等等。

換句話說，八〇年代的臺灣社會內部，早就蓄積一定的能量，再加上隨著經濟發展，中產階級對於現實體制的不滿，都是促成政治解嚴的重要背景。

臺灣解嚴的關鍵歷史時刻，包括解嚴前一年的一九八六年十月，時任總統的蔣經國接受美國《華盛頓郵報》發行人葛蘭姆女士（Katharine M. Graham）專訪，公開宣示在不久後將解除戒嚴，但是僅限於臺灣、澎湖地區，不包括前線的金門、馬祖。同時，在承認中華民國憲法、堅決反共、不從事臺灣獨立運動的條件下，設下了解嚴後「國家安全法」的基本原則。無論如何，臺灣即將解嚴的消息，由當時掌握政治大權的總統蔣經國親自向國際媒體證實，這也意味著臺灣監獄島的兩大重要梁柱之一——「戒嚴體制」，終於進入拆除工程。

終點與原點：刑法一〇〇行動聯盟

解嚴後，臺灣社會興高采烈地以為終於迎來自由與民主的春天，事實卻不然。

除了金馬地區尚未解除軍事管制之外，一九九一年還發生令社會矚目的「獨臺會」事件。清大學生廖偉程，以及社會人士陳正然、王秀惠、林銀福、安正光等

◎ 蔣經國接受葛蘭姆女士專訪。

人，被法務部調查局指控參加所謂的「臺獨叛亂組織」——「獨立臺灣會」。此組織被當局認為由在日本從事臺灣獨立運動的史明所成立。事實上，這些遭到逮捕的人可能是因為有人曾經讀過史明所寫的臺灣史書籍，想成立臺灣史研究會並前往日本拜訪史明，請他回臺協助相關宣傳。

由於法務部調查局在沒有知會清華大學校方的情況下，進入校園逮捕當時就讀清大歷史研究所的研究生廖偉程，引起清大學生強烈反彈，在校園內展開靜坐抗議，發起全面「自首」運動，控訴當局侵犯學術自由，並轉往臺北市調查處示威抗議。

「獨臺會」案件發生後，憤慨的學生與教授們，首先聚集於「中正紀念堂」，警察強制驅離抗議的學生與教授，包括臺大陳師孟教授等人都遭到毆打，引起社會高度憤怒，譴責政府暴力行為，多所大學、研究機構的學者亦隨之成立「知識界反政治迫害聯盟」，各校學生也紛紛罷課響應。其後，全臺聲援「獨臺會」事件的學生們，選擇占領臺北火車站大廳，展開靜坐抗議，要求釋放「獨臺會」被捕的相關人士、廢除《懲治叛亂條例》、反對政治迫害，以及尊重學術自由。

在各界高度不滿而引起的社會壓力下，終於迫使當時的立法院廢止《懲治叛亂條例》。然而，廢除《懲治叛亂條例》後，「獨臺會」案件中的相關人士雖然無需再面臨《懲治叛亂條例》的起訴，卻得面對刑法內亂罪的處置，甚至此時仍有海外異議份子遭到以「預備內亂罪」判處有期徒刑。因此，這也使得公民社會赫然意識到，廢止《懲治叛亂條例》僅意味著無需面臨「唯一死刑」的恐懼而已，不代表言論主張獲得百分百的自由。所以在廢除《懲治叛亂條例》後，進一步提出修正刑法一百條的訴求。

依據刑法一百條規定：「意圖破壞國體、竊據國土或以非法之方法變更國憲、顛覆政府，而著手實行者，處七年以上有期徒刑；首謀者，處無期徒刑。前項之預備犯，處六月以上五年以下有期徒刑。」因此解嚴後，政府當局仍然得以運用刑法一百條來對付異議人士。換言之，臺灣社會雖然已經解嚴，但是尚未完全展開自由化的進程，仍然存在著對於言論自由的箝制。

就在「獨臺會」發生的同一年，臺北、高雄兩地先後展開「公民投票進入聯合國遊行」。九月八日率先在臺北舉行，並發表「九八大遊行聲明」，遊行的目的主要是呼籲臺灣必須申請加入聯合國，解除外交上的孤立狀態。但是遊行當天，警方與遊行群眾發生衝突，直到晚間群眾都不願意結束遊行而散去。為了緩和群眾情緒以及勸離群眾，臺大教授陳師孟遂宣布將於十月十日國慶閱兵當天，發起「反閱兵遊行」。

「反閱兵遊行」的構想，進一步轉變為「反閱兵廢惡法」的「刑法一〇〇行動聯盟」，聯盟主要由臺灣教授協會等團體籌備，主要發起人包括：陳師孟、李鎮源、張忠棟、林山田、廖宜恩、陳永興、陳傳岳、楊啟壽、蔡同榮、鍾肇政以及瞿海源等人。其中，中研院院士李鎮源畢業於日治時期的臺北帝國大學醫學部，以蛇毒研究聞名國際學界，因此當李鎮源院士願意挺身而出，毅然走出學院親赴立法院請願，其行動更是受到高度關注。

刑法一〇〇行動聯盟原本預計在「雙十國慶」發起反閱兵行動，但是聯盟成員事先在總統府前演練時，卻與憲兵發生衝突，政府竟然出動鎮暴水車驅散群眾，聯盟成員及群眾就近轉往臺大醫學院基礎醫學大樓門口靜坐抗議。十月十日凌晨，警方在沒有事先知會臺大校方的情況下，開始強制驅離臺大醫院的靜坐群眾、學生及教師，人在現場的李鎮源院士堅持不願離開，決定留在現場一同面對警察的強制驅離。驅離行動結束後，臺大校方，特別是臺大醫學院強烈譴責警察非法侵入校園。

經由刑法一〇〇行動聯盟的訴求活動，以及引發的朝野討論、社會效應，立法院終於在一九九二年通過刑法一百條的修正案，使得當時涉嫌「內亂罪」的相關人士免於被起訴並獲得釋放，人們得以不再因「思想」而犯罪。長期以來，有識之士諸如殷海光等自由主義者所追求的「思想自由、自由思想」，獲得初步落實，臺灣的白色恐怖時期總算宣告結束。

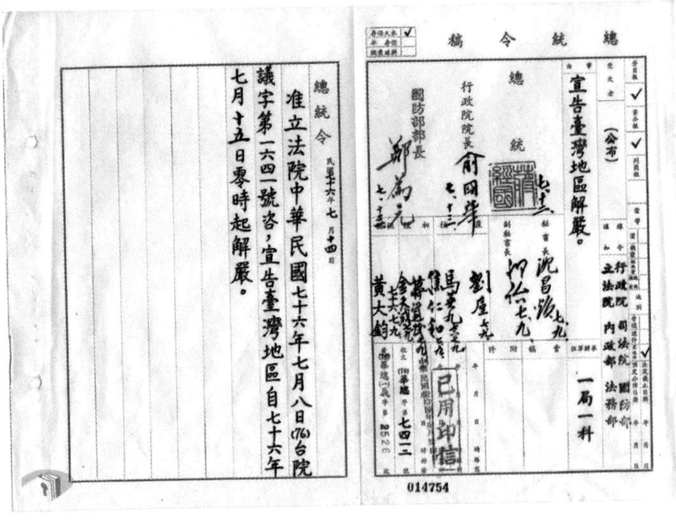
總統令稿

宣告臺灣地區解嚴。

總統令

准立法院中華民國七十六年七月八日(76)台院議字第一六四一號咨，宣告臺灣地區自七十六年七月十五日零時起解嚴。

◎ 1987 年蔣經國總統簽准臺灣地區自 7 月 15 日零時起解嚴。

一九九一年，動員戡亂時期臨時條款，以及動員戡亂時期的相關法令遭到廢止，臺灣這座監獄島的兩大重要梁柱「動員戡亂體制」與「戒嚴體制」可謂完全拆除了。再加上刑法一百條的修正，從法律體制上而言，可說是臺灣白色恐怖時期的終點。而這歷史的終點，巧合的與「刑法一〇〇行動聯盟」中，備受矚目的李鎮源院士個人生命中所經歷的白色恐怖原點緊密相連。

李鎮源院士願意在退休後，以七十多歲的高齡挺身而出，或許與一九五〇年代的白色恐怖有密切關係。一九五〇年，李鎮源院士的友人——臺大醫師許強，因為「臺北市工作委員會」案遭到逮捕槍決，而他的妹婿胡鑫麟亦被移送綠島監禁，那樣的一個黑暗年代，迫使李鎮源院士遠離世事，選擇把所有心力都放在學術研究上。

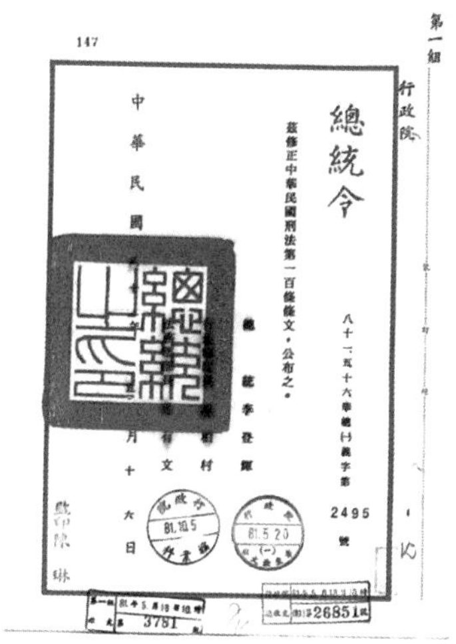
總統令
八十一年五月十六日華總(一)義字第2495號
茲修正中華民國刑法第一百條條文，公布之。
總統 李登輝
行政院院長 郝柏村
中華民國八十一年五月十六日

◎ 1992 年公布《刑法》第一百條之修正。

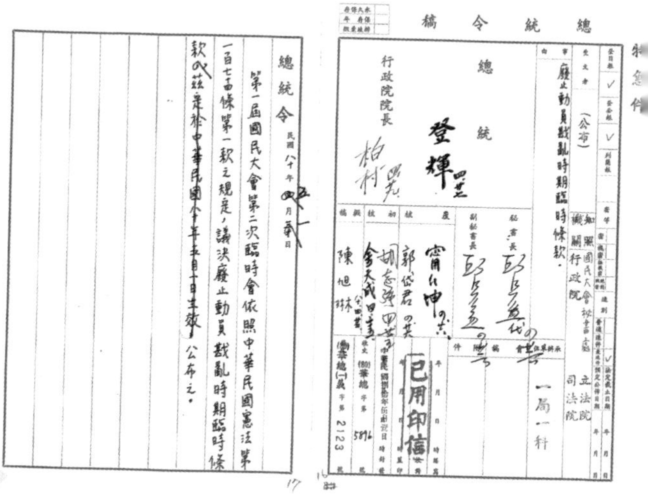
總統令 民國八十年四月卅日
第一屆國民大會第二次臨時會依照中華民國憲法第一百七十四條第一款之規定，議決廢止動員戡亂時期臨時條款，茲定於中華民國八十年五月一日生效，公布之。
總統令稿
總統 登輝
行政院院長 柏村
已用印信

◎ 1991 年李登輝總統簽署公布廢止《動員戡亂時期臨時條款》之公文。

然而，李鎮源院士心中始終沒有忘記那位死於馬場町刑場的友人。多年以後，李鎮源院士談起許強，說道：「他的個性很直，很正直、很有正義感。」正是因為早年朋友、親人在白色恐怖時期的蒙難，讓李鎮源院士在人生晚年選擇站出來，齊眾人之力，進而促成白色恐怖結束的歷史轉捩點，使得臺灣這個島嶼終於解除禁錮的命運，讓監獄高牆逐步崩塌。

不再沉默，在轉型與重生中得見光明

臺灣，曾經是一座監獄。

兩度蒙受牢獄之災的柯旗化，晚年把臺灣描繪成監獄島，而他本人即使離開有形的監獄多年，卻仍一直受困於無形的監獄。儘管動員戡亂體制與戒嚴體制，牢牢地架起了臺灣這座監獄，但是獄內獄外，長年累月，從少年到白髮，都有人不間斷地試圖攻破監獄，想方設法破繭而出，直至監獄主體結構傾斜、塌陷，進而頹圮為止。

島嶼需重建，臺灣自從解嚴以後，進入九〇年代，開啟了一連串的重建工程，邁向自由化、民主化的轉型，包括廢除萬年國會、終止動員戡亂、總統直接民選等等。然而，在監獄原址重建家園的過程中，一度「向前看、不要向後看」的表面工程，終需得回頭面對過去遺留的斑斑血淚痕跡，方有重生的可能。

過去，由於威權體制的影響，使得居住在這座島嶼的人，長期籠罩在白色恐怖的陰影之中，無論性別、族群、省籍、階級、宗教信仰等，都受到同樣的禁錮，共同囚禁於這座臺灣監獄島上。而在歷經九〇年代的民主化浪潮後，終於得以衝破束縛，脫胎換骨。只是，從威權體制轉型為自由民主國家之後，又要如何面對過去威權時期的歷史，尤其是過往國家對於人權的重大侵害呢？藉由檢視的過程，我們得以再度確認維繫共同體的價值，重建公民社會的深層內理，從而守護臺灣社會的自由與民主。這不僅有賴於共同體所有成員的努力，也將考驗著共同體所有成員對於未來的想像與承諾。

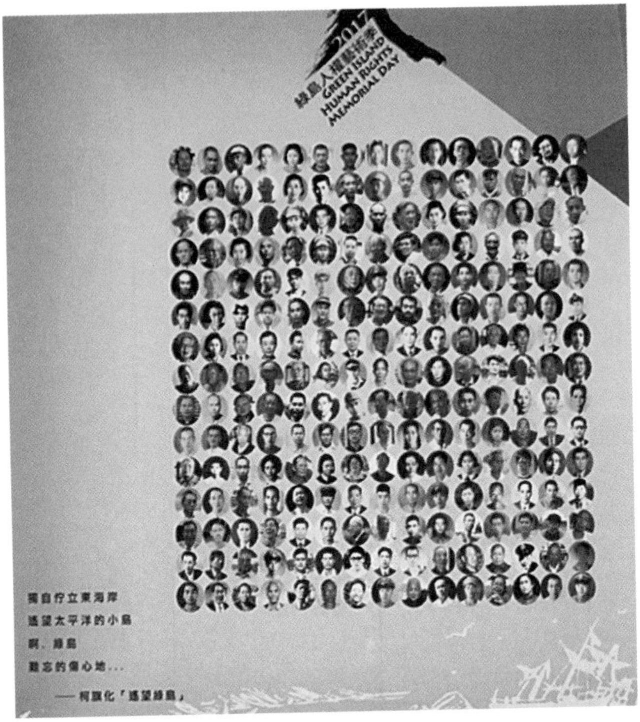

◎ 2017 綠島人權藝術季，引述柯旗化的詩歌作品〈遙望綠島〉：獨自佇立東海岸 / 遙望太平洋的小島 / 啊，綠島 / 難忘的傷心地……

◎ 解嚴三十週年系列活動：白色恐怖時期不義遺址巡迴展。「臺灣監獄島」亦為柯旗化回憶錄書名。

◎ 政治受難者與綠洲山莊的故事特展，其中包括柯旗化等人在內的受難者影像。

◎ 綠島人權文化園區的白色恐怖時期受難者名單

附錄　歷史寫作與史料解析

本書除了以書信史料作為行文切入點，也希望透過史料，帶領讀者看見歷史人物的內心世界。史料解讀是歷史研究的基本功，也是其核心，影響歷史論述的方向。此外，如何將歷史研究化諸文字，甚至流傳於世，則是歷史寫作的重點。

附錄部分即是希望向讀者引介本書討論主題的相關史料，和說明使用這些史料完成歷史寫作之方法。

尋覓臺灣早期史的另一面貌

林逸帆

歷史是由一件件的事件串連而成，人在其中的位置有主動的創造，帶領歷史的發展方向，也有被動或甚至無奈的「隨波逐流」，跟隨著時勢轉向。究其根本，人才是撐起歷史這個大舞臺的主角。因此，這本書從構思、討論、定案到書寫，一直都把主軸定位在「人」這個最根本的元素上，並從最生活面、大至國家大事或小至家書的信件著手，用書信的故事性來回溯臺灣史幾個重大的轉變。

因此，為了回應本書的主旨與企圖——把臺灣史相關的「書信」當成「新」史料或媒介，更貼近觀察臺灣史，在〈里族河的冰冷大王〉一文中，選用了一封荷蘭東印度公司在臺時，為傳遞訊息所使用的「書信」。要說明的是，這封「書信」並非是「新」發現的史料，而是從已出版的檔案史料中所選出的一個對象，用以說明臺灣早期大臺北地區眾多主角中之一——里族社的歷史。

有關荷蘭檔案的介紹，早已有中村孝志教授、林偉盛教授等人的回顧，因此關於日誌、書信、決議錄及其他附於檔案的相關文件，這裡就不再贅述。近年來與臺灣相關的荷蘭檔案，如長官書信與決議錄陸續譯注，為有心研究者提供更多的史料資訊。

本文書信是一六四五年四月二十六日，由淡水主管下席商務官凱薩爾寫給荷蘭東印度公司臺灣長官卡隆的一封信件，作為主角冰冷大王出場的一個引子，該信檔案號為 VOC 1149, fol. 764-766，也收錄於 *The Formosan Encounter*（順益臺灣原住民博物館出版，主要編譯者為 Leonard Blussé 與 Natalie Everts），在此擇取原住民相關部分收錄。原檔信件共有五頁，所翻譯部分只是其中兩頁，但仍足以提供我們相關訊息，帶出我們要講述的整個故事重點——冰冷大王被荷蘭人警告性的拘禁。

Ponap（荷蘭文獻中可見 Ponap / Penap / Poenap）是十七世紀中期以前里族社（Litsock）頭目之名，學者長期結構史方法論，呼應清代漢籍文獻，譯為「冰冷」。其論證一，「冰冷」若以客語念法，較接近 Ponap。其二，Ponap。後被用於襲名，也可見於其子[1]，因此在荷蘭文獻中亦稱冰冷為老冰冷，與其兒子做為區別，當然這樣的襲名情況也見於其他族社。故本文採之以構成。

為了符合本書以書信史料為主軸的架構，本文一開始即以書信收發的時間點切入，因此全文採倒述法。至於荷蘭這封書信的性質，實際是屬於公文書類，是為了荷蘭東印度公司運作而延伸出來的訊息傳遞方式，內容幾乎都與荷蘭東印度的統治臺灣有關。也因此，我在書寫時，不得不從荷蘭東印度公司治理情況開始談起。

儘管史料限制了書寫方式，但我仍希望盡可能站在當時福爾摩沙人的角度，去書寫大臺北

1——翁佳音，《大臺北古地圖考釋》，頁 46。

地區的里族發展，逐漸深入里族河（今基隆河）這條往來淡水、雞籠的交通要道，看看世居在河岸的族群，如何在外來勢力的入侵下，既能顧及族人的性命與安全，又能維持原有的生活形態。不可諱言的，在人物的描繪上，為了凸顯性格及可讀性，有時不免會稍微脫離歷史家本業，加入較多的感性筆觸。

淡水地區有許多福爾摩沙人，基本上與雞籠地區的福爾摩沙人一樣，同屬馬賽一族，這裡我們統一用福爾摩沙人來表示臺灣的原住民，北部地區的馬賽人也同樣使用此一稱呼。

故事的主角冰冷大王，其族社坐落在現今基隆河北岸的內湖一帶，今日基隆河沿岸的奎府聚社（Kimoutsio）、搭搭攸社（Cattaya）、里族社（Lietsock）、麻里即吼社（Kimalotsigauan）、峰子峙社（Kipangas），應該一度都是該族的勢力範圍。他社長老可以視為冰冷大王的手下或兄弟，例如峰子峙社的長老，不時被派遣去跟荷蘭人傳達消息。此外，從淡水河轉進基隆河後，沿岸麻（毛）少翁大社（Kimassouw），也是里族社的友社，在一六五〇年代末期甚至由冰冷兒子，即新冰冷茶尼兒（Teneijl）接收，併入里族範圍。

在這裡，我們有必要來說說麻少翁大社。回到一六四四年，那時荷蘭人剛進入淡水河沒多久，甚至還在調查各村落的狀態，在隊長彼得邦（Pieter Boon）日誌中[2]，記載前往淡水堡壘的一批村社頭目中，就有以里族冰冷為首的，其中包括搭搭攸社、奎府聚社、峰子峙社、麻里即吼社等頭目。其後的文獻中，也不斷顯示這些地區是里族的統治範圍。同一份文件顯示，應到而未到的頭目有武勝灣河（Polonan 河，今淡水河與新店溪）秀朗社（Siorongh）長老福貿

2 ——*DZ I*, pp. 256-257。

（Gomauw）以及里族河的麻少翁社長老叭哩莫（Parimoch）[3]。這兩個人有緊密的合作關係，一六四三年當冰冷指控福留企圖背叛荷蘭人時，叭哩莫就曾挺身幫福留說話。

該日誌亦記載麻少翁（Massouw）另有一個大社，位在淡水東邊，與其他未臣服村社一起，都在武勝灣河（Polonan）沿岸[4]，除了麻少翁社外，還有武勝灣（Pinorowan）、雷里（Royruyck）、了阿（Rabbarawas）、龜崙蘭（Cacouranan）等社。這裡的麻少翁社是大社，有兩個長老 Ghacho（Balabolau 社）和 Limwan。

檔案所記錄的淡水東邊，即關渡以降的淡水河流域，並進入新店溪範圍，為今日大同、萬華、中正區、中永和一帶。這裡的麻少翁社的社址，與大臺北古地圖第 21 號「了阿社」有關，學者將了阿八里社比定於龍匣口，因此，麻少翁社可能位於今日社子島、大稻埕至艋舺沿岸的某處。

到了一六四六、一六四七及一六四八年，麻少翁社的長老固定是福留及叭哩莫兩人，一六五〇年代則以福留代稱麻少翁社，直到一六五〇年代中期小福留去世，由年輕的冰冷茶尼兒接掌麻少翁社。

麻少翁社址，除了士林、社子之外，在拔鬼仔（Pedel）日誌中還提到 Cubocan 河，該河可上至 Cibocan 社，由麻少翁社叭哩莫統治，一般推定 Cubocan 河應為天母磺溪，這個社址可能位於今天的沙帽坑[5]。總之，麻少翁大社的勢力推測可能涵蓋天母、士林、社子或至萬華一帶，甚至還包括前述秀朗社等友社。在一六四四年到一六四六年之間，麻少翁社的領導結構

3 ——*DZ/I*, p.260。原 Barinioch，應為 Parinioch（Parimoch / Peremoch）。

4 ——Peloan / Polonan。

5 ——翁佳音，《大臺北古地圖考釋》，頁63。

可能發生了變化。

透過里族與麻少翁的例子可以得知，村社之間的勢力範圍並非一成不變，而是會隨著時間、情勢改變，因為聯姻、聯盟所導致的擴展或縮小都是有可能的。

故事最後採用了清代漢籍文獻[6]，以回應前面冰冷大王的推論。這裡或許會被批評是一種「浪漫想像」，但為了故事的完整性，我仍維持這種寫法。當然，這是我們的一種假說，臺灣「近代初期（early modern）史」的一種長期結構，也就是說在十六到十八世紀臺灣歷史結構的變動不大，並有承接連結的關聯性。從里族的故事可以看到，歷經三個外來統治者，其在地化的連貫性仍可從各種文獻發掘出來。

最後，或許我們必須拋棄對「荷蘭時代」過分的想像與帝國的浪漫，回到土地的真實性，去解讀荷蘭檔案中所透露的種種訊息，才不會過度與生活及歷史脫節，甚至落入帝國的邊緣史。本文試著回到「近代初期」的臺灣（或稱為臺灣早期史）歷史現場，以里族為例，透過大眾化的語言來重新為這塊土地的早期住民寫故事，引領大家去關注臺灣的歷史。

臺灣各地尚有許多人事物值得再探究，甚至大臺北地區都還有很多說不完的故事藏在檔案裡，等待我們繼續訴說。如果能夠拋磚引玉，讓其他有心人將里族的故事繼續說下去，這也是我們所樂見的。

6——周鍾瑄，《諸羅縣志》，頁279-280。

一六六五年一封策反荷蘭王的信

石文誠

一六六五年元月鄭經寫給荷蘭人的書信：〈嗣封世子札致荷蘭出海王〉全文

蕭元回具述，王雅意通好，又覽王及巴禮與荷蘭人書，備見誠實，心甚嘉之。去歲王舟到彭湖時，有書與彭湖地方官。地方官不敢自裁，即弛啟來聞。不佞隨諭地方官，轉達通商永為和好，無失我先王德意。比及諭至彭湖，而王舟已往福州，緣不及致。及王至金門，不佞又令忠明伯弛書與王。王以與虜有約，不便爽信，遂致兩國之眾，干戈相尋。思明百姓失亡雖多，而王之兵士損傷不少，俱非兩國之初意。不佞為民物主，凡屬有生之倫、虱豸之微，莫不愛惜，而況兩國之民皆吾赤子者哉。

然此皆已往之事，不足以傷大德。今特遣戶部主事葉亨、練勇營蘇璣，分為二舟，各持一書，前來通好。惟王念和好之德，通商之利，合力禦虜，務使彼此有信可憑。盟約已定，即授王以南澳之地，悉還荷蘭之人。信使來往，貨物流通，豈不美哉。和好之後，兩無爽約。天日在上，決不食言。惟王裁之。

這封題為〈嗣封世子札致荷蘭出海王〉的信件，原件保存於荷蘭萊頓大學（Leiden University）圖書館，信件上並另有一「招討大將軍印」朱印。目前已知這封信上寫的「嗣封世子」即延平王世子鄭經，是他寫給荷蘭艦隊司令波特（Balthasar Bort，中文文獻稱為出海王苗焦沙吾）的信函。有意思的是，鄭經的父親不是荷蘭人的死對頭嗎？為何鄭經要寫信給荷蘭人？信又是什麼時候寫的？

鄭經為何寫這封信？

要了解這封信的由來，要先了解當時的臺海局勢。從一六五〇年代鄭成功勢力坐大後，清朝、鄭氏、荷蘭這三方的關係是彼此合縱連橫的。在一六六二年二月荷蘭人被驅除出臺灣前，鄭氏與荷蘭的關係是既競爭又合作，特別是後來與鄭成功的貿易衝突愈來愈劇烈，荷蘭人在臺最後幾年就相當擔心鄭成功會隨時攻臺。一六六〇年十月三十一日，荷蘭臺灣長官揆一（F. Coyett）寫了一封信命人帶往廈門給鄭成功，鄭成功回覆揆一的信中否認他會攻臺，雙方應該要和平相處。大約半年後，鄭成功船艦於金門料羅灣出海，直取臺灣。

此後的發展大家應該多少知道一點，經歷九個多月的圍城，荷蘭人被鄭成功驅逐出熱蘭遮城。圍城期間，揆一收到靖南王耿繼茂及福建總督李率泰於順治十八年九月四日（一六六一年十月二十六日）寫來的信，二人提議與荷蘭人合擊鄭成功[1]。後經荷蘭在臺灣的評議會開會決議，派出船艇五艘聯合清軍攻擊鄭氏在福建沿海據點[2]。艦隊司令官卡烏（Jacob Caeuw））自告奮勇要前往福建與清軍會合，但他出航後卻沒率船去中國，反而在澎湖附近轉舵，經由暹羅落跑回巴達維亞了[3]。首次清荷聯合軍事行動失敗。

荷蘭人剛失去臺灣這個對中國貿易的重要據點，積極地想收復臺灣。一六六二年（康熙元年）六月，荷蘭巴達維亞總督派出海王率船帶兵到福州交涉清荷同盟。一六六三年八月底，出海王再來福州，這次帶了十六艘船艇及士兵二千多人。出海王與耿繼茂正式簽訂協議，約定共同攻打金門、廈門二島，出海王也要求攻取金門、廈門後，雙方再順勢攻取臺灣，並於戰勝後把臺灣歸還荷蘭人[4]。雙方還約定事成後能讓荷蘭人自由貿易，並在九龍江口外的浯嶼築城貿易[5]。十一月月底的聯合軍事行動，清荷聯軍在金門烏沙頭（今古寧頭一帶）擊敗鄭軍，聯軍雖攻取金廈二島，但鄭軍主力其實損失不大，戰後鄭經往南退守銅山一帶（今福建東山島）。鄭軍得以突圍順利撤退，與清軍怯戰有極大關聯，當時出海王還和清方抗議清兵的膽小怯戰[6]。

金廈戰後，出海王在一六六四年二月率艦隊配合兩艘清方船艦出兵臺灣，聯軍兵臨安平城外，但怯於島上鄭軍眾多，出海王不敢發動攻擊。對峙期間雙方互打口水仗，彼此威脅利誘。期間駐守銅山的鄭經也寫信給出海王，信上提到要把南澳島給荷蘭人[7]。一個月後，出海王主動退兵，無功而返。荷蘭人此行除了無法收復臺灣外，金廈戰後清朝給荷蘭人的獎勵不是自由貿易，依舊以傳統的朝貢貿易來處理。就在出海王退兵後不久，同年四月，鄭經決定撤守銅山，將主力退至臺灣。

1——《熱蘭遮城日誌》第四冊。
2——程紹剛，《荷蘭人在福爾摩沙》，頁549。
3——曹永和，《臺灣早期歷史研究續集》，頁94。
4——楊彥傑，《荷據時代臺灣史》，頁298-299。
5——《靖海志》卷三，頁63。
6——John Ogilby，《中國輿典》（Atlas Chinensis）。
7——同上。

〈嗣封世子札致荷蘭出海王〉這封信應當是鄭經退守臺灣以後所寫。信中內容也透露，在一六六三年九月出海王來到福州至十一月正式開戰之前，鄭經曾經令鎮守金廈的忠明伯周全斌寫信給出海王，轉達希望雙方通商友好之意。比對外文資料，可知鄭經給的條件是讓荷方可以和臺灣自由通商，並且願意讓荷蘭人從銅山、南澳、雞籠等港口中挑一處為貿易據點。但出海王卻以與清方有約在先，而拒絕了鄭經[8]。一六六四年的年初，鄭經再派使者去見出海王，允諾讓給荷蘭人淡水、雞籠兩個港口，並允諾會釋放約百名生活在赤崁的荷蘭俘虜[9]。不過，這時荷蘭人仍抱持與清朝同盟的想法，對於鄭經的積極探詢並未答應。

一六六四年八月，出海王第三次來到臺澎海面，這次在巴達維亞評議會的決議下，荷蘭人吹起了進攻臺灣的號角，出海王主動出兵先占領北部雞籠。攻取雞籠後，出海王再前往福州與耿繼茂等人商討進攻鄭氏事宜。等了幾個月，年底出海王終於與施琅一起從金門出兵，不過，出航沒多久就遇上風暴，施琅以海象危險為由返航不再出兵，出海王為此氣憤不已[10]，出兵臺灣的行動中途叫停。大概一個月後，出海王接到鄭經從臺灣寫來的信，也就是這封〈嗣封世子札致荷蘭出海王〉。

信件上可見寫信日期是十二月初八，由信中「去歲王舟到彭湖時，有書與彭湖地方官」，以及「比及諭至彭湖，而王舟已往福州，緣不及致」等語，可知是講上述一六六三年（康熙二年、永曆十七年）九月出海王二度來福州之事。因此，信末的十二月初八應當是指永曆十八年（康熙三年），也就是西曆一六六五年一月二十三日。鄭經應當知道清荷聯軍並未真正同心，

8——同上注。

9——賴永祥，〈清荷征鄭始末〉，《臺灣風物》四卷三期，頁25。

10——歐陽泰（Tonio Andrade），《決戰熱蘭遮》，時報文化。

而施琅不配合攻臺之事也使得雙方的軍事結盟出現裂痕，因此寫了這封信給出海王，希望能策反荷蘭人與鄭氏結盟打擊清軍，並於信中再度提及將南澳島讓給荷蘭人一事。接到這封信後不久，出海王就回航巴達維亞，並帶回這封信，也就是現在這封信會保存於荷蘭的緣故。

雖然荷蘭人沒有答應鄭經的提議，但這封信某個程度也反映此後清荷聯合軍事行動的終止，荷蘭人已不再相信清朝。事實上，當時清朝的策略比較傾向於讓鄭經主力撤出福建沿海，全面退守臺灣即可，因此才沒有積極配合荷蘭人的攻臺行動；加上清朝對荷蘭懷有警戒之心，並不完全樂見臺灣歸還荷蘭。等到一六七九年，清朝提議要再清荷聯軍滅鄭，並將臺灣歸還荷蘭時，清方早已信用破產，荷蘭人拒絕了這項提議[11]。

信上的「招討大將軍印」朱印

這封信蓋有一枚「招討大將軍印」朱印，「招討大將軍」是鄭經父親鄭成功生前很愛用的名號。鄭成功在二十二歲被唐王隆武帝賜姓朱，授為招討大將軍，並封為忠孝伯。此後鄭成功雖陸續被晉封為漳國公、延平王、潮王等頭銜，但他最常用的頭銜還是招討大將軍。有研究者就認為，表面上看似鄭成功復國未成的謙讓，但實質上，因為受封的異姓諸王仍需向宗室諸王稱臣，反而「招討大將軍」比較不受節制[12]。感性一點來想的話，鄭成功或許也是感念唐王的知遇之恩，因此終其一生都以唐王所賜名號自稱。

11——江日昇《臺灣外記》，卷二十三。

12——翁佳音《東寧王國》，頁45。

鄭成功既以招討大將軍之名行走天下，死後誰持有這枚招討大將軍印，誰就是鄭成功的繼承者，代表著大明王朝正朔的延續。鄭經繼位前，與叔父鄭世襲的短暫爭位風波，鄭世襲便以持有招討大將軍印來強調他繼位的合法性。鄭成功死後五個月，鄭經正式繼位，拿回他老爸的招討大將軍印。鄭經的招討大將軍印不只蓋在書信上，鄭氏王朝所刊印的永曆年間《大統曆》的封面也蓋有同一印信。國內文史學界早已在英國發現明朝印行的這種曆書[13]，目前大概有三本保存於英國[14]。永曆二十五年（一六七一年）的《大統曆》封面，寫有：「嗣藩頒製，皇曆遙頒未至，本藩權宜命官依大統曆法考正刊行，俾中興臣子咸知正朔，海內士民均沾厥福，用是為識」等字樣，「招討大將軍」的朱印就在上面。《大統曆》是明代官頒的曆書，每年的印發都需要皇帝批准，因此是由朝廷統一發布，私人不得翻印。雖然鄭經在曆書封面上解釋說因「皇曆遙頒未至，本藩權宜命官依大統曆法考正刊行」，但鄭經刊印此一具有高度政治象徵的曆書，顯然有延續大明王朝的宣示意味，基本上鄭氏王朝在臺灣的朝廷也是拷貝自大明帝國。

《大統曆》既由「東寧國」之主鄭經所頒製，與一六六五年寫給出海王的書信一樣，上面都蓋上了招討大將軍印。這枚像是國璽的印信，在鄭克塽交給施琅後，也象徵鄭氏王朝的正式覆亡。另外值得一提的是，英國之所以有這幾本《大統曆》，極可能是一六七〇年代以後英國人來安平設商館通商時，鄭經仿效大明皇室朝貢貿易的慣例所頒贈給英國人的[15]。

從一六六五年元月鄭經寫信給荷蘭出海王的這封信中，我們可以看到當時荷蘭人的明確態

13——向達，〈明鄭所刊之永曆大統曆〉，《臺灣風物》四卷四期；黃建中，〈明嗣藩頒製永曆二十五年大統曆考證〉，《大陸雜誌》十五卷十期；陳漢光，〈明鄭在臺刊行之永曆大統曆〉，《臺灣風物》九卷一期。

14——資料來源：Southern Ming calendars，查詢網址：https://serica.blog/2012/01/02/southern-ming-calendars/。

度就是要收復臺灣，然後與清朝自由貿易。清朝方面則因應鄭軍的軍事行動，希望能把鄭氏勢力驅逐出中國本土，對於取得臺灣並無太大興趣，因此對荷蘭的態度顯得虛與委蛇。至於鄭經方面，在清荷同盟成立後，私下多次修書給出海王，期能破壞雙方的同盟關係，讓清、荷產生嫌隙。鄭經當時也希望能保有金門、廈門二島，在二島相繼失陷後，他才不得已由銅山退守至臺灣。一六六四年二月，出海王兵臨安平城下時，人在銅山的鄭經派使者送信並傳達鄭經的想法：如果你們那麼喜歡臺灣，當初就不該幫助滿清人把我們逐出金門、廈門[16]。

15——郭嘉輝，〈明清「朝貢制度」的反思－以《萬曆會典》、《康熙會典》中〈禮部・主客清吏司〉為例〉，收於周佳榮、范永聰主編《東亞世界：政治・軍事・文化》（香港三聯書店，2014），頁42-79。

16——John Ogilby，《中國輿典》（Atlas Chinensis）。

藍鼎元和書稟史料〈覆制軍遷民劃界書〉

鄭螢憶

藍鼎元其人其事

這封書信的作者藍鼎元，字玉霖，別字任庵，號鹿洲，生於康熙十九年（一六八〇年），福建省漳浦縣赤嶺鄉山坪村人，祖上三代皆是漳浦縣有名望的讀書人。書香門第出身的藍鼎元，曾師從陳汝咸、沈涵、張伯行等知名學者。康熙三十五年（一六九六年），曾任翰林院庶吉士的陳汝咸出任漳浦知縣，為落實儒家社會教化的理想，廣修書院學堂，藍鼎元因而受知於門下，在康熙四十二年（一七〇三年）拔得「童子試」第一，爾後幾次應試卻不第。

康熙四十六年（一七〇七年）因福建巡撫張伯行興建鼇峰書院，藍鼎元與好友蔡世遠、陳夢林受聘於書院，參加修纂前輩儒家著作。後來為了侍奉年邁的母親與祖父母，僅在書院待了兩年便「辭養就歸」。歸家後，藍鼎元進入長達十一年的杜門耕讀生活，開始勤於寫作，

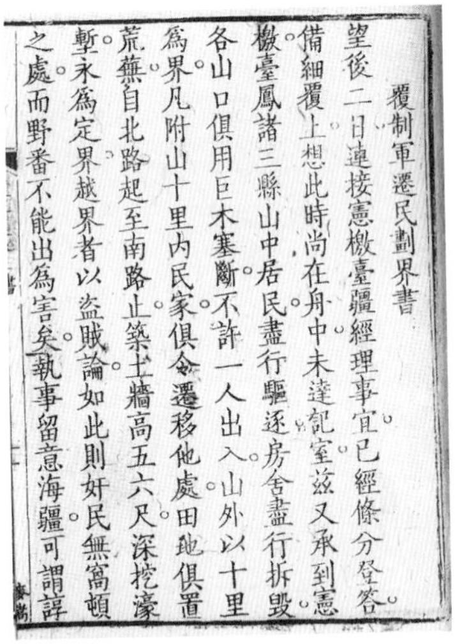

覆制軍遷民劃界書

望後二日連接憲檄臺疆經理事宜已經條分登答備細覆上想此時尚在舟中未達記室茲又承到憲檄臺鳳諸三縣山中居民盡行驅逐房舍盡行拆毀各山口俱用巨木塞斷不許一人出入山外以十里為界凡附山十里内民家俱令遷移他處田地俱置荒蕪自北路起至南路止築土牆高五六尺深挖濠塹永為定界越界者以盜賊論如此則奸民無窩頓之處而野番不能出為害矣執事留意海疆可謂諄

〈覆制軍遷民劃界書〉節錄：

茲又承到憲檄，臺、鳳、諸三縣山中居民，盡行驅逐，房舍盡行拆毀，各山口俱用巨木塞斷，不許一人出入。山外以十里為界，凡附山十里內民家，俱令遷移他處；田地俱置荒蕪。自北路起，至南路止，築土牆高五、六尺，深挖濠塹，永為定界。越界者以盜賊論。如此則奸民無窩頓之處，而野番不能出為害矣。執事留意海疆，可謂諄諄切摯；議論高明，爽快直截。地方果能如此，文武皆可臥治，何其幸也！惟是臺地自北至南，一千五百餘里。山中居民，及附山十里以內之民家，未經查明確實，不知其幾萬戶，田園不知幾萬畝，各山隘口不知何處；應俟委員勘核，造冊報聞。但天下非常之事，必非常人乃能為。某等籌度再四，未得善處之方；理合復請指示，免致臨局倉皇。惟執事明以教之。

著有《女學》、〈林烈女傳〉、〈月湖書院公祭四明陳公文〉等[1]。

在藍鼎元離開書院後，他的好友也各有不同出路。康熙五十五年（一七一六年）秋陳夢林應諸羅知縣周鍾瑄聘請，來臺參與縣志的修纂，從而和臺灣地方官員、文人建立了豐厚的友誼。蔡世遠則在康熙四十八年（一七〇九年）登科進士，以庶吉士入內閣，官至禮部侍郎，後來更與臺廈道陳瑸、閩浙總督覺羅滿保頗有私交，經常有書信往來，提供了不少關於治理臺灣的建言[2]。

至於藍鼎元本人，則在朱一貴事件爆發後，隨軍來臺獻策平亂。事件後，隨即「鼓棹西歸」，在雍正元年再次應試，卻仍未果。不過，後來他卻被「特旨宣召」，以優貢生的資格在雍正三年（一七二五年）四月受命分修《大清一統志》，待在京城五年期間，藍鼎元提出各種改革建議，內容包括西南邊疆、臺灣等地的治理，深受雍正賞識，終被授予廣東省普寧知縣，開啟了他的官宦之途。到任後不久，又兼任潮陽知縣，後因道臺誣告而被革職下獄。雍正八年（一七三〇年）出獄，協助編修《潮州府志》。在雍正十一年（一七三三年）獲得平反，並被授予廣州府知府一職，最終病逝於任內，得年五十四歲[3]。

這封書信的歷史背景

康熙六十年（一七二一年）三月朱一貴謀亂，五月水師提督施世驃聞訊，隨即呈報閩浙總

1——蔣炳釗，《藍鼎元傳》（南投：臺灣省文獻委員會，1998），頁1-24。

2——李文良，〈清初入籍臺灣法規之政治過程及其歷史意義〉，《臺大文史哲學報》67（2007年11月），頁107-137。

3——顧敏耀，〈藍鼎元傳記資料考述－兼論其〈紀水沙連〉之內容與意涵〉，《成大中文學報》42（2013年9月），頁137-182。

督覺羅滿保。總督奏請康熙皇帝，並提出從南澳銅山等營調兵進軍臺灣的想法。隨後，覺羅滿保命提督率軍出師臺灣、南澳總兵藍廷珍親赴廈門待命。藍廷珍為藍鼎元的族兄，生於康熙二年（一六六三年），福建省漳浦縣人。朱一貴事件爆發之初，曾延攬熟悉臺灣事務的陳夢林擔任謀略，但陳氏隨即又被覺羅滿保招攬為幕友。

在五月三十日覺羅滿保抵達泉州惠安時，藍廷珍已向總督呈書〈上滿制府論臺灣寇變書〉建議向臺灣進兵事宜，信中稟請覺羅滿保應至廈門督師進勦，籌設糧餉；覺羅滿保採納他的建議並上呈康熙。六月三日康熙下諭，命兵分三路，以安撫臺灣民眾，招降為要。同時，要求覺羅滿保至廈門坐鎮彈壓。

那麼，藍鼎元為何會應募成為藍廷珍的隨軍呢？藍鼎元平時就與藍廷珍有書信往來，交情甚篤，在朱一貴事件初發時，胸懷儒家經世之道、心繫社稷的藍鼎元隨即寫下〈與荊璞家兄論臺變書〉，針對平臺方略提出建言，信中建議藍廷珍從南澳移駐廈門，就近督師，統兵殺賊。

藍廷珍在陳夢林被延攬後，由於「軍中無與謀畫者」，因而找上了他那位在家鄉被稱為「經濟之儒、文章之匠」的族弟藍鼎元。藍鼎元很快就應邀從戎，針對藍廷珍的軍事布局提供諸多謀略。前舉藍廷珍寫給覺羅滿保的軍事建言，即是由藍鼎元代為捉刀，後被收錄於藍鼎元文集《東征集》[4]。

康熙六十年十月，藍廷珍接獲閩浙總督下達關於治理臺灣的條文，內容包括遷民劃界、臺鎮移澎、添防之制等共十二條。檄文中要求藍廷珍立即辦理，不得延誤。然而，覺羅滿保的想

4——蔣炳釗，《藍鼎元傳》，頁25-36。

法恰與藍鼎元等人的籌設相反。

因此，藍鼎元隨即在代擬給覺羅滿保的書稟〈覆制軍臺疆經理書〉中，針對劃界遷民提出回覆：認為不該因山區叛亂而徙地遷民，此舉將造成人民流離失所、良田荒廢，地成賊巢、坵墟。真正治臺之道應是採取「添兵設防，廣聽開墾」的策略。

正當此信「尚在舟中，未達記室」之時，藍廷珍再次接獲覺羅滿保的命令，正式要對臺、鳳、諸三縣山中居民進行驅逐、築牆定界。所以，藍鼎元只好再次代擬回覆，寫下〈覆制軍遷民劃界書〉，即本文所引用的這封書信[5]。

〈覆制軍遷民劃界書〉與《東征集》編修

〈覆制軍遷民劃界書〉收錄於《東征集》第三卷。《東征集》是平定朱一貴期間，由藍鼎元以藍廷珍名義代擬給閩浙總督或朝廷的公檄、書稟及告諭合集。全書所記，皆反映藍鼎元來臺隨軍一年餘對臺灣社會的所見所聞，以及本身對治臺方略的考量。該書付梓是在藍鼎元離臺後，由藍廷珍編輯而成。

依據藍廷珍序文，原先輯成的《東征集》有百篇之多，而目前收錄於《臺灣文獻叢刊》的版本是雍正十年（一七三二年）秋七月由王天長重新刊刻，篇數僅存六十篇，光緒五年（一八七九年）的版本亦同；此書後來也被收進《四庫全書》。同治六年（一八六七年），臺

5——同上，頁43-47。
6——丁日健，《治臺必告錄》（臺北：臺灣銀行經濟研究室，文叢第17種，1959），頁3-68。

灣兵備道丁曰健自稱所編纂的《治臺必告錄》一書是「薈萃諸名臣之精華而加以偉論」而成，其中就節錄了《東征集》〈與制府論進兵中路書〉等篇章，由此可見藍鼎元的治臺思想深受後世官員所推崇[6]。

《東征集》分為六卷。卷一包括政論三篇，檄文或露布六篇，為全書提綱張目；卷二有十篇，為檄諸將弁的檄文；卷三、卷四、卷五分別有八篇、十一篇及十二篇，其中〈與制軍再論築城書〉、〈覆制軍臺疆經理書〉均是理解朱一貴事件後清廷善後政策的重要文書；卷六有十篇，探討臺灣地形地貌及番社的有七篇，以及覆臺變殉難十六員看語三篇[7]。

〈覆制軍遷民劃界書〉的史料價值

〈覆制軍遷民劃界書〉的史料價值有三：首先，藍鼎元根據隨軍的第一手觀察所提出的建言，有助於研究者理解康熙年間臺灣社會的真實狀態。舉例來說，他對劃界遷民無法杜絕賊患的看法，實際是來自朱一貴事件時，他親至諸羅縣大埔庄的視察所得。他發現在崇山峻嶺之中的大埔庄，其實是山地南北往來的交通要道，北邊的盜匪實際上可利用中央山地的孔道，往南逃竄至羅漢門一帶，因此圍堵東西向道路的封禁政策斷不可行。

第二點是反映當時部分在臺官員在意「統治成本」的治理思維。例如，由信中可以知道，覺羅滿保決定將臺灣三縣的山中居民「盡行驅逐，房舍盡行拆毀，各山口俱用巨木塞斷，田地

7——蔣炳釗，《藍鼎元傳》，頁 37-39。

8——藍鼎元，《東征集》（臺北：臺灣銀行經濟研究室，文叢第 12 種，1958），頁 40-43。

任其荒蕪，並在沿山築起五、六尺界牆」。針對此條命令，藍鼎元則提出六項建請思慮之處，這些意見的主要反對理由都是來自財政支出的考量[8]。依據周元文《重修臺灣府志》所載，當時全臺正項雜餉稅額年收二萬三千九百七十餘兩，而光就遷民每屋給銀五錢補助一項，就恐占全臺兩年稅收餉銀的總額[9]，若再加上圍堵隘口的費用，藍鼎元深知地方財政根本無力負擔。因此，倘若貿然執行只會勞民傷財。

第三點，這類「公務」性質的書稟，可以彌補官方文獻記載的不足。一般對於清代官方所制定的治理政策，往往是利用奏摺、方志等史料來論述政策的內容。這類史料通常僅記載被「執行」條文，而無法洞悉政策決定的政治過程，以致容易忽略官員代表的「政治集團」之間各自盤算的政治考量，容易簡化清帝國治理政策背後的多重考量。

然而，從留存至今的官員書信史料，除一般官員、文人之間連絡私誼的日常信件之外，尚有一類是具有討論「公務」性質的書稟。這類書稟的內容，通常僅是表達個人對政策的意見或方略的規畫，可以在探討某個政策決定的政治過程中，彌補既有方志及奏摺等官方文獻的不足。藍鼎元的書信，正是最好的例證。透過這些書信，我們可以輕易勾勒出藍鼎元治臺方略的思維，且藉由他個人的文人網絡，進而間接證實清康熙年間一群來自漳浦的地緣性政治團體，在清帝國地方治理中所發揮的影響力[10]。

除藍鼎元的書信之外，就目前所見，清代官員所撰寫具公務性質的書稟，散見於各種文獻中，也常收錄於官員各自編修的文集。其中與朱一貴事件相關的書稟，還有康熙年間的庶吉士、

9——周元文，《重修臺灣府志》（臺北：臺灣銀行經濟研究室，文叢第 66 種，1960），頁 189。

10——李文良，〈清初入籍臺灣法規之政治過程及其歷史意義〉，頁 107-137。

漳浦集團的政治領袖蔡世遠與閩浙總督覺羅滿保有〈與總督滿公討論臺灣事宜書〉、〈再與總督滿公書〉等書信往來，均收錄於《二希堂文集》[11]。

除朱一貴事件外，清代臺灣其他時期的動亂事件，也留下不少官員往來的書信。這類寫於動亂發生時的書稾，時常記載著官員對於軍事行動、善後事宜的主張，對於釐清事件平定與復員政策的擬定過程，都有重要的貢獻。例如嘉慶年間，臺灣道徐宗幹就多次以書稾〈上王春巖制軍書〉、〈上春巖制軍書〉與閩浙總督王懿德說明軍事布局與圍剿叛賊等十事宜[12]。

有別於徐宗幹的書信以記錄戰事為主，曾任噶瑪蘭（今宜蘭縣）通判的姚瑩，在與臺灣官員的往來書信中，還涉及諸多對於十九世紀臺灣社會族群關係、經濟變遷與治理之道，例如〈答李信齋論臺灣治事書〉，這是一八二六年姚瑩寫給新任臺灣知縣李信齋的書信，收錄於《東槎紀略》一書[13]。

總之，具有「公務」性質的書信史料，所記載的內容可能包括軍事布局、動亂善後、時事觀察、治臺心得等多面向事務。這類史料相較於奏摺、方志等官方文獻，雖然無法提供對事件或政策的完整面貌，但藉由通信雙方的相關史料比對，甚至書寫者如何針對單一政策的討論，往往能讓研究者洞察當時文人及官員之間的社群網絡，進而還原朝廷與官員決行政策時的角力。說明帝國治臺政策的制定，其實是不同層級的官員相互摸索及協商的結果。

11——蔡世遠，《二希堂文集》（臺北：臺灣商務印書館，景印文淵閣四庫全書第 1325 冊，據國立故宮博物院藏本，1983），頁 753-755。

12——徐宗幹，《斯未信齋文編》（臺北：臺灣銀行經濟研究室，文叢第 87 種，1960），頁 1-9。

13——姚瑩，《東槎紀略》（臺北：臺灣銀行經濟研究室，文叢第 7 種，1957），頁 110-112。

劉成良與臺灣民主國史料

蘇峯楠

劉成良於一八九五年九月三日寫這封信時，是他戍防打狗的晚期。書信包括一件信紙及一件封套，原件典藏於國立臺灣歷史博物館（以下簡稱「臺史博」）[1]。這封書信的信紙長五十點二公分、寬二十四點六公分，紙面上印有等距直行的細紅線，寫信者以楷體字循行墨書，並有篆體白文朱印「劉成良印」二方，鈐於署名下方的「謹稟」二字上。封套則為傳統的紅條信封，沒有寫任何文字。

文物的流傳經緯

同樣是劉成良所寫的信函，臺史博共典藏五封，皆寫於一八九五年，同樣包含信紙與紅條封套[2]。其中四封是寫給劉永福，最早的一封信是四月十二日，主要報告從英國兵船所得到的情報，封套寫有「敬呈大人安稟，男成良謹稟呈」等字[3]；第二封是十天後的四月二十四日，主要請示割敵首及左右耳等事，封套無字[4]；第三封的日期是九月三日，也就是本書所引用的這封信；第四封是九月四日，主要請示調動彌濃庄（今高雄美濃）義軍至臺南府城、挑選一位

1——「劉成良致劉永福書信」（臺南：國立臺灣歷史博物館藏，以下略），登錄號：2014.011.0024。

2——這五封書信已有繕打文字並出版，收錄於吳密察編，《乙未之役打狗史料—中文編》（高雄：高雄市政府文化局；臺北：國立歷史博物館；臺南：國立臺灣歷史博物館，高雄史料集成第2種，2015），頁90-94；以及陳怡宏編，《乙未之役中文史料》（臺南：國立臺灣歷史博物館、潘思源，臺灣史料集成乙未之役資料彙編1，2016），頁123-127。

3——「劉成良致劉永福書信」，登錄號：2014.011.0023。

4——「劉成良致劉永福書信」，登錄號：2014.011.0025。

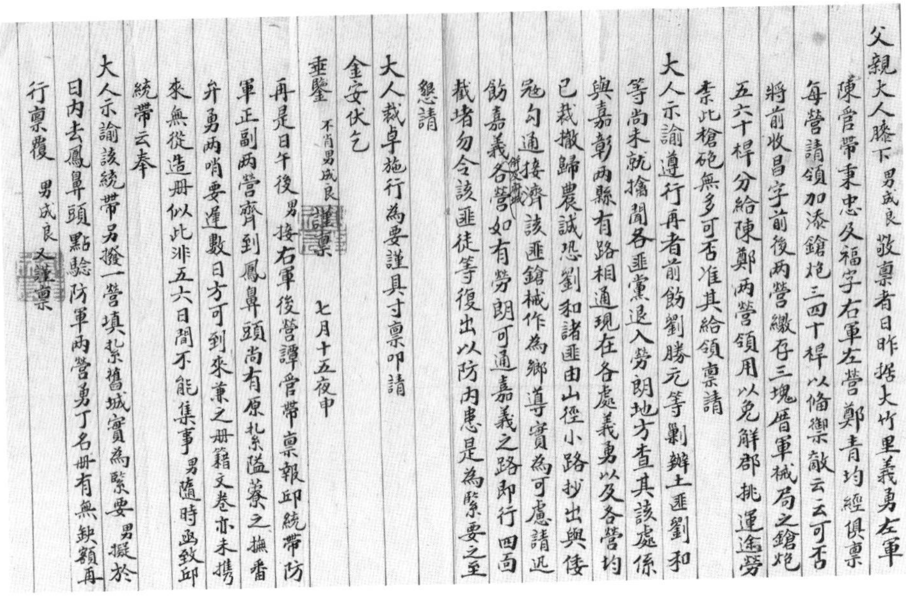

父親大人膝下：男成良敬稟者，日昨据大竹里義勇左軍陳管帶秉忠，及福字右軍左營鄭青均經俱稟：每營請領加添鎗炮三、四十桿，以備禦敵云云，可否將前收昌字前、後兩營繳存三塊厝軍械局之鎗炮五、六十桿，分給陳、鄭兩營領用，以免一鮮郡挑運途勞。柰此槍砲無多，可否准其給領，稟請大人示諭遵行。

再者，前飭劉勝元等剿辦土匪劉和等，尚未就擒，聞各匪黨退入勞朗地方。查其該處，係與嘉、彰兩縣有路相通。現在各處義勇以及各營，均已裁撤歸農，誠恐劉和諸匪由山徑小路抄出，與倭寇勾通，接濟該匪鎗械，作為鄉導，實為可慮。請迅飭嘉義併及府城各營，如有勞朗可通嘉義之路，即行四面截堵，勿令該匪徒等復出，以防內患，是為緊要之至，懇請大人裁卓施行為要。謹具寸稟，叩請金安。伏乞垂鑒。不肖男成良謹稟【劉成良印】七月十五夜申

再，是日午後，男接右軍後營譚管帶稟報，邱統帶防軍正、副兩營齊到鳳鼻頭，尚有原紮隘蓁之撫番弁勇兩哨，要遲數日方可到來，兼之冊籍文卷亦未携來，無從造冊，似此非五、六日間不能集事。男隨時函致邱統帶云：奉大人示諭，該統帶另撥一營填紮舊城，實為緊要。男擬於日內去鳳鼻頭，點驗防軍兩營勇丁名冊有無缺額，再行稟覆。——男成良又謹稟【劉成良印】

5——「劉成良致劉永福書信」，登錄號：2014.011.0022。

6——「劉成良致王泉仁書信」，登錄號：2014.011.0026，館方編目「王泉仁」之名乃誤。依《劉永福歷史草》所述，吳玉泉為「的鰲士」（英商輪船Thales）司事人，曾與梁亞兆（梁兆祥）向Thales船長協調讓劉永福登船，並協助其掩護躲藏，見羅香林輯校，《劉永福歷史草》（臺北：正中書局，1968），頁263-266。

7——「劉成良拜帖」，登錄號：2014.011.0013。

8——「劉永福懸賞抓拿日本奸細告示」，登錄號：2014.011.0004；「劉永福為臺灣民主國成立曉諭臺灣人民告示」，登錄號：2014.011.0005。

客家人擔任統領職，並報告高雄外海敵艦情報、維修前鎮竹橋等事宜，封套寫有「送呈欽差幫辦全臺防務劉大人安稟，成良謹稟」等字[5]。另外還有一封信的收信人不是劉永福，而是吳玉泉，內容是幫後營譚管帶（譚澤昌）向對方索取藥材南蛇膽以治療其眼疾，封套無字[6]。

與這批書信同時入藏臺史博的，還有一件劉成良拜帖[7]、兩件劉永福發出的告示[8]、四件臺南府城義民證[9]、七件劉永福拜帖[10]、兩件臺南官銀票[11]，以及一件由余清勝於圭崙嶺（今桃園市龜山區嶺頂村一帶）所發出的告示[12]、兩本北臺灣地區的義軍名冊[13]、兩件臺灣總督府告示[14]。尚有五件劉成良發給福字右軍中營黃管帶的札文[15]，發文時間都在三月初。

這些資料應各有其來歷，經由後人依乙未之役主題歸類收納後，以同批文物入藏博物館。例如，日本政府告示及北臺灣義軍資料，性質明顯有差異，應另來自他處；而劉成良給劉永福的書信、個人用拜帖、帶有標硃的告示正本等件，似乎都是與劉永福直接相關的手邊之物。按劉永福當時遁逃倉皇，各式文書檔案或許無暇帶走，而留置於臺南府城的辦公處所——臺灣鎮總兵署內；及至日軍進駐鎮署後才外流。臺史博收藏的劉成良書信與劉永福相關文件，可能即為這批於臺南流出的劉永福舊物的一部分。

與劉永福義子劉成良直接相關的史料，目前並不多見。在此之前，僅知有劉成良當年在發出公文書與信函時抄錄的錄副簿冊，現由臺北的國立歷史博物館（以下簡稱「史博館」）典藏，為澳洲華僑楊達志捐贈[16]，有「函稿簿」一本，抄錄九月九日至十月十四日的三十則書信[17]；以及「公牘稿簿」一本，抄錄八月二十九日至十月十三日的四十六則公文[18]。另外，日本岩手

9——「劉永福發放臺南府城義民牌」，登錄號：2014.011.0014至0017。

10——「劉永福拜帖」，登錄號：2014.011.0006至0012。

11——「官銀錢票總局壹大員臺南官銀票」，登錄號：2014.011.0018、0019。

12——「余清勝為起蓋兵勇營房曉諭圭崙嶺地方人民告示」，登錄號：2014.011.0003。

13——「標下管帶興字副中營造送卑營新募各哨官護勇什長正勇伙勇姓名清冊」，登錄號：2014.011.0020；「標下管帶義民嘉軍前營附生胡廷嶸造送卑營哨弁什長護勇正勇姓名年歲清冊」，登錄號：2014.011.0021。

縣遠野市立博物館藏伊能嘉矩的文件中，亦有一幀劉成良署款於九月二十四日的書信[19]，內容述及加強防備以禦生番攻擊，以及徵收陳日翔魚塭等事，屬抄稿而非正本，推測可能脫落自函稿簿，後由伊能嘉矩獲得。在臺南市法華寺與竹溪寺，也各藏有劉成良於一八九五年初所敬獻的匾額，分別為「瀛護靖氛」與「默助成功」匾，均署款「福軍劉成良率同各弁勇等恭仝敬立」[20]。相較於這些已知史料，臺史博收藏的五封書信，最大特點就是這些都是初次面世的非錄副書信正本；加上未曾收錄在稿簿中，所以文字內容亦屬首見。

臺灣民主國研究課題中的史料

臺灣民主國的相關史料，可見於條約文據、國家與部門檔案、各式文牘（告示、盟約、名冊）、個人文集或回憶錄、傳記、專書、報紙、日記、電報、書信、文學創作、地圖、照片、圖像繪畫、各類器物等各種形式的資料；並分別出自臺灣、中國、日本、歐美等不同地區的朝廷、官吏、幕僚、紳商、軍人、記者、傳教士等不同身分的人士手中。

這般散見於各種文獻的現象，可以說是因為事件本質以及時空背景所致，反映了事件發生當下的時代特色。然而，這也使得資料的蒐集與閱讀要花更多氣力，亟需仰賴前人的研究成果，以及有系統的史料整理彙編。關於後者，除了早年臺灣銀行經濟研究室的「臺灣文獻叢刊」、「臺灣研究叢刊」曾經出版部分相關文集外[21]，在乙未之役一百週年的一九九五年[22]及一百二十

14——「大日本帝國臺灣總督府曉諭清兵稟請還清國告示」，登錄號：2014.011.0001；「大日本帝國臺灣總督府發布臺灣人民軍事犯處分令」，登錄號：2014.011.0002。

15——在本文完稿出版前，臺史博尚未完成此5件文物的入藏編目作業，故不著登錄號。

16——夏美馴，〈從福軍信札殘稿談往——劉永福南臺拒倭實錄〉，《文藝復興月刊》120（1981.03），頁34。

17——「劉成良函稿」（臺北：國立歷史博物館藏），登錄號：38259。

18——「劉成良公牘稿簿」（臺北：國立歷史博物館藏），登錄號：38260。以上二件稿簿，已有繕打文字並出版，收錄於吳密察編，《乙未之役打狗史料—中文編》。

週年的二〇一五年[23]，亦有以專題形式特別彙整、編譯出版的史料集，且不斷有新史料彙整編入。

在這些史料裡，大部分以官方檔案及採用印刷刊刻流通的文獻為主，書信史料相對少見[24]。箇中原因，包括書信通常只有唯一單件，以及因為私密性而不對外流通，所以不似檔案有政府力量協助存藏，也不似刊刻文獻會被複印多本流傳，甚至不似民間契約文書因有佐證的功能性而被妥善收藏。書信一類的史料，民間私藏不易面世，即為自然毀失而留存不易。

也因此，史博館與遠野市立博物館的錄副稿簿，以及臺史博收藏的五封正本，共計三十六則的書信紀錄才會如此難能可貴。特別是臺史博收藏的五封書信都屬原件正本，完整保留了物件本身與舊體書信格式的原貌，包括信紙與封套的物質形式，以及內容的文字位置、大小與擡格應用、筆跡書法、鈐印圖樣等，甚至信紙如何折疊、封套如何封黏及拆封痕跡等。這類線索往往無法從重新繕打編排後的文字觀察而來，唯有原件才能提供。

至於書信的內容，推敲字裡行間可以得出豐富的線索。例如，從「父親大人膝下」[25]、「謹稟」[26]、「安稟」[27]等字眼，可以知道劉成良採用的都不是給上司長官的文書用語，而是以父子關係的對話方式為主。因此，劉成良雖在書信上稟報公務，卻帶有私人書信的特色，從中也可窺見劉氏父子特有的溝通方式，以及劉成良作為劉永福左右手的特殊角色。至於信中提及各種關於南臺灣地區軍務對策、人員調動及相關運作過程，以及臺灣地方社會樣貌與人物動態，都是官方檔案或刊印史料所欠缺的細部線索，為一八九五年臺灣地方社會運作實況進行了某程度的補白。

19——「劉成良呈給劉永福書翰」（岩手：遠野市立博物館藏），引用自國立臺灣大學典藏數位計畫，檔案名稱：J601_00_0003_0003。

20——此二匾有專文討論，見蘇峯楠，〈臺南市法華寺、竹溪寺清光緒乙未年古匾〉，《臺灣文獻別冊》31（2009.12），頁39-50。

21——如洪棄生《瀛海偕亡記》（第59種）、思痛子《臺海思慟錄》（第40種）、易順鼎《魂南記》（第212種）、羅惇曧《割臺記》、俞明震《臺灣八日記》、吳德功《讓臺記》（以上三種皆收為《割臺三記》，第57種），以上皆屬「臺灣文獻叢刊」。而美國人James W. Davidson在1903年出版的專書，亦曾提及採訪期間所見臺灣民主國狀況，1972年由蔡啟恒

這封書信的特色與價值

總結而言，劉成良的相關史料，特別是臺史博收藏的五封書信，其特色與價值大致可從四個方面來看：

第一，書信史料特質：劉成良書信鉅細靡遺地記載了一八九五年當時南臺灣地區戍防期間遣將調兵、籌措軍費及當地社會的互動情形，也直接表現出劉成良本人的思維與感受。這些線索可能不見於其他種類的史料，卻得以留存（甚至僅見）於兼具通訊與私密性質的書信裡。

第二，文物原件價值：臺史博收藏的五封書信都是正本，保留了第一手的文字真跡、文書格式及信紙封套等原始形式；而且相較於謄抄的稿簿，它們更具可信度，並支援文書學、古物學、藝術史、物質史、文化史或民俗學等研究課題，是史料原件所獨有且無法替代的價值。

第三，史料相互支援：臺史博收藏的五封書信與五封札文，均不見載於史博館藏函稿簿、公牘稿簿之錄副；更特別的是，史博館兩份稿簿所記載的是戍防晚期八月至十月的內容，但臺史博則有三月及四月戍防初期的文物。一方面，這說明了史博館兩份稿簿可能並非全本，有其他部分脫落佚失；另一方面，臺史博的書信藏品得以彌補史博館兩份稿簿的空缺，而可由不同的史料共同拼湊歷史圖像。

第四，歷史人物觀點：在乙未之役南臺灣地區戍防過程中，我們聽到的都是劉永福的名字及事蹟，然關於其重要的左右手劉成良，一直以來都因資料缺乏而成為一個相對「神祕」的人

譯為《臺灣之過去與現在》，屬「臺灣研究叢刊」第 107 種；近年臺史博重新編譯，見達飛聲原著、陳政三譯注，《福爾摩沙島的過去與現在》（臺南：國立臺灣歷史博物館，2014）。按「達飛聲」為譯者陳政三採用 1904 年其向美國國務院報備的漢名；而本文則使用 1895 年 3 月 25 日唐景崧發出採訪護照上所記載的漢名「德衛生」，以符時代脈絡。

22——如鄭天凱，《攻臺圖錄：臺灣史上最大一場戰爭》（臺北：遠流出版事業股份有限公司，歷史照相館 2，1995）；許佩賢譯，《攻臺戰紀：日清戰史臺灣篇》（臺北：遠流，臺灣譯叢 1，1995）；許佩賢譯，《攻臺見聞：風俗畫報．臺灣征討圖繪》（臺北：遠流，1995）

物，僅能在當時流通於中國民間的版畫及演義作品中略見其虛構的身影28。這批公文與書信史料，除了具體表現劉成良的個人觀點及部分事蹟外，也能透過書信所描述的各項事務一窺地方社會、人物的當時動態。因此，在劉永福這位「大人物」的活動敘事外，我們得以藉此嘗試聆聽當時其他人物／活動者的聲音與心思。

23——如呂理政、謝國興主編，《乙未之役隨軍見聞錄》（臺北：中央研究院臺灣史研究所；臺南：國立臺灣歷史博物館，臺灣史料叢刊18，2015）；吳密察編，《乙未之役打狗史料—中文編》；陳怡宏編，《乙未之役中文史料》。

24——依《乙未之役中文史料》所錄，書信史料尚有劉永福與樺山資紀、高島鞆之助、能久親王（頁480-486）、劉永福與黎景嵩（頁476-479）、丘逢甲與唐景崧等人（頁232-248）、苗栗知縣李烇致長兄（頁182）、守備王得標（頁128-136）、余清勝與吉野利喜馬（頁455-456）等之通信。這些書信大多為收錄他處檔案或文獻之抄稿，而非正本。

25——「某某大人膝下」，為子女致父母書信之常用提稱語。

27——「安稟」意為稟告之餘並請安問好，亦主要用於子女致父母之書信。

28——在一八九五年流傳的版畫，例如上海吳文藝齋原印、香港日報館轉印「劉永福鎮守臺南會同生番大勝」（倫敦：大英圖書館藏，登錄號：16126.d.2(9)）、小芳作「第元號六」（大英圖書館藏，登錄號：16126.d.2(9)-7）等，以及《劉大將軍臺戰實紀》、《劉大將軍平倭百戰百勝圖記》等演義小說中，都能見到對「劉大公子」或「劉楪」的描繪，所塑造形象是「文才武略，家傳絕藝，忠肝義膽，乃父遺風」。

葉榮鐘的船中家書與臺灣政治運動書信史料

莊勝全

信件收取情況

信函送至「平壤鐵道飯店」轉交

若有緊急要事發送電報至「京城飯店」

纖君！

本船終於在明早要入港門司。從基隆出航以來一直都是好天氣，所以航行十分平穩順利。只有在頭一兩天因為感冒略感不適，現在已經痊癒了，請安心。

你們是不是都平安到達了？這是出門以來我唯一的掛慮。我已經說過無數次千萬不要勉強身體，有不舒服的時候，要馬上去看醫生，拖著不處理是大忌。你已不是少女，而是堂堂一個母親了。為人妻、為人母應當要負起什麼責任，你應當是了然於胸的，不用我囉唆了。多保重身體吧……………

朝鮮旅行的日程略為變更，全程日期延長了一點，歸期改成是下月中旬以後。

十月六日

榮鐘

平壤的通信處—平壤鐵道飯店

注意 十月十五日以前投函的書信寄至哈爾濱

十月十五日以後至二十日為止的書信寄至大連 在此之後的寄往東京

朝鮮半嶋旅行日程

十月七日上午十點三十分下關出航，當天下午六點半抵達釜山─住宿一晚─

八日下午三點半釜山出發，當天下午六點五十一分抵達大邱─住宿一晚─

九日下午十一點大邱出發─車中住宿一晚─

十日上午六點四十五分抵達京城─住宿三晚─

十三日上午八點四十五分京城出發─當天上午十一點三十二分鐵原換乘，下午四點三十三分抵達內金剛─住宿一晚─

十四日下午四點二十分外金剛出發─當天下午七點二十分抵達元山─住宿一晚十五日下午十點二十一分元山出發，車中住宿一晚

十六日上午八點三十九分抵達羅南，當天下午九點五分羅南出發，車中住宿一晚

十七日上午七點十七分抵達元山─自元山搭乘汽車到平壤─住宿一晚─

十八日下午零點三十一分平壤出發，當天下午十點五十分抵達奉天

奉天（至十月二十日）─新京（至十月二十二日）─哈爾濱（至十月二十三至二十四日）─大連

大連─搭船─長崎─抵達東京 本月末

方框之處可寄信至
哈爾濱外國四道街光陸電院 吳濟蒼君轉交
大連市柳町三五 楊松先生處彭華英先生轉交[1]

書信的歷史背景

一九三三年八月二十六日，在臺灣地方自治聯盟所召開第十三回理事會議上，葉榮鐘、楊肇嘉與葉清耀被推選為代表，前往殖民地朝鮮進行地方自治的考察。他們三人於十月三日入宿臺北建成圓環旁的高義閣飯店，當晚於蓬萊閣接受林伯壽、羅萬俥、林呈祿、陳逢源等人設宴餞行，並於隔日由基隆搭乘瑞穗丸啟程[2]。十月六日議妥完整行程後，葉榮鐘旋即在船上動筆寫信給妻子施纖纖，簡要交代了出航後的狀況，以及旅途行程表及聯絡方式。這封信於十月七日他們到達日本下關後付郵，僅花費三錢郵資便寄回施纖纖位於臺中州鹿港街菜市頭崑圃內的娘家。

葉榮鐘一行原本預計自下關轉往釜山，再由朝鮮半島南端一路向北，再渡過鴨綠江前往滿洲國參訪，卻因為葉清耀在十月二十二日於新義州突發腦溢血而中止滿洲行。等到葉清耀長子葉作樂於二十七日趕往照護後，葉榮鐘與楊肇嘉就在當天先行搭乘昌德丸離開朝鮮前往東京，

1——此書信譯文是依據《葉榮鐘日記》裡所附〈葉先生在朝鮮考察期間寄給葉夫人的家信〉第一信（1933年10月6日）修訂而成。參見葉榮鐘著，葉芸芸總策劃，《葉榮鐘全集6：葉榮鐘日記》（臺中：晨星出版社，2002），上冊，頁70-71。

2——楊肇嘉，《楊肇嘉回憶錄》（臺北：三民書局，2007），頁271。葉榮鐘著，葉芸芸總策劃，《葉榮鐘全集6：葉榮鐘日記》，上冊，頁65。

3——「臺灣地方自治聯盟本部日誌（三）」，〈六然居典藏史料〉（臺北：中央研究院臺灣史研究所藏），檔號：LJK_04_02_0031189。楊肇嘉，《楊肇嘉回憶錄》，頁271-272。葉榮鐘著，葉芸芸總策劃，《葉榮鐘全集6：葉榮鐘日記》，上冊，頁73。

向首相齋藤實、拓務大臣永井柳太郎、臺灣總督中川健藏與總督府內務局長小濱淨鑛提出報告，並造訪新民會。葉榮鐘與病況好轉的葉清耀在日本會合後，先行於十一月十一日自神戶同搭朝日丸返臺，並於十四日返抵臺中。至於楊肇嘉則稍後於二十七日回臺，並將參訪見聞以三人聯名寫成《朝鮮地方制度視察報告書》一書出版[3]。

再現朝鮮視察之旅的多元素材

要追溯這趟橫跨東亞的考察之旅，目前已有多種不同性質的史料與著述可以參照。在私人記述方面，楊肇嘉於一九六七年出版的《楊肇嘉回憶錄》，曾在〈考察朝鮮地方自治〉一文追憶這段經過[4]；而葉榮鐘則直接透過日記，記錄下從出發到朝鮮考察所面見的人事物，後經其次女葉芸芸策劃集結成冊，收錄於《葉榮鐘全集》第六輯中[5]。此外，在戰後抗日運動的當事者嘗試將經歷化為文字的著作中，由蔡培火、陳逢源、林伯壽、吳三連、葉榮鐘合著的《臺灣民族運動史》，以及葉芸芸根據葉榮鐘手稿重新編輯，列為全集第一輯的《日據下臺灣政治社會運動史》中，在描寫臺灣地方自治聯盟的運動過程時，均有篇幅說明這趟朝鮮考察之行的時代氛圍與政治背景[6]。

再者，楊肇嘉過世後所遺留的個人文書與相關蒐藏，目前經中央研究院臺灣史研究所檔案館整理編目而成「六然居典藏史料」，其中「臺灣地方自治聯盟文書」保存著五冊一九三〇至

4——楊肇嘉，《楊肇嘉回憶錄》，頁269-274。

5——葉榮鐘著，葉芸芸總策劃，《葉榮鐘全集6：葉榮鐘日記》，上冊，頁65-69。

6——蔡培火、陳逢源、林伯壽、吳三連、葉榮鐘合著，《臺灣民族運動史》（臺北：自立晚報社文化出版部，1971），頁481-483。葉榮鐘著、葉芸芸總策劃，《葉榮鐘全集1：日據下臺灣政治社會運動史》（臺中：晨星出版社，2000），下冊，頁545-547。若林正丈，〈葉榮鐘的「述史」之志：晚年書寫活動試論〉，《臺灣史研究》17：4（2010年12月），頁95-100。

一九三五年的《臺灣地方自治聯盟本部日誌》，在一九三三年的日誌中也留有朝鮮視察的蛛絲馬跡，包括出發及返臺情況，還有葉清耀患病後，楊肇嘉與葉榮鐘透過電報傳達消息的經過。而在「臺灣地方自治聯盟照片」的部分，也有楊肇嘉所留存下來的旅途四張合影，其中兩張為三人在十月十六日造訪金剛山長安寺、普德窟等名勝的合照，並附有「視察朝鮮地方自治旅次登朝鮮最有名之金剛山合影」、「一九三三中秋金剛山探勝記念普德窟」的注記；另外兩張為楊肇嘉與葉榮鐘於十一月五日前往東京新民會，以及十一月九日拜訪拓務大臣永井柳太郎官邸的合影，一樣附有「在東京與新民會員合影」、「余與書記長葉榮鐘氏訪永井拓相於官邸前」的說明，是目前僅見的相關影像紀錄[7]。

至於此行的最大成果《朝鮮地方制度視察報告書》，曾於一九三四年三月由三人聯名、楊肇嘉任著作者兼發行人，在臺灣地方自治聯盟本部發行日文版，並於同年四月由葉榮鐘主筆，於日刊《臺灣新民報》上分十四回連載中文版。雖然目前一九三四年份的《臺灣新民報》已不復見，但所幸根據葉榮鐘留存的剪報資料，合計三萬餘字的中文版報告書仍得以齊全彙整，收錄於《葉榮鐘早年文集》（全集第七輯）[8]，而單冊發行的日文版報告書則蒐藏於「六然居典藏史料」的「臺灣地方自治聯盟文書」，內容相較於中文版本，在正文後多加上〈附錄：朝鮮現行地方制度條文拔萃〉。除此之外，「臺灣地方自治聯盟文書」裡亦留有一份只有兩頁的內容，由楊肇嘉談〈朝鮮視察感想の要旨〉，可視為此行的簡要心得與報告書之大要[9]。

7——「臺灣地方自治聯盟本部日誌（三）」，〈六然居典藏史料〉，檔號：LJK_04_02_0031189。「臺灣地方自治聯盟照片」，〈六然居典藏史料〉，檔號：LJK_08_01_006002。

8——葉榮鐘著，葉芸芸總策劃，《葉榮鐘全集7：葉榮鐘早年文集》（臺中：晨星出版社，2002），頁141-167。

9——「朝鮮地方制度視察報告書」，〈六然居典藏史料〉，檔號：LJK_04_07_0091137。「朝鮮視察感想の要旨」，〈六然居典藏史料〉，檔號：LJK_04_06_0281171。

書信史料的價值

值得注意的是，上述各色史料分別有其局限性。《楊肇嘉回憶錄》是在三十餘年後追敘這趟旅程，不僅因記憶遙遠而在細節上有些出入，關鍵的是他將病況穩定、平安返臺的葉清耀誤植為群醫無策、病逝旅邸。而葉榮鐘的日記雖然是在朝鮮之旅當下逐日撰寫，卻只從接受同志餞行的十月三日，寫至葉清耀病倒前的十月二十一日，爾後在新義州等待、赴東京簡報及由神戶回臺的行程都付之闕如。同樣的，《臺灣民族運動史》或《日據下臺灣政治社會運動史》也是在事隔多年的戰後才寫成，加上朝鮮考察只是抗日民族運動大敘事框架下的一個小環節，內容難免簡略。至於「六然居典藏史料」中的本部日誌與相關照片，雖然也是即時記錄，卻由於留存內容有限而無法提供更具體的訊息，特別在日誌部分大都仰賴電報發送的片段消息，因而僅有葉清耀病後數日及返臺時有較詳細的登錄，其他日程多屬空白。而《朝鮮地方制度視察報告書》與〈朝鮮視察感想の要旨〉，雖然對於朝鮮的地方自治制度沿革、經濟狀態、教育情況、政治關心與新制度實施的經過有詳盡交代，卻無法得知視察的經緯，也無從了解葉榮鐘三人一路上所見的人事物和心境變換。

在這一點上，連同本文介紹的這封書信在內，葉榮鐘在旅途中寫給妻子施纖纖的七封信，恰能彌補上述各類史料所未及之處。首先，這七封信有三封寫於葉清耀病前（十月六日、十一日及十八日），四封寫於病後（十月二十四日、二十八日、三十日及十一月一日），因此一方面能補充朝鮮視察的細節，如隨著氣候變遷而更換的衣著、當地販售的人參等特產、金剛山為天下絕景等描述，另一方面也填補了由於行程變更而滯留於新義州及前往東京時的概況，包括葉清耀的病情、海陸交通狀況與帝都景致等，均為上述史料所未及之處。面對過去，唯有以多元的歷史素材相互搭配，才是最能拼湊出歷史場景的不二法門，這些書信恰如其分地扮演了這個功能。

其次，這些信件反映了葉榮鐘在旅途中的心境變化。葉榮鐘在視察初期「大概因沒有抽菸的關係，食欲大為增加」，所以認為「此次旅行很有意義……精神上受益更多」（十月十一日）。但隨著葉清耀患病而中止行程後，轉為「這種殺風景的國境地帶被逗留了兩個星期，真是無聊。也許旅行中的緊張感被放鬆的關係，這幾天很想念故鄉」（十月二十四日）。及至到達東京時，「四年來第一次看東京，確實繁榮得很」（十月三十日），然而「對窮人東京是沒有用處的地方，對秋夜之旅客東京是無聊的地方」（十一月一日）。

最後，則是書信紙短情長的性質，亦即隱含其中的私人情感。誠如十月六日這封書信，葉榮鐘便傳達出門以來唯一的掛慮就是施纖纖和葉蓁蓁母女的平安健康；在其他信件中，掛慮的依然是母女的安恙，並寄送了人參、紅參粉末、參精等補品回家，還期盼日後有機會能帶妻子同遊金剛山與東京。除了施纖纖母女外，他也對病中的內弟施維堯、焦急的岳母陳謙表示關切，並「在遠處祈禱他的痊癒」。凡此種種，在在提醒著我們不可或忘的是，葉榮鐘在做為政治社會運動者之前，他先是一位普通的丈夫與父親。包括其他投身政治社會運動的人在內，他們之所以走上這條路必然需要做出某些選擇或犧牲，其背後的動機與因素值得細細探究，遠非單純以民族情感等片面因素來概括之。

政治社會運動相關書信史料概況

目前這七封書信已有中譯版本，附於葉榮鐘朝鮮行的日記之後以為參照、補充，至於原件則典藏於國立清華大學所建置「葉榮鐘全集、文書及文庫數位資料館」[10]。當中除了葉榮鐘各式著作與文學的手稿、日記、照片及剪報外，還收羅有「葉榮鐘致親人信」、「親人致葉榮鐘信」、「葉榮鐘致師友信」、「師友致葉榮鐘信」及「其他書信」近七百封。此外，在全集第九輯《葉榮鐘年表》裡，也選錄了一九六三至一九七八年間，葉榮鐘寄予旅美子女葉光南與葉芸芸的七十餘封家書，內容是關於晚年的寫作計畫、稿件的發表與出版等[11]。

除了葉榮鐘留存的信件之外，近年來，其他曾參與政治社會運動者所收藏的大批書信也陸續問世，例如中研院臺史所檔案館典藏的「蔡培火存於紅十字會臺灣省分會文書」，除了政治運動相關文書與蔡培火個人手稿外，亦存有一百二十三封書信，可分為「臺灣人士所寄信函」、「日本人士所寄信函」、「機關團體所寄信函」、「蔡培火所寄信函」、「其他人士信函」五類[12]。而前述的「六然居典藏史料」，在「日治時期結社與社會參與活動文書」下的「林呈祿存報社資料」中，藏有「羅萬俥寄予林呈祿之信函」、「林幼春寄予林呈祿之信函」、「羅萬

10——葉榮鐘著，葉芸芸總策劃，《葉榮鐘全集6：葉榮鐘日記》，上冊，頁70-75。「葉榮鐘全集、文書及文庫數位資料館」，網址：http://archives.lib.nthu.edu.tw/jcyeh/。

11——葉榮鐘著，葉芸芸總策劃，《葉榮鐘全集9：葉榮鐘年表》（臺中：晨星出版社，2002），頁83-160。

12——「往來信函」，〈蔡培火存於紅十字會臺灣省分會文書〉（臺北：中央研究院臺灣史研究所藏），檔號：3TPH_03。詳見「臺灣史檔案資源系統」，網址：http://tais.ith.sinica.edu.tw/sinicafrsFront/browsingLevel1.jsp?xmlId=0000276054。

俥與林獻堂往來書信」、「蔡培火寄予林呈祿之信函」、「林獻堂寄予林呈祿之信函」、「謝春木寄予林呈祿之信函」、「彭少漢寄予林呈祿之信函」、「楊肇嘉寄予林呈祿之信函」共計數十封信函[13]。日治時期的政治社會運動，無論是右翼民族運動者由臺灣文化協會走向臺灣民眾黨及臺灣地方自治聯盟，或是主張民族解放的左翼陣營從新文協發展為臺灣共產黨的歷程，各陣營的內部成員並非全是志同道合的結合，而是在各種理念競爭、妥協下磨合而成的不穩定關係[14]，因此這些顯露私人情誼與重構人際關係系譜的書信，正是重新探訪政治活動的意義與內涵的重要憑藉。

此外，在各項運動正式起步之前，梁啟超訪臺及他與林獻堂之間的交誼，成為後來政治社會運動過程的一段佳話，與這段歷史相關的往返信函，目前經許俊雅教授整理、編注，已出版為《梁啟超與林獻堂往來書札》[15]，共收錄一九〇七年至一九一四年間，以梁、林二人為主，兼含林幼春、洪棄生、林癡仙、湯覺頓、梁思順、林榮初等人四十餘封書信及詩作。這本書札除了編校後的內容外，亦附上彩印的原件掃描，是目前想進一步解讀林獻堂與梁啟超交遊及影響的最直接素材。

13——「林呈祿存報社資料」，〈六然居典藏史料〉，檔號：LJK_03_09。詳見「臺灣史檔案資源系統」，網址：http://tais.ith.sinica.edu.tw/sinicafrsFront/browsingLevel1.jsp?xmlId=0000272166。

14——吳叡人，〈臺灣非是臺灣人的臺灣不可：反殖民鬥爭與臺灣人民族國家論述 1919-1931〉，收於林佳龍、鄭永年主編，《民族主義與兩岸關係》（臺北：新自然主義，2001），頁 83-99。

15——許俊雅編注，《梁啟超與林獻堂往來書札》（臺北：萬卷樓，2007）。

軍事郵件史料價值初探

陳柏綜

一、歷史背景

一九三七年七月七日，日本軍隊製造盧溝橋事件，全力入侵中國，引燃熊熊戰火。其後，為了奪取南方的軍需資源，自一九四一年十二月起，陸續侵襲美國珍珠港、進軍東南亞與太平洋海域諸島，展開所謂大東亞聖戰，擴大戰爭局面，在殖民地臺灣同時展開如火如荼的人力動員。根據日本厚生省戰後公布的資料顯示，在戰爭期間（一九三七至一九四五年），臺灣方面共動員軍人八萬零四百三十三人、軍屬十二萬六千七百五十人，合計二十萬七千一百八十三人。他們的派駐地除臺灣本島，還包括中國、日本、東南亞與西南太平洋諸島。在經歷這場戰爭後，共有軍人、軍屬三萬三百零六人戰歿，可謂犧牲甚鉅[1]。

截至目前為止，雖然臺灣學界、地方政府與文史工作者已有不少對戰爭動員體制或臺籍日本兵相關議題的調查及探討，但是在這場戰爭中，包括臺灣人如何被組織、確切的派遣時間與地點、派遣的人數、從軍者們進到哪些部隊，以及後來的經歷等等，都因缺乏資料而到如今都未能全部解開。因此，國人對於臺灣人從軍史的認識可以說仍在起步階段。

1——臺湾人元日本兵士の補償問題を考える会編，《臺湾・補償・痛恨—臺湾元日本兵戰死傷補償問題資料集合冊》（東京：臺湾人元日本兵士の補償問題を考える会，1993），頁87。

造成軍事相關史料極端缺乏的主要原因，一是書面資料在戰場上保存不易，二是軍方在戰後的蓄意銷毀。至於收存於日本厚生勞動省，與臺灣人直接有關的兵籍資料，例如《留守名簿》[2]，則可能涉及欠薪與戰後賠償問題，使得日本政府的態度轉趨隱晦，加上負責接管臺灣的中華民國政府自一九七二年九月與日本斷交後，在兩國無正式邦交關係的前提下，也失去了正式取得的管道。於是，對日軍或殖民統治當局在臺灣進行的軍事動員研究或調查，現在僅能仰賴殘存不全的軍隊周邊史料，諸如《陣中日誌》[3]、《戰鬥詳報》[4]以及《部隊履歷》等軍方紀錄，或由官方、戰友會和個人編纂的戰史與部隊史，從中爬梳零星且片段的臺灣人從軍足跡。

除了檔案與文字史料，口述歷史也是重要的補充資料。透過歷史當事人的證言，訴說如何從軍或被動員的始末，以及在戰地的狀況與復員過程，提供個人實際經歷，對於軍事史、戰爭史研究是重要的素材之一。不過口述歷史存在若干問題，比方必須仔細考證、分辨是受訪者的「親身見聞」或「後見之明」[5]，在運用時不可不慎。況且曾參軍的當事人大都凋零，現在能找尋到適合的受訪對象實屬不易，而仍在世者因年事漸高受限於健康狀況，種種現實原因都讓口述歷史的困難度隨之增加。

所幸，近年來從軍者留下的個人資料已經對外公開[6]，存留的資料類型相當多元，包括從軍履歷表、證明文件、證書、獎狀、照片與郵件等。其中，軍事郵件尤屬難得的史料，對從軍者而言，這是鼓舞他們在戰地求生的重要寄託。例如在吳志堃寫給妻子的信中就寫道：「在戰地最開心的事情就是收到來自故鄉的信件了。」足以顯示軍事郵件之於身處戰場者的重要程

2——係日本陸軍統一管理軍人及軍屬之人事記錄，包括個人本籍地、生年月日、徵集年、役種、編入部隊時間等重要資料。參見近藤貴明，〈アシア太平洋戦争期における陸軍工員の人事記録—工員名簿、工員手帳、共済組合員原票、留守名簿の制度的概略と戦後の残存状況〉，《大原社會問題研究所雜誌》，638（2011年12月），頁24。

3——做為往後作戰改善資料與戰史編纂材料，日本陸軍從動員下令起到復員之日，由大本營各部、各課、高等司令部、聯隊、大隊、中隊、航空地區司令部、碇泊場司令部、軍補給諸廠及支部、支廠、其他獨立部隊等，記述每個月遭遇及實施的事項，記錄項目有每日位置、主要的命令、報告、

度。而軍事郵件的珍貴性不僅限於個人，以下即說明軍事郵件的內容，並具體分析其所具備的史料價值。

二、軍事郵件的種類與形式

軍事郵件的種類通常包括明信片與信函兩種，以下就兩者內容略加說明。

（一）明信片

日治時期臺灣人留下來的書信史料中，以明信片占多數，包含賀年、報平安、聯繫近況、請託、致謝等不同內容，在軍事郵件的種類上亦以明信片為多。軍事郵件多屬制式規格，陸、海軍各有所屬的明信片版型，目前所見多為一面僅印有陸軍五芒星、海軍船錨的記號，另一面則留白用於書寫的簡約樣式。亦有畫家、攝影師繪製或拍攝的作品等版型。除此之外，還有由寄件人將內容擬好，再交予軍隊裡的酒保或商店代為排版印刷，以便大量寄送親友的類型。

（二）信函

書寫於信紙之上，每封信的字數依書寫者而定。相較於明信片

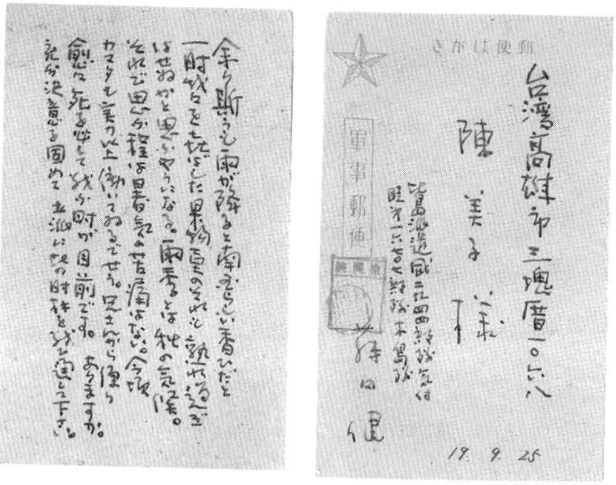

通報、行軍、宿營，以及關於戰鬥實況、現員概要、死傷者與勳功者事蹟等內容。原剛、安岡昭男編著，《日本陸海軍事典》（東京：新人物往來社，1997），頁264。

4——高級指揮官在戰鬥結束後，呈送給上級指揮官之報告書。陸軍方面稱《戰鬥要報》，海軍則稱為《戰鬥概報》，內容為戰鬥前後的敵我狀態、氣象、戰場的狀況、戰鬥的經過、戰鬥後的形勢，死傷表、兵器彈藥損耗表等。見原剛、安岡昭男編著，《日本陸海軍事典》，頁267。

5——蔡慧玉編著、吳玲青整理，《走過兩個時代的人——臺籍日本兵》（臺北：中央研究院臺灣史研究所籌備處，1997），頁18。

有限的空間，信紙能夠書寫的範圍更大，呈現內容通常較為詳細。透過信主的描寫，或能領會到當時具體的時空環境，從中讀取到更多、更生動關於從軍者在戰場上的見聞及感受。但是保存下來的信函數量較為稀少，軍事郵件仍以明信片為大宗。

無論是明信片或信函，這些軍事郵件的郵封上都會留有檢閱欄位，供軍方人員查驗郵件內容是否出現不妥的言論，或涉及洩露軍事機密，經查訖無異後，再由查驗人員蓋上「檢閱濟」（即檢閱完畢）的紅色橡皮戳，表示通過核驗。除特有的檢閱欄外，以連串代碼呈現的發信處，同樣是軍事郵件的特殊存在。

在戰爭期間為了保護軍事機密，軍隊的編制名分別是以通稱號（又稱通稱名、通稱符或祕匿名）和區別符替代。陸軍的通稱號是由兵團文字符及通稱番號組成，兵團文字符以一、二個漢字表示，如師團、旅團是以「尚武」、「甲」、「治」、「垣」、「球」等為代號，再併用部隊長及中隊長的姓氏做為完整名稱。而通稱番號為二至五個數字，但各部隊的通稱番號沒有必然的連號關係；至於海軍的區別符則以郵便局區別、所在地區別符及部隊區別符三者組合而成，使用日文「ウ」、「テ」、「イ」、「セ」等假名（カナ）結合數字來代稱[7]。透過解讀書寫於郵封上的部隊通稱號、區別符，即能取得從軍者所屬的部隊與派駐地，成為理解戰時臺灣

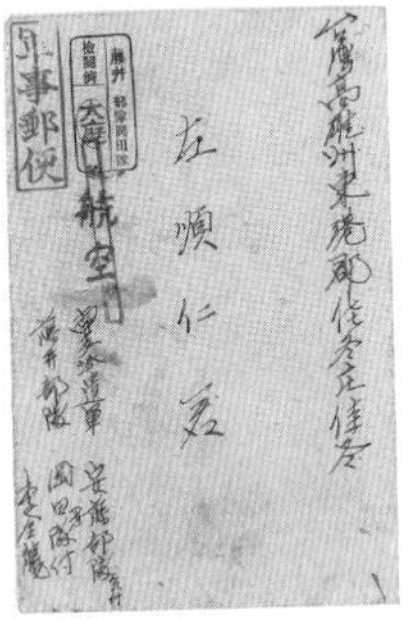

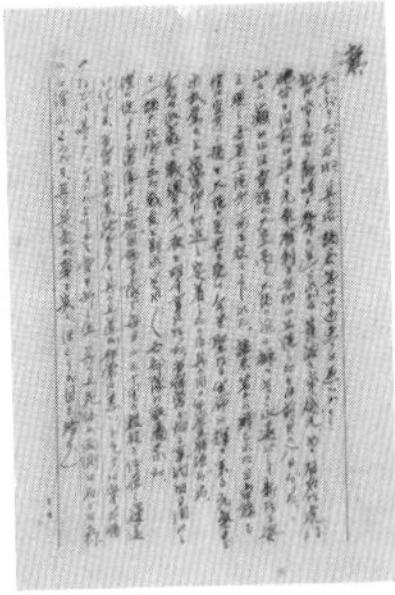

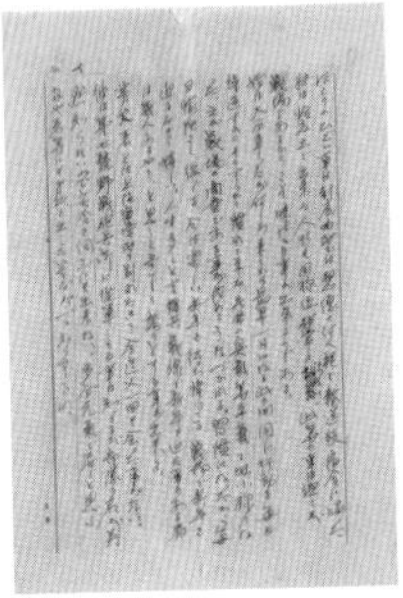

6——例如中央研究院臺灣史研究所檔案館（以下簡稱檔案館）典藏之「張聯欣文書」即為一例。張聯欣（1921-2014），原籍澎湖，生於高雄。在戰間受日本陸軍招聘為陸軍軍屬，先後派遣至日軍於新加坡設置的馬來馬防疫廠，以及佛印（越南）的巴斯特研究所，負責軍用動物、家畜的防疫事務。張聯欣文書之「二戰從軍時期相關文件」收錄二戰末期其遠赴南洋戰地從軍期間所產生的相關文件，文書內容包含多項證明文書、軍事郵便、存簿等。參見中央研究院臺灣史研究所檔案館網站 http://tais.ith.sinica.edu.tw/sinicafrsFront/browsingLevel1.jsp?xmlId=0000311683，2017年1月5日查詢。

7——大西二郎編著，《太平洋戦争における日本海軍の郵便用區別符》

人動態的途徑之一。

三、軍事郵件的史料價值

逾半個世紀後，軍事郵件的重要性早已超越從軍者個人心靈寄託或聯繫用途。有別於官方紀錄，軍事郵件內容保留了許多極為珍貴的資訊，卻長期被研究者所忽視。有關軍事郵件做為新史料的價值，分為以下三方面說明：

（一）呈現戰時臺灣人派屬的部隊與地點

臺灣人以軍人、軍屬身分在戰時被編入了哪些部隊、派往何地或參與哪場戰役，是長久以來未能釐清的課題。而現在，透過解讀軍事郵件上從軍者所屬的部隊代號，可以從編屬單位及所在位置等少量線索來追蹤他們的足跡。

例如由「比島威第一六〇〇部隊」發信的吳志堃，經判讀陸軍部隊的通稱號後，即知他隸屬陸軍第十四方面軍司令部；而賴文質和賴阿宣的發信地是「吳郵便局氣付テ貳壹テ參壹」，這一組區別符為海軍第三南遣艦隊所屬的第百三海軍施設部。這些單位均駐防在菲律賓馬尼拉，若再輔以部隊相關紀錄與戰後編修的戰史等資料，或能重新建構歷史圖像，追查吳志堃、賴文質及賴阿宣三人可能參與了哪些戰役，並推測他們後來的遭遇。

（大阪：軍事郵便資料研究会，2003），頁1；戰友会研究会，《戰友会研究ノート》（東京：青弓社，2012），頁34、35；裏田稔、大内那翁逸著，淺野周夫編，《日中戰爭・太平洋戰爭期における実例による軍事郵便解析の手引き》（秋田縣：淺野周夫發行，2016），頁1

（二）記錄當下時空狀態

從軍者在軍事郵件中書寫當下現況，在這些信件裡往往反映當時的戰爭規模、戰爭過程或透露出對戰爭的態度等，保存其所處時空的原始狀態。另外，由從軍者在郵件上對親屬或友人的回信問候或交代，附帶提及的生活情況及需求，也能窺見戰時臺灣社會的部分真實狀況。

（三）貯存戰爭記憶的第一手資料

戰爭結束迄今已逾七十年，在戰場上的戰爭記憶隨著時間流逝與當事人的凋零，逐漸風化剝落。相反的，這些往返戰地的軍事郵件卻能不畏時空的流轉，留住最真實的紀錄，如實反映從軍者所關心的事情和現況，吐露當下的感知，不會隨著時空變換而改變原意，在原始性方面更勝口述歷史。

大體而言，軍事郵件的特殊性意義，在於可供研究者讀取從軍者個人關心的事，以及和親友之間的互動情形，來了解、佐證或補充那個時空的原始背景。藉由身處戰地的臺灣人在軍事郵件上書寫下來的諸多訊息，並透過解讀其所屬軍隊的通稱號和區別符，取得他們實際派遣的部隊與派駐地，能夠更深入了解當時的實態，從而展開更細緻的研究，在在凸顯出軍事郵件做為臺灣戰爭史、軍事史研究的新史料價值。

陳誠〈函呈臺省情形冀為亡羊補牢之計〉的時空背景

曾獻緯

這封信函寫於一九四九年三月三日，被收錄於何智霖所編的《陳誠先生書信集——與蔣中正先生往來函電》[1]，原件典藏於國史館。[2]此信是時任臺灣省主席陳誠寫給總統蔣中正，是高層政治人物之間的往來信件，信中涉及重要的歷史事件和政治、軍事活動，從提到的事件、表達的政治態度與立場，都有助於我們了解通信雙方的想法，以及特殊歷史事件的發展脈絡。

陳誠其人其事

陳誠（一八九八～一九六五年），字辭修，浙江青田人。以舊居鄰近明代誠意伯劉基讀書處的石門，加上青田又產美石，遂以「石叟」自號。二十二歲投身軍旅，曾經參與東征、北伐、平亂、抗戰、剿共、戡亂諸役，歷任軍總司令、戰區司令長官、政治部軍、參謀總長等軍政要職。來臺後出任臺灣省政府主席、兩任行政院長、兩任副總統等重要公職，著手推行幣制改革、軍隊整編、土地改革等，參與中華民國政府遷臺初期的各項重要施政與建設[3]。

1——何智霖編，《陳誠先生書信集——與蔣中正先生往來函電》（新北：國史館，2007），頁727-729。

2——「函呈總裁蔣（蔣中正）臚陳臺省情形冀為亡羊補牢之計」，《陳誠副總統文物》，典藏號 008-010101-00002-087。

《石叟叢書》，首批進入國史館典藏的近代文物

陳誠非常重視個人資料的保留與整理，特設「石叟資料室」整理治軍及從政數十年間所蒐集的資料。晚年更親自口述生平經歷，經祕書整理彙編而成《石叟叢書》，共完成七十二冊。一九六五年陳誠過世後，其子商請原編輯續編《石叟叢書》，完成續編十二冊。前後一共編了八十四冊，約一千萬餘言。《石叟叢書》分成文電、言論、專著、計畫、傳記、語錄、雜著、附存等八大門[4]，其中與本文相關的文電門，又分甲乙兩類，文電甲類：上呈總統蔣中正之函電、簽呈、報告等，共二四四件；文電乙類，上呈總統蔣中正以外的其他函電、手令等，共四七三件[5]。

二〇〇四年一月二十日「總統副總統文物管理條例」通過後，國史館成為負責中華民國行憲後歷任總統、副總統任職期間所有文物的徵集、典藏、維護、管理、研究和陳列展覽。國史館在商請陳誠家屬提供《石叟叢書》及同意出版《石叟叢書》後，於二〇〇五年年十月出版《陳誠先生書信集》，所有書信取自陳誠家屬的珍藏資料、《石叟叢書》、《蔣中正總統檔案》及相關資料，並分為家書、與蔣中正先生往來函電、與友人書三種。「《陳誠先生書信集：與蔣中正先生往來函電》收入陳誠、蔣中正雙方的往來函電一一九三封，其中三六〇封出自《石叟叢書》，其餘大部分選自《蔣中正總統檔案》、《國民政府檔案》。《陳誠先生書信集：與蔣中正先生往來函電》的編輯有別於《石叟叢書》，是直接將雙方往來函電，以事件為經、時間

3——周琇環，〈陳誠與美國對華軍援：兼論《石叟叢書》的史料價值（1950－54）〉，《政大史粹》22（2012年6月1日），頁23-24。

4——何智霖編，《陳誠先生書信集—與蔣中正先生往來函電》，頁2-6。

5——何智霖編，《陳誠先生書信集—與蔣中正先生往來函電》，頁2-6。

為緯循序編排[6]。就內容而言，涉及到中國近代史及戰後臺灣史的許多重大歷史事件，包括劉共失利、新臺幣改革及三七五減租等。

史料價值與運用

書信函電屬於私領域的紀錄，大都用於溝通情感、傳達訊息與聯絡工作[7]。然而，解讀書信必須要有一些背景知識，先要了解通信雙方的經歷、職位、立場，才能弄清其中的關竅。因此想了解並引用陳誠與蔣介石之間的函電往來，建議先參閱《陳誠先生回憶錄：六十自述》（何智霖編，臺北：國史館，二〇一二）、《陳誠先生回憶錄：抗日戰爭》（何智霖編，臺北：國史館，二〇〇四）、《陳誠先生回憶錄：建設臺灣》（薛月順編，臺北：國史館，二〇〇五）、《事略稿本》（王正華編，臺北：國史館，二〇〇三～二〇一三）、《蔣中正先生年譜長編》（呂芳上編，臺北：國史館，二〇一四～二〇一五），才能理解這些私人信函是在什麼樣的時代背景、人生階段、立場書寫出來的。由於當事人立場有別，雙方說法必然會出現歧異，因此先探究相關當事人何以如此記述、想凸顯的重點是什麼及書寫背後的目的為何，才不會誤入偏頗的立場而被牽著鼻子走。

信函書寫具有片段、簡略的特色，通信雙方已知道的事就不會把細節寫出來，甚至在信中會略而不提，因此使用書信資料時，必須再掌握其他官方檔案來相互參照。陳誠與蔣中正雙方

6——何智霖編，《陳誠先生書信集—與蔣中正先生往來函電》，頁6。

7——陳紅民，《函电里的人际关系与政治：读哈佛-燕京图书馆藏「胡汉民往来函电稿」》（北京：三聯書店，2003），頁3。

的往來函電涉及許多政策的討論，參照官方檔案去解讀，才能釐清政策討論、決策過程，以及了解書信中傳達的訊息在什麼節點發揮了作用。

從人事調動看派系鬥爭

書信的特色是帶有強烈的主觀色彩，書信中可能會批評某一群人、某一類人或某一個人，可作為派系鬥爭、人際網絡的直接史料。以〈函呈臺省情形冀為亡羊補牢之計〉為例，陳誠在信中向蔣介石報告，社會處長李翼中因為作風及不願配合之故，改任省府委員。我們在此可以進一步思考，為何社會處長不願或無法配合省主席陳誠，鬧到要調離處長職位的地步。事實上，此一調職風波牽涉對農會合併政策的歧異。原本行政長官公署將農業會分為農會與合作社，分別由農林處及社會處管理，但陳誠想將農會與合作社合併，改由農林處主管，而社會處長李翼中認為「於法無據」、「歉難同意」，並以去職力爭。最後，陳誠強勢主導原則性通過，具體改進辦法則交付審查[8]。

表面上這是雙方對政策的歧異，但背後卻牽涉國民黨內部的派系之爭。陳誠本人是三民主義青年團領導人，而社會處長李翼中隸屬CC派系（即Central Club，中央俱樂部組織，這是中國國民黨的主要派系），在中國大陸時期，合作事業就一直掌握在CC派的手中。但是陳誠在接任臺灣省主席後，便下令將農會與合作社合併，才會引起CC派的不滿[9]。另一方面，

8——朱文伯，《朱文伯回憶錄》（臺北：民主潮社，1985），頁155-157。

9——黃仁姿，〈農會的檔案與歷史—以戰後農會與合作社分合的派系紛爭為例〉，《檔案季刊》13:1（2014年3月），頁60-73。

CC派在臺灣運作不斷，為拉攏地方實力人士，頻頻與各地仕紳見面。這些舉動當然難逃地方情報系統的眼線，立即向陳誠報告，其中就包括陳立夫拉攏臺灣士紳，企圖聯絡地主、農民打倒陳誠一事[10]。可見，CC派頻頻在陳誠主政下的臺灣活動，引起了陳誠強烈反彈，欲掃除CC派在臺的勢力。

重建重大政策的討論過程

書信史料有助於我們重建政策的討論及決策過程，比如在〈函呈臺省情形冀為亡羊補牢之計〉中，我們就可看到臺灣通貨膨脹的幾個原因，也包括臺灣銀行提供公營事業資金、墊付中央政府在臺支出等作為。臺灣銀行以省庫的角色採取增加通貨發行方式，墊付在臺駐軍及中央機關應給付款項，每月達一億元左右，當時臺幣發行量已達二千多億元，甚至是臺幣發行總額的九成。貨幣供給增加造成了臺幣貶值，形成惡性通貨膨脹。如果情形繼續下去，勢必對物價造成嚴重影響，讓岌岌可危的臺灣財政更不堪負荷。因此，陳誠建請蔣中正由中央發行新貨幣；或由中央酌撥部分資金交予臺灣銀行，增加臺幣的發行[11]。

中央政府最後同意陳誠的提議，過去臺灣省替中央在臺機關的代墊款項，也准以存在臺灣的黃金、美鈔來折算歸還。臺灣省政府以中央銀行撥還臺灣銀行八十萬兩黃金作為發行準備，並撥借一千萬美元外匯作為進口貿易資金，發行「新臺幣」。民國三十八年六月十五日，省政

10——中央研究院臺灣史研究所檔案館藏，〈二二八事件及白色恐怖相關事件史料〉，一九四六年三月三十日收字第四〇七號，典藏號：B-07-0016。許雪姬編註，《灌園先生日記》，第21冊（臺北：中研院臺史所，2001），頁90。

11——何智霖編，《陳誠先生書信集—與蔣中正先生往來函電》，頁727-729。

府同時頒布「臺灣省幣制改革方案」、「新臺幣發行辦法」、「新臺幣發行準備監理委員會組織規程」，實行幣制改革。此外，陳誠還下令取締地下錢莊、未經核准設立的銀樓與珠寶店，並禁止攜帶金銀外幣出境，藉此讓市場游資收縮，物價及金融市場漸趨平穩[12]。因此，從這一封電函中，不僅能窺見臺灣在戰後初期的經濟狀況，並在新臺幣發行上扮演關鍵的角色，說服總統蔣中正應允臺省政府進行幣制改革。

大體而言，政治人物書寫的信函都具有個人特定的立場，凡是內容涉及公共事務的討論或意見，都必須藉由參照通信雙方的相關史料來重建政策的討論、制定過程，或是不同群體的權力角力。雖然書信史料不能提供全面的訊息，但了解它們提供了哪些訊息，扭曲或隱瞞了哪些訊息，從而探討為何如此記述，才能發掘出歷史事件更為真實的面貌。

12——薛月順編輯，《陳誠先生回憶錄：建設臺灣》（新北市：國史館，2005），頁64-67。

監獄島與家

黃仁姿

《臺灣監獄島》作者與獄中家書的家人[1]

本文〈臺灣，一座監獄的身世〉所引用的獄中書信，是政治犯受難者及暢銷英文文法書作者柯旗化的長子柯志明，於父親身繫獄中時所寫。柯旗化，一九二九年出生於高雄左營，父親柯松木為臺南善化人、母親盧美為高雄旗山人，遂以家鄉地名「旗」山與善「化」各取一字，將長子命名為「旗化」，並遷居左營。

父母取名「旗化」的本意是永念鄉土的含意，但在白色恐怖的高壓時代，當柯旗化遭到逮捕入獄時，特務人員卻把「旗化」二字，扭曲為帶有政治意涵不法企圖——變換國旗（顛覆政權）[2]。

柯旗化的妻子蔡阿李，一九三三年出生於臺南縣佳里，父親蔡春心、母親蔡林覞。由於父親工作場所調動之故，蔡阿李在西螺、北港、虎尾等地度過求學時期，高二時再度隨著父親工作的異動，轉學到高雄女子中學。畢業後，蔡阿李進入唐榮鐵工廠工作，經過朋友介紹而結識了柯旗化。第一次被捕出獄後的柯旗化，於一九五五年與蔡阿李結婚，育有三名子女志明、潔

1——關於柯旗化的獄中家書，謝仕淵教授已經有詳盡的家書解題與介紹，在此不敢掠美。僅在該文的基礎上，針對本文所引用的家書以及該書所錄的部分家書，參考性質相近的其他獄中書信史料，進一步補述。參見謝仕淵，〈柯旗化先生獄中家書解題〉，《獄中家書—柯旗化坐監書信集》，頁10-44。

2——柯旗化，《臺湾監獄島—繁栄の裏に隠された素顔》（高雄：第一出版社，2006），5刷，頁16-17。

芳及志哲。婚後，夫妻開設第一英數補習班，後改為第一出版社。由於柯旗化畢業於師範學院（今國立臺灣師範大學）英語科，因此畢業後即憑藉著語言的專業，取得相關工作機會，進而出版《新英文法》等相關考試用書，透過文法書等書籍的暢銷與蔡阿李的竭力經營，柯家得以在男主人被捕後，維持家中的經濟基礎[3]。

兩度入獄，綠島與人生的黃金歲月

柯旗化曾於一九五一年、一九六一年兩度被捕入獄。第一次被捕時遭到「無罪管訓」裁定，並與其他政治犯一同被移送綠島新生訓導處，接受「感訓」，將近兩年後，於一九五三年出獄。第二次被捕，則以「預備以非法方法顛覆政府」的罪名，判處十二年有期徒刑。不過刑期屆滿時，卻無端被延長監禁，直至一九七六年才得以離開綠島[4]。出獄後，柯旗化於九〇年代出版日文回憶錄《臺湾監獄島—繁栄の裏に隠された素顔》（《臺灣監獄島—繁榮背後隱藏的真實》）一書[5]，為白色恐怖時期的大歷史與個人走過威權時期的生命遭遇，留下歷史見證。

除了回憶錄之外，柯旗化尚有詩集、散文、小說等文學作品與歌曲的發表，同時也在報紙專欄撰寫政治評論，更在解嚴前一年創辦《臺灣文化季刊》，關注臺灣的歷史、文學與文化，鼓吹臺灣意識。不過，發行兩年便遭到停刊處分[6]。以上這些活動多數是在柯旗化出獄後所從事的，由此可見，柯旗化在「重新」回到社會後，仍相當有活力。柯旗化的活力，從他在獄中

3——郭漢辰訪談紀錄整理，《臺灣堅毅女性的典範—柯蔡阿李女士專訪》（高雄：高雄市文獻委員會，2009），頁 7-43、159-167。

4——柯旗化著，謝仕淵編撰，《獄中家書—柯旗化坐監書信集》（臺南：國立臺灣歷史博物館，2010），頁 4-9、xiv。

5——柯旗化，《臺湾監獄島—繁栄の裏に隠された素顔》（高雄：第一出版社，1992），1刷。

6——柯旗化著，謝仕淵編撰，《獄中家書—柯旗化坐監書信集》，頁 4-9。

依然不斷增補修訂《新英文法》便可略見一二，也從他為數可觀的獄中家書得以顯現。這些獄中家書，主要是他第二次入獄期間與家人往返的書信，由於第二次入獄時間長達十幾年，再加上他本人堅持每星期給妻子蔡阿李寫信，因而留下了多達三百封以上的家書[7]。二〇一〇年，國立臺灣歷史博物館將柯旗化的獄中家書集結出版，透過這些信件，我們得以理解柯旗化等政治受難者，如何透過家書的聯繫，隔著監獄不斷與獄外親友互動，進而給予彼此的人生一個繼續前進的希望與光亮。

獄中家書的產生與呈現

獄中家書，本屬於私人書信的一種類型，卻與私人書信有著根本上的差異。理論上，私人書信僅限於寫信者與收信者之間的私下訊息傳遞，具有較高的私密性，因此研究者往往把書信視為更能反應書寫者真實心態的史料。然而，獄中家書在下筆時，卻要考量到監獄層層的監視檢查制度，因此「自我剖白與暢所欲言的程度會受到相當大的制約」，同時受刑者「通常會用較為保留甚至粉飾太平的口氣，交代不自由的監獄生活，以便讓家人安心，也得以讓信件通過檢查的機制」[8]。有些受難者知道，即使信件彌封依然會被拆開檢查，因此乾脆選擇以明信片書寫，一來明信片相對便宜，二來也避免獄方拆信檢查[9]，或許還能節省檢查時間，讓家書早日送抵家人手中。

7——柯旗化的獄中家書起迄時間，約從第二次入獄的 1961 年至出獄的 1976 年，多數的家書收信對象為妻子蔡阿李，其餘則為親友與子女。柯旗化著，謝仕淵編撰，《獄中家書—柯旗化坐監書信集》，頁 xxxvi-xxxvii、21-22、31。

8——謝仕淵，〈柯旗化先生獄中家書解題〉，《獄中家書—柯旗化坐監書信集》，頁 14。

9——林崇熙、廖世冠、劉明俊、蔡金鼎等，《一個雲雨飄盪的歲月：雲林蘇家傳記》（臺北：遠流，2003），頁 213-214。

獄中的信件檢查制度，除了信件可能有字數限制之外，最重要的即為檢查政治犯是否有繼續批評時政或揭發獄中弊端的「不當言論」。若有此類言論，信件就可能無法寄出而遭到退回。例如知名廣播人崔小萍寫給親友的信，便遭法官批示退回，僅因為崔小萍在信中表示自己「無愧於國法」，而被認為「言詞不妥」[10]。另外，若「不當言論」情節重大者，則會停止家屬定期的會見[11]。

在這種情況之下，獄中家書所呈現的「真實」是相當受到局限的，而且也難涉及政治敏感話題。「在『家中大小平善』的背後，隱藏著全家無盡的辛酸」[12]，這是我們閱讀獄中家書一類的史料時，必須理解為何家書多數「報喜不報憂」的原因。其次，由於無法談論敏感話題，但又想藉著家書了解彼此近況，確認對方是否安好，因此舉凡天氣、普通時事、家族出遊、年節歲時祭祀等，反而成為書信常見的內容。最後，由於監獄生活環境不佳，加上獄中生活與書信在敘事時的限制特性，使得對飲食需求的描寫更被突出，因此獄中家書的內容經常可見對食物及日常用品的請託。例如，雷震在寫給向筠的信裡，幾乎每次都會提到下次家屬會見時要準備哪些食物，諸如青菜、雞蛋、豆腐、肉類或湯品等。有次端午節，雷震還依照家鄉過端午節要吃蒜瓣燒黃魚、蒜泥白切肉的習俗，特別請家人送來五花肉等應節食品[13]。

除了上述內容，獄中家書最常提到的，便是對家庭與家人生活日常瑣事的關心，尤其是子女的教養問題、未來志向的期待等。換言之，獄中書信所透露的訊息，反而讓我們窺見了監獄的部分生活環境，以及監獄外受難者家屬身處的時空與社會生活層面[14]。

10——崔小萍，《天鵝悲歌：資深廣播人崔小萍的天堂與煉獄》（臺北：天下遠見，2001），頁399-400。

11——雷震著，《雷震家書》（臺北：遠流，2003），頁VI。

12——張達修著、林文龍主編，《綠島家書》（臺中：張振騰，2007），頁256。

若以寄達與否來加以區分，獄中家書可分為寄達與無法送達二大類。柯旗化、雷震等人的獄中家書都屬於當時即可寄出並順利送達家人手中的書信，因此受難者與家人雙方得以在現實生活中一來一往透過書信互動，維繫「家」的存在。若是這一類可實際送達並能有來有往的獄中書信，通常有收信者與發信者，以柯旗化的獄中書信來說，發信者大都為柯旗化本人，而收信者通常是柯家的親友。不過，在現存的獄中家書中，也發現不少家書是由獄外親友所書寫，如張達修的《綠島家書》，就是張達修寫給被判刑十二年、關押在綠島的兒子張振騰[15]。

最後，便是未曾或無法寄出的獄中書信，例如楊逵的綠島家書，性質比較接對家人情感的抒發，以獨白式的家書形式展現[16]。至於受難者生前留給家人的最後書信——遺書，則承載著受難者最後的訣別之言，內容經常是對親人的道歉，尤其是請求父母親的寬諒，讓他們被迫歷經白髮人送黑髮人的哀慟；若是對妻子，則表達被迫中途拋下她們的悵恨，希望她們慎重地考慮自己的將來或再婚；對於子女，則希望他們能聽從家中長輩的話，期許著他們的未來[17]。其實在當時，受難者家屬未必知曉有這些「遺書」，直到近來隨著威權時期相關檔案的開放，家屬歷經波折才順利取得了親人最後的遺書[18]。

家書、家與集體記憶

柯旗化的獄中家書，是屬於當時可實際寄達並往返通信的書信，因此通常有收信者與發信

13——雷震著，《雷震家書》，臺北：遠流，2003。

14——謝仕淵，〈柯旗化先生獄中家書解題〉，《獄中家書—柯旗化坐監書信集》，頁18。

15——張振騰於一九五〇年遭到判刑十二年，係與臺中商業職業學校的白色恐怖案件有關。張達修的《綠島家書》由其子張振騰保留，計有兩冊，約兩百餘封信。家書的起迄時間約從一九五二年開始至一九六二年。參見「張某等人各處有期徒刑十二年各褫奪公權十年」，〈王敏宗等案〉《國防部軍務局》，國家發展委員會檔案管理局，檔號：B3750187701/0039/1571/10108830/43/075；張達修著、林文龍主編，《綠島家書》，頁253-256。

16——楊逵，《綠島家書—沉埋二十年的楊逵心事》（臺北：大塊文化，

者，並如前面提到的，發信者大都為獄中的政治犯，而收信者通常是他們在獄外的親友。不過，柯旗化的獄中家書卻保有少見的子女來信。柯家子女寫給獄中柯旗化的信一共有五封，第一封就是長子柯志明所寫。當時柯志明剛讀小學一年級，寫信向父親說明開學分班的狀況[19]。第二封是當時約莫九歲的三子柯志哲所寫，信中向父親報告自己考試成績優異，同時自己喜歡集郵，希望爸爸可以寄郵票給他，還說明自己特別喜歡蔣總統、國父、童子軍和魚的郵票[20]。天真的童言童語，就不知道人在獄中的柯旗化讀著讀著有何感想了。此時，志明志哲兄弟誤以為父親人在美國，所以信末都會跟父親說，希望爸爸早日回來。第三封、第四封是次女柯潔芳所寫，在第三封信中，她用的是浪漫少女風的信紙，在這樣的信紙上卻蓋著「保密防諜人人有責」的檢查戳印，呈現出吊詭又突兀的反差。第四封信中，潔芳拋出了震撼性的問題，她在信中質疑父親不在美國，而是在臺東。因為父親使用的是臺灣製的信封，地址寫的是臺灣郵政信箱。[21]正是因為女兒潔芳的這封信，年幼而聰明的她識破母親編造爸爸在美國的故事，迫使柯旗化決定請妻子告訴兒女自己身為政治犯而被囚於獄中的真相。

從柯家子女寫給柯旗化的五封信中，某種程度也反映了在白色恐怖下，政治受難者家庭的迴避態度：基於保護年幼小孩的考量及其他因素，幾乎不太願意主動讓家中子女知道真相，因此有許多家庭會選擇噤聲或避談敏感議題，甚至即便這些受難者出獄後，也不願詳談他們在獄中的情形。對受難者家屬而言，在牢裡的父親，「因為見面時都是隔著一層玻璃講話，聲音很遙遠，人也很遙遠。父親在我小時候成長的經驗裡，似乎就是這樣觸摸不到的虛無之感」[22]，也

2016）。

17——呂蒼一、林易澄、胡淑雯、陳宗延、楊美紅、羅毓嘉等著，《無法送達的遺書—記那些在恐怖年代失落的人》（臺北：衛城，2015），頁64-75、106-118、282-318。

18——郭素貞，〈一封遲到六十一年的信〉，《蘋果日報》，2012年07月13日。http://www.appledaily.com.tw/appledaily/article/headline/20120713/34365192/（2017/4/4點閱）。

19——柯旗化著，謝仕淵編撰，《獄中家書—柯旗化坐監書信集》，頁68。

20——同上，頁223-224。

21——同上，頁247-248。

22——中央研究院近代史研究所《口述歷史》編輯委員會，《口述歷史：蘇東啟政治案件專輯（第10期）》，（臺北：中央研究院近代史研究所，2000），頁41-42。

因此獄中家書不管是對受難者或對家屬，是可以供他們想像對方模樣、存在狀況的重要媒材，也是雙方的共同生命經驗。最後，對於研究者來說，一旦把關注目光擴及到監獄外的家人時，家書所呈現的家庭經驗與記憶，便成為重要的研究線索了。

參考文獻

第一章

1. Leonard Blussé, Natalie Everts, *The Formosan encounter: notes on Formosa's aboriginal society: a selection of documents from Dutch archival sources*. vol. 1- vol. 4. Taipei: Shung Ye Museum of Formosan Aborigines: Distributor, SMC Pub Press, 1999-2010.

2. J. L. Blussé, W. E. Milde, Ts' ao Yung-Ho eds., *De dagregisters van het kasteel Zeelandia, Taiwan*, 1629-1662, deel 2, Den Haag: Instituut voor Nederlandse Geschiedenis, 1995.

3. J. L. Blussé, W. E. Milde, Ts' ao Yung-Ho eds., *De dagregisters van het kasteel Zeelandia*, Taiwan, 1629-1662, deel 3, Den Haag: Instituut voor Nederlandse Geschiedenis, 1996.

4. J. L. Blussé, N. C. Everts, W. E. Milde, Ts' ao Yung-Ho, eds., *De dagregisters van het kasteel Zeelandia, Taiwan*, 1629-1662, deel 4, Den Haag: Instituut voor Nederlandse Geschiedenis, 2000.

5. 江樹生，《熱蘭遮城日誌 2》（臺南市：臺南市政府，2002）。

6. 江樹生，《熱蘭遮城日誌 3》（臺南市：臺南市政府，2003）。

7. 江樹生，《熱蘭遮城日誌 4》（臺南市：臺南市政府，2011）。

8. 周鍾瑄，《諸羅縣志》臺北（臺灣銀行經濟研究室，1962）。
9. 連雅堂，《雅堂文集》臺北（臺灣銀行經濟研究室，1964）。
10. 夏琳，《閩海紀要》臺北（臺灣銀行經濟研究室，1958）。
11. 翁佳音，《大臺北古地圖考釋》（新北市：稻鄉，2006）。
12. 翁佳音，〈大橋的故事〉《歷史月刊》230（臺北，2007. 03），頁 34-37。
13. 翁佳音，〈路是人走出來——十七世紀中葉臺灣島內南北交通路線表〉，《歷史月刊》232（臺北，2007. 05），頁 33-38。
14. 中村孝志，《荷蘭時代臺灣史研究下卷》（新北市：稻鄉，2002），頁 219-256。（荷蘭檔案介紹）
15. 林偉盛，〈荷蘭東印度公司檔案有關台灣史料介紹〉，《漢學研究通訊》19：3（台北，漢學研究中心，2000），頁 262 - 271。（荷蘭檔案介紹）

第二章

1. John Ogilby, *Atlas Chinensis being a second part of A relation of remarkable passages in two embassies from the East-India Company of the United Provinces to the vice-roy Singlamong and General Taising Lipovi and to Konchi, Emperor of China and East-Tartary*. London: Printed by Tho. Johnson for the author, 1671.
2. 向達，〈明鄭所刊之永曆大統曆〉，《臺灣風物》4 卷 4 期（1954.4），頁 11-12。

3. 江日昇，《臺灣外記》（臺北：文化圖書，1988）。
4. 江樹生譯註，《熱蘭遮城日誌》第四冊（臺南：臺南市政府，2011）。
5. 程紹剛，《荷蘭人在福爾摩沙》（臺北：聯經，1979）。
6. 曹永和，《臺灣早期歷史研究續集》（臺北：聯經，2000）。
7. 楊彥傑，《荷據時代台灣史》（南昌市：江西人民出版社，1992）。
8. 施琅，《靖海志》（臺北：眾文圖書，1979）。
9. 賴永祥，〈清荷征鄭始末〉，臺灣風物 4 卷 3 期（1954.2），頁 25-36。
10. 歐陽泰（Tonio Andrade），《決戰熱蘭遮》（臺北：時報文化，2012）。
11. 翁佳音，東寧王國，《新活水》16 期（2008），頁 40-47。
12. 翁佳音，〈17 世紀後半的漳州海商與通事〉，《歷史臺灣》6 期（2013），頁 7-24。
13. 黃建中，明嗣藩頒製永曆 25 年大統曆考證，大陸雜誌 15 卷 10 期，1957.10、
14. 陳漢光，〈明鄭在臺刊行之永曆大統曆〉，《臺灣省立博物館科學年刊》（1958.12），頁 121-122。
15. 郭嘉輝，〈明清「朝貢制度」的反思－以《萬曆會典》、《康熙會典》中〈禮部・主客清吏司〉為例〉，收於周佳榮、范永聰主編，《東亞世界：政治・軍事・文化》（香港：三聯書店，2014），頁 42-79。
16. 鄭維中，〈施琅「臺灣歸還荷蘭密議」〉，《臺灣文獻》61 卷 3 期（2010.9），頁 35-74。

第三章

1. 林玉茹、畏冬〈林爽文事件前臺灣的邊區圖像：以乾隆49年的臺灣番界紫線圖為中心〉，《臺灣史研究》19：3（2012），頁47-94。
2. 陳志豪，〈清代臺灣的番屯制度與墾莊建構：以竹塹地區的九芎林莊為例〉《臺灣史研究》20:2（2013），頁1-30。
3. 陳宗仁，〈十八世紀清朝臺灣邊防政策的演變：以隘制的形成為例〉《臺灣史研究》22:2（2015），頁1-44。
4. 陳宗仁，〈近代臺灣原住民圖像中的槍——兼論槍枝的傳入、流通與使用〉，《臺大歷史學報》36（2005），頁53-106。
5. 臺灣銀行經濟研究室編，《臺案彙錄庚集》（臺北：臺灣銀行經濟研究室，1964）。
6. 不著撰人，《平臺紀事本末》（臺北：臺灣銀行經濟研究室，1958）。
7. 陳哲三，〈水沙連之役及其相關問題〉《逢甲人文社會學報》18（2009），頁83-118。
8. 李文良，〈清初入籍臺灣法規之政治過程及其歷史意義〉《臺大文史哲學報》67（2007），頁107-137。
9. 鄭螢憶，〈清代東勢角「客家」族群互動與番產交易〉（客家委員會獎助客家學術研究計畫，2014），頁1-40。
10. 柯志明，《番頭家——清代臺灣族群政治與熟番地權》（臺北：中研院社會所，1999）。
11. 臺灣銀行經濟研究室，《東華續錄選輯》（臺北：臺灣銀行，1968），頁34-99。
12. 溫振華，《大茅埔開發史》（臺中縣：臺中縣立文化中心，1999）。

第四章

1. 林滿紅，《茶、糖、樟腦業與臺灣之社會經濟變遷（1860-1895）》（臺北：聯經出版事業股份有限公司，1997）。

2. 許雪姬，《洋務運動與建省：滿大人最後的二十年》（臺北：自立晚報社文化出版部，1993）。

3. 戴寶村，《帝國的入侵：牡丹社事件》（臺北：自立晚報社文化出版部，1993）。

4. 費德廉（Douglas L. Fix）、羅效德（Charlotte Lo）編譯，《看見十九世紀臺灣：十四位西方旅行者的福爾摩沙故事》（臺北：如果出版社，2006）。

5. 黃昭堂，《臺湾民主国の研究：臺湾独立運動史の一断章》（東京：東京大學出版會，1970）。

6. 許佩賢譯，《攻臺戰紀：日清戰史・臺灣篇》（臺北：遠流出版事業股份有限公司，1995）。

7. 呂理政、謝國興主編，《乙未之役隨軍見聞錄》（臺北：中央研究院臺灣史研究所；臺南：國立臺灣歷史博物館，2015）。

8. 達飛聲（James W. Davidson）原著、陳政三譯，《福爾摩沙島的過去與現在》（臺南：國立臺灣歷史博物館，2014）。

9. 翁佳音，《臺灣漢人武裝抗日史研究（1895-1902）》（臺北：國立臺灣大學出版委員會，1986）。

10. 康豹（Paul R. Katz），《染血的山谷：日治時期的噍吧哖事件》（臺北：三民書局，2006）。

第五章

1. 吳叡人，〈臺灣非是臺灣人的臺灣不可：反殖民鬥爭與臺灣人民族國家論述 1919-1931〉，收入林佳龍、鄭永年主編，《民族主義與兩岸關係》（臺北：新自然主義，2001），頁 43-110。。
2. 周婉窈，〈臺灣議會設置請願運動再探討〉，《台灣史料研究》第 37 號（2011 年 6 月），頁 2-31。
3. 周婉窈，《日據時代的臺灣議會設置請願運動》（臺北：自立報系文化出版部，1989）。
4. 林柏維，《臺灣文化協會滄桑》（臺北：臺原出版社，1993）。
5. 若林正丈，〈葉榮鐘的「述史」之志：晚年書寫活動試論〉，《臺灣史研究》第 17 卷第 4 期（2010 年 12 月），頁 81-112。
6. 若林正丈著、台灣史日文史料典籍研讀會譯，《台灣抗日運動史研究》（臺北：播種者，2007）。
7. 許世楷著，李明峻、賴郁君譯，《日本統治下的臺灣》（臺北：玉山社，2006）。
8. 陳翠蓮，《百年追求：臺灣民主運動的故事・卷一，自治的夢想》（新北市：衛城出版，2013）。
9. 楊肇嘉，《楊肇嘉回憶錄》（臺北：三民書局，2007）。
10. 葉榮鐘著、葉光南、葉芸芸主編，《葉榮鐘全集 9：葉榮鐘年表》（臺中：晨星出版社，2002）。
11. 葉榮鐘著、葉芸芸主編，《葉榮鐘全集 2：臺灣人物群像》（臺中：晨星出版社，2000）。
12. 簡炯仁，《臺灣民眾黨》（臺北：稻鄉出版社，2001）。

第六章

正文

1. 比島派遣軍報道部，《比島戰記》（東京：文藝春秋社，1943）。

2. 大西二郎編著，《太平洋戦争における日本海軍の郵便用区別符》。不詳：軍事郵便資料研究会，2003。

3. 岩村高志編著，《太平洋戰爭フィリピン戰線實錄比島派遣第十四方面軍司令部特別工作隊顛末マカピリ哀歌》（三重縣：生杉佳弘發行，2009）。

4. 鐘淑敏、沈昱廷、陳柏棕，〈由靖國神社《祭神簿》分析臺灣的戰時動員與臺人傷亡〉，《歷史臺灣》第10期（2015年11月），頁67-101。

5. 林正興口述，陳柏棕記錄整理，〈臺灣特設勤勞團員林正興口述歷史〉，《歷史臺灣》第10期（2015年11月），頁149-168。

6. 林泳沂口述，陳柏棕採訪，〈海軍工員林泳沂先生訪問紀錄〉，未刊稿。

7. 林東溪口述，鍾淑敏、陳柏棕採訪，〈俘虜監視員林東溪先生訪問紀錄〉，未刊稿。

8. 林女士（匿名）口述，鍾淑敏、陳柏棕採訪，〈故俘虜監視員林金隆家屬林女士（匿名）訪問紀錄〉，未刊稿。

9. 陳冬口述，陳柏棕採訪，〈故海軍工員陳世鐘家屬陳冬女士訪問紀錄〉，未刊稿。

10. 行政長官公署，《行政長官公署檔案》。南投：國史館臺灣文獻館，1946，00306520001082。

11. JACAR（アジア歴史資料センター）Ref.C13071340100、大東亞　爭全史草案 第8篇（防衛省防衛研究所）。

12. Robert Ross Smith, Triumph in the Philippines。Washington, D.C. ：Office of the Chief of Military History, Dept. of the Army, 1993。

附錄

1. 臺湾人元日本兵士の補償問題を考える会編，《臺湾・補償・痛恨―臺湾元日本兵戦死傷補償問題資料集合冊》（東京：臺湾人元日本兵士の補償問題を考える会，1993）。

2. 原剛、安岡昭男編著，《日本陸海軍事典》（東京：新人物往來社，1997）。

3. 蔡慧玉編著、吳玲青整理，《走過兩個時代的人―臺籍日本兵》（臺北：中央研究院臺灣史研究所籌備處，1997）。

4. 大西二郎編著，《太平洋戦争における日本海軍の郵便用區別符》（大阪：軍事郵便資料研究会，2003）。

5. 近藤貴明，〈アシア太平洋戦争期における陸軍工員の人事記録―工員名簿、工員手帳、共済組合員原票、留守名簿の制度的概略と戦後の残存状況〉，《大原社會問題研究所雑誌》，638（2011年12月），頁17-28。

6. 戦友会研究会，《戦友会研究ノート》（東京：青弓社，2012）。

7. 裏田稔、大內那翁逸著，淺野周夫編，《日中戦争・太平洋戦争期における実例による軍事郵便解析の手引き》（秋田縣：淺野周夫發行，2016）。

8. 中央研究院臺灣史研究所檔案館收藏之「張聯欣文書」http://tais.ith.sinica.edu.tw/sinicafrsFront/browsingLevel1.jsp?xmlId=0000311683，2017 年 1 月 5 日查詢。

第七章

1. 薛月順編輯，《陳誠先生回憶錄：建設台灣》（臺北：國史館，2005）。

2. 黃進興，《半世紀的奮鬥：吳火獅先生口述傳記》（臺北：允晨文化，1996）。

3. 許壽裳等著；彭小妍等編校，《許壽裳書簡集》（臺北：中央研究院中國文哲研究所，2010）。

4. 雷石榆，〈臺南行散記〉，《臺旅月刊》，第 1 卷第 1 期（1949 年 2 月），頁 35-36。

5. 蘇瑤崇，〈戰後臺灣米荒問題新探（1945–1946）〉，《中央研究院近代史研究所集刊》，第 86 期（2014 年 12 月），頁 95–134。

6. 薛化元，〈1949 年台灣經濟發展的歷史意義〉，收於黃翔瑜編輯，《戰後檔案與歷史研究：第九屆中華民國史專題論文集》（台北：國史館，2008），頁 665-686。

7. 薛化元，〈陳誠與國府統治基礎的奠定—以一九四九年台灣省主席任內為中心的探討〉，收於何智霖編輯，《一九四九年—中國的關鍵年代學術討論會論文集》（臺北：國史館，2000 年），頁 216-284。

8. 曾獻緯，〈戰後初期臺灣的糧食管制（1945-1949）〉，《臺灣文獻》第 66 卷第 3 期（2015 年 9 月），頁 56-102。

9. 劉志偉、柯志明，〈戰後糧政體制的建立與土地制度轉型過程中的國家、地主與農民〉，《臺灣史研究》第 9 卷第 1 期，（2002 年 6 月），頁 128-129。

10. 趙文山，《臺灣"三七五"地租運動的透視》（臺北，自由出版社，1949）。

11. 汪彝定，《走過關鍵年代：汪彝定回憶錄》（臺北：商周文化，1991）。

12. 劉維開，《蔣中正的一九四九－從下野到復行視事》（台北：時英出版社，2009）。

第八章

1. 施信民，《臺灣環保運動史料彙編》（新店：國史館，2006）。

2. 柯旗化，《臺湾監獄島：柯旗化回想錄：繁栄の裏に隠された素顏》（高雄：第一出版社，1992）。

3. 柯旗化著，謝仕淵編撰，《獄中家書——柯旗化坐監書信集》（臺南：國立臺灣歷史博物館，2010）。

4. 若林正丈，《戰後臺灣政治史：中華民國臺灣化》（臺北：國立臺灣大學出版中心，2014）。

5. 康寧祥、陳政農，《臺灣，打拼：康寧祥回憶錄》（臺北：允晨，2014）。

6. 許雪姬訪問、林建廷紀錄，《獄外之囚：白色恐怖受難者女性家屬訪問紀錄》（新北市：國家人權博物館籌備處出版；臺北市：中央研究院臺灣史研究所出版，2014-2015）。

7. 郭漢辰訪談紀錄整理，《臺灣堅毅女性的典範－柯蔡阿李女士專訪》（高雄：高雄市文獻委員會，2009）。

8. 劉維開，《蔣中正的一九四九——從下野到復行視事》（臺北：時英出版社，2009）。
9. 薛化元、蘇瑞鏘、楊秀菁，《戰後臺灣人權發展史》（新北：財團法人自由思想學術基金會，2015）。

圖片來源

第一章

荷蘭東印度公司駐台官員往來書信。來源：VOC 1149 fol.766

《臺灣港鳥瞰圖》。出自：來源：wikimedia。

淡水河口。作者拍攝。

《大臺北古地圖》。來源：wikimedia。

艋舺示意圖。出自《日本地理風俗大系》。

《康熙臺灣輿圖》。授權自：國立臺灣博物館。

第二章

〈嗣封世子札致荷蘭出海王〉。原件存於荷蘭萊頓大學圖書館。

荷蘭出海王波特肖像。來源：wikimedia。

《1663年11月間荷蘭人攻金門城圖》。出自《第二、三次荷蘭東印度公司使節出使大清帝國記》，授權自：國立臺灣歷史博物館。

延平郡王祠，甘輝、張萬禮塑像。作者拍攝。

第三章

〈覆制軍遷民劃界書〉，出自《東征集》第三卷。來源：臺灣政經資料庫。

藍鼎元。出自《清代學者像傳》第一集，來源：wikimedia。

《東征集》。來源：臺灣政經資料庫。

謝遂《職貢圖》。來源：wikimedia。

土牛界碑。作者拍攝。

平埔岸裡社群的十九座土牛圖。出自《岸裡大社文書》。授權自：國立臺灣博物館。

第四章

劉成良致劉永福書信。授權自：國立臺灣歷史博物館。

劉成良。出自：臺灣銀行經濟研究室編，《臺戰演義》（臺北：臺灣銀行經濟研究室，臺灣文獻叢刊第53種，1959），頁2。

劉永福。出自《征台軍凱旋紀念帖》（1895）。來源：wikimedia。

1895年《倫敦畫報》刊載黑旗軍在打狗備戰狀態。授權自：國立臺灣歷史博物館。

劉成良題「瀛護靖氛」匾。作者拍攝。

劉成良題「默助成功」匾。作者拍攝。

臺灣民主國國旗摹本。授權自：國立臺灣博物館。

近衛師團登陸臺灣的澳底。作者拍攝。

臺灣民主國郵票第四版。作者拍攝。

臺南官銀票。作者拍攝。

「土匪」劉和。出自：《土匪強盜人名簿》（蕃薯藔弁務署管內）（台南縣）明治三十一年元臺南縣公文類纂永久保存第七十三卷。來源：國史館臺灣文獻館。

旗後砲臺遭吉野艦砲擊。授權自：高雄市立歷史博物館。

第五章

葉榮鐘致施纖纖信函。授權自：國立清華大學圖書館。

1928年和新民會成員合影。授權自：國立清華大學圖書館。

1927年關仔嶺溫泉合影。授權自：國立清華大學圖書館。

1933年金剛山合影。出自：六然居典藏史料—臺灣地方自治聯盟照片。授權自：中央研究院台灣史研究所。

葉榮鐘先生與施纖纖女士結婚照。授權自：國立清華大學圖書館。

1933年新民會合影。出自：六然居典藏史料—臺灣地方自治聯盟照片。授權自：中央研究院台灣史研究所。

第六章

明信片。來源：作者自藏。

士兵圖像。來源：比島派遣軍報道部編纂，《比島戰記》。東京：文藝春秋社，1943。

第七章

函呈總裁蔣（蔣中正）臚陳臺省情形冀為亡羊補牢之計。出自《石叟叢書》。來源：國史館。

〈廣播電台民意測驗〉。出自《民報》1946年1月11日。

米價高漲。出自《新新》，頁9。

1946年《林獻堂日記》。授權自：中央研究院台灣史研究所檔案館。

〈臺省改革幣制〉。出自中央日報1949年06月15日。

通貨膨脹諷刺漫畫。出自《新新》，頁9。

鄉鎮調解業佃糾紛。出自趙文山，《臺灣"三七五"地租運動的透視》（自由出版社，1949），頁4-5。

記者團訪問開明地主林獻堂。出自趙文山，《臺灣"三七五"地租運動的透視》（自由出版社，1949），頁4-5。

第八章

就讀小學一年的柯志明，寫信給父親柯旗化。授權自：國立臺灣歷史博物館。

1973年，台灣省立蘇澳高級水產職業學校，查獲禁書《基督山恩仇記》。授權自：檔案館。

蔣經國接受葛蘭姆女士專訪。來源：國史館。

1987年蔣經國總統簽准台灣地區自7月15日零時起解嚴。來源：國史館。

1991年李登輝總統簽署公布廢止《動員戡亂時期臨時條款》之公文。來源：國史館。

1992年公布《刑法》第一百條之修正。來源：行政院。

綠島展覽照片。作者拍攝。

索引

人名

二畫

三畫

四畫

五畫

六畫

七畫

八畫

九畫

十畫

十一畫

十六—二十畫

文獻、法規

地點

二畫

三畫

四畫

五畫

六畫

七畫

八畫

九畫

十畫

十一畫

十二畫

十三畫

十四畫

十五畫以上

其他

一—五畫

六—十畫

十一畫以上

《跨越世紀的信號：書信裡的台灣史（17-20世紀）》

主　　編　張隆志
作　　者　林逸帆　石文誠　鄭螢憶　蘇峯楠
　　　　　莊勝全　陳柏棕　曾獻緯　黃仁姿
審　　定　翁佳音
選書責編　張瑞芳
協力編輯　莊雪珠
校　　對　魏秋綢
美術設計　黃子欽
總 編 輯　謝宜英
行銷業務　鄭詠文　陳昱甄
出 版 者　貓頭鷹出版
發 行 人　凃玉雲
發　　行　英屬蓋曼群島商家庭傳媒股份有限公司城邦分公司
　　　　　104 台北市中山區民生東路二段 141 號 11 樓
　　　　　劃撥帳號　19863813　戶名：書虫股份有限公司
　　　　　城邦讀書花園　www.cite.com.tw
　　　　　購書服務信箱　service@readingclub.com.tw
　　　　　24 小時傳真專線：02-25001990 ～ 1
香港發行所　城邦（香港）出版集團／電話：852-25086231 ／傳真：852-25789337
馬新發行所　城邦（馬新）出版集團／電話：603-90563833 ／傳真：603-90562833
印 製 廠　中原造像股份有限公司
初　　版　2019 年 11 月
定　　價　新台幣 490 元／港幣 163 元

　　　　　【大量採購　請洽專線】02-2500-1919
　　　　　讀者意見信箱　owl@cph.com.tw
　　　　　貓頭鷹知識網　http://www.owls.tw

國家圖書館出版品預行編目 (CIP) 資料

跨越世紀的信號：書信裡的台灣史 (17-20 世紀) / 林逸帆等著；張隆志主編 . -- 初版 . -- 臺北市：貓頭鷹出版：家庭傳媒城邦分公司發行 , 2019.11
面；　公分
ISBN 978-986-262-403-6(平裝)
1. 臺灣史 2. 史料 3. 書信
733.7　　108016858